JULES HURET

EN ALLEMAGNE

BERLIN

PARIS
BIBLIOTHÈQUE-CHARPENTIER
EUGÈNE FASQUELLE, ÉDITEUR
11, RUE DE GRENELLE, 11

1909

EN ALLEMAGNE

BERLIN

8° M
11810

S082480

OUVRAGES DE JULES HURET

Enquête sur l'Évolution littéraire (Fasquelle). . . . 1 vol.

Enquête sur la Question sociale en Europe (Préfaces de M. Jean Jaurès et de M. Paul Deschanel) (Perrin). . . . . 1 vol.

Sarah Bernhardt (Préface de M. Edmond Rostand) (Juven) . . . . 1 vol.

Loges et Coulisses (Fasquelle). . . . . 1 vol.

Les Grèves (Préface de M. Millerand) (Fasquelle). . . 1 vol.

Tout yeux, tout oreilles (Préface de M. Octave Mirbeau) (Fasquelle) . . . . 1 vol.

En Amérique : **De New-York à La Nouvelle-Orléans** (Fasquelle) . . . . 1 vol.

En Amérique : **De San Francisco au Canada** (Fasquelle) . . . . 1 vol.

En Allemagne : **Rhin et Westphalie** (Fasquelle) . . 1 vol.

En Allemagne : **De Hambourg aux Marches de Pologne** (Fasquelle) . . . . 1 vol.

En Allemagne : **Berlin** (Fasquelle). . . . . 1 vol.

EN PRÉPARATION :

En Allemagne : *Quatrième série.*

B — 7372. — Libr.-Impr. réunies, 7, rue Saint-Benoît, Paris.

JULES HURET

DÉPÔT LÉGAL

EN ALLEMAGNE

BERLIN

L'AVENIR — LA VIE NOCTURNE
LE MONDE — LE PEUPLE — LES OUVRIERS
OFFICIERS ET SOLDATS — L'ANTISÉMITISME
L'HYGIÈNE ET LA PROPRETÉ

PARIS
BIBLIOTHÈQUE-CHARPENTIER
EUGÈNE FASQUELLE, ÉDITEUR
11, RUE DE GRENELLE, 11

1909
Tous droits réservés.

Il a été tiré de cet ouvrage
10 *exemplaires numérotés sur papier du Japon.*

Tous droits de reproduction et de traduction réservés pour tous pays.

Published august 3 1909.
Privilege of Copyright in the United States reserved under the Act approved march 3 1905 by Jules Huret, & Eugène Fasquelle, publisher.

EN ALLEMAGNE

BERLIN[1]

BIBLIOTHÈQUE NATIONALE IMPRIMÉS

ASPECT GÉNÉRAL

Berlin est-il une vraie capitale ? — Opinion des Hambourgeois. — Villes anciennes et villes nouvelles. — Caractéristiques de Berlin. — Obsession militaire. — Obsession monarchique. — Musées et Palais. — La Friedrichstrasse et les Linden. — Pariser Platz. — L'Ambassade de France. — Potsdamer Platz. — L'ordre dans la circulation. — Le Tiergarten. — Le Reichstag. — Charlottenbourg. — Le vieux Berlin. — Les quartiers populaires. — Le Mayershof. — Où sont les apaches ? — Le Mouquin berlinois. — L'amour du Berlinois pour les fleurs. — Les rues sont des jardins. — Mélancolie d'un soir d'hiver. — *Addio, dolce Napoli !*

A Munich, il est courant de dire de celui qui est né dans la capitale prussienne : « Il faut bien naître quelque part... Il est né à Berlin. »

C'est que Berlin n'est pas du tout considéré par les Allemands comme la vraie capitale de l'Allemagne. Cologne, Leipzig, Hambourg, Dresde, Munich, toutes

1. La plupart des chapitres de cet ouvrage ont paru dans le journal *Le Figaro*.

les vieilles grandes villes lui refusent la primauté. Les édiles concurrents vous rappellent qu'il n'y a guère de vieux monuments à Berlin, les marchands vous citent une ou deux maisons de commerce qui remontent à cent ans à peine, tandis que Brême, Cologne, Mayence, Leipzig et dix autres villes se vantent de firmes datant de deux siècles.

— Ce n'est pas solide, disent-ils. Qui sait si toutes ces sociétés financières, ces magasins fondés il y a dix ans, vingt ans ou hier, n'auront pas fait faillite l'année prochaine?

Je n'attache pas grande importance à ces propos, et je crois qu'il s'y mêle un peu d'envie pour la prospérité rapide et même un peu insolente de la métropole.

Un Hambourgeois considère Berlin comme une ville ennuyeuse et paysanne.

« Que peut-on bien faire pendant deux mois à Berlin? » m'écrivait-on de Hambourg avec un étonnement qui n'était pas joué.

La capitale prussienne m'a, pour ma part, extrêmement intéressé[1]. J'aime Berlin, je le trouve gai, vivant, accueillant, avec son aspect luisant et neuf, ses rues nouvelles, les façades blanches, les balcons dorés, les fleurs, les maisons nouvellement bâties, si jolies, si claires, si pimpantes, si variées, dont je raffole. Les vieilles villes sont séduisantes à la façon des douairières. On aime les voir quelquefois pour se reposer de la puérilité exubérante de la jeunesse, mais on n'y retourne que si elles savent s'entourer de gaîté. C'est le cas de Paris, ville multiple, qui

1. Voir *Rhin et Westphalie*, chapitre « La Rue ».

offre à ses visiteurs, outre les attraits de l'histoire et de l'art, l'irrésistible séduction du plaisir et de la mode. Mais, dans les villes qui n'ont pour plaire que leur ancienneté, les étrangers passent quelques jours de vacances rapides, ils n'y habitent pas volontiers, excepté les malades peut-être, les gens fatigués, qui trouvent dans les choses mortes ou vieillies une harmonie à leur propre épuisement.

Berlin pèche par un excès contraire. Les villes trop jeunes ressemblent à ces jeunes filles de dix-sept ans, ces « backfische », comme on les appelle ici, dont le charme un peu vert ne compense pas l'insignifiance. Les amateurs d'art en ont vite fait le tour... Mais quand même, pleines de promesses, elles intéressent ceux qui aiment la vie et croient en l'avenir.

Si l'on ne songe qu'à sa propre béatitude, il y a ici des heures calmes à vivre. Berlin n'est pas raffiné et son luxe un peu trop neuf et insolent choque vite les délicats. Cependant, pour qui sait donner à certains détails l'importance qu'ils méritent, la métropole prussienne réserve des moments pleins d'agrément tranquille. Il faut dans des villes comme Paris une grande puissance d'illusion pour être satisfait de soi et des autres. A chaque instant, dans la foule qui se presse dans les rues, l'air gouailleur des gens, le mauvais pli de la bouche, les regards envieux trahissent toutes les tares de la canaille qui, un jour de révolution, se déchaînerait avec ivresse dans le crime. A Berlin, comme en général dans toute l'Allemagne du Nord, les figures sont placides; les gens acceptent de se soumettre, comme si cette soumission était un devoir volontaire ou provisoire. Le garçon de café à qui vous vous adressez n'est pas humilié de son métier et semble vouloir vous montrer qu'il sait servir. L'ouvrier, très conscient de ses droits et qui tient à les faire respecter, n'a pas pour cela les airs de voyous en révolte de certains des nôtres. Les gens qui contribuent à votre bien-être ne paraissent pas éprouver de haine contre vous et, faisant avec joie leur partie dans ce décor de luxe neuf, ils vous aident à l'apprécier avec optimisme et à jouir sans amertume de cette atmosphère de confort, de discipline, d'ordre et de progrès.

Berlin est bâti dans une vaste plaine de sable monotone, au milieu de la province de Brandebourg, exposée à tous les vents du nord, de l'ouest et de l'est qui balayent rudement, sans obstacle, cette terre ingrate. Les maisons de pierre barrent l'horizon. Pas d'échappées comparables à celle de la place de la Concorde à l'Étoile, pas de point de vue rappelant celui qu'on a des collines qui jalonnent Paris, Montmartre ou Sainte-Geneviève, pas de bords de fleuve semblables aux quais de la Seine ou de la Tamise. La Sprée est une étroite rivière noire et tortueuse (à son passage au centre de Berlin, car au delà elle s'élargit en grand fleuve) et sur ses rives, mélancoliques comme celles d'un canal, rien n'apparaît pour le plaisir des yeux.

Ceux des Berlinois qui sont artistes — et il y en a — savent bien ce qui manque à leur ville. Ils disent :

— Berlin s'est développé par les pieds et par les bras, s'étendant vers ses extrémités; mais le tronc — c'est-à-dire le centre — demeure pareil à ce qu'il était autrefois. Il faudrait lui donner de l'air, tracer de grands boulevards et de larges avenues qui rayonneraient du centre de la ville dans toutes les directions. Ah ! si l'on pouvait y apporter six ou sept collines !...

Je sais que ce plan — collines à part — a germé déjà dans de fortes têtes qui n'abandonneront pas leur idée de sitôt. Et peut-être qu'avant vingt ans nous verrons Berlin complètement transformé. Car je crois l'édilité berlinoise capable de toutes les hardiesses et de tous les sacrifices ayant pour but la prospérité et la renommée de la ville.

J'ai habité Berlin plusieurs mois, arpenté tous ses quartiers, vécu de la vie des différentes catégories sociales, écouté parler des centaines de gens, et je commence à connaître la capitale de l'Empire. Mais j'y ai perdu beaucoup de temps à chercher sa caractéristique. M'interrogeant moi-même, questionnant les autres, et sans succès, je m'entêtais à découvrir par où Berlin pouvait se peindre particulièrement. Les uns me répondaient :

— Ce qui distingue Berlin, c'est le militarisme général de la population. Le premier cocher venu vous dira la date des prochaines manœuvres et le nom des généraux qui doivent y prendre part. Écoutez-les parler entre eux, aux stations de voitures, des changements de garnison ou de la valeur de leurs chefs. Qu'un régiment passe, même dans les quartiers les plus socialistes, et vous voyez la foule accourir, rayonnante.

« Berlin n'existe pas, m'écrivait l'un des premiers écrivains de l'Allemagne. L'individualité lui manque. »

Et il ajoutait :

« Le phénomène qui pour moi reste toujours

étrange, c'est qu'on y travaille tant (plus qu'ailleurs) et que pourtant les rues, les restaurants, les cabarets, les cafés regorgent jusqu'au matin. »

— La *Sieges Allee* caractérise parfaitement Berlin, me dit une dame de l'aristocratie. Ces trente-deux Hohenzollern de marbre réalisent bien ce que l'étranger doit s'attendre à voir dans le Brandebourg.

J'interrogeai sur leurs impressions quelques compatriotes charmants, que la nostalgie rapproche, et que j'eus le plaisir de rencontrer.

— Ce qui caractérise Berlin, me dit l'un, c'est l'uniformité.

— Ce sont ses tramways et les jolies rues de l'Ouest, contredit un autre.

— J'opine pour la propreté, dit le troisième.

— Et moi pour le modernisme de la municipalité.

— Il n'y a rien ou presque rien de vieux à Berlin, fit le dernier. Et le peu qui subsiste du passé n'a pas grand intérêt : le château, quelques palais royaux et princiers, très laids d'aspect, raides et lourds, et si tristes avec leurs façades noires.

Une dame, dont j'aime la raison et la modération d'esprit, s'exprime ainsi sur Berlin :

— Deux choses me frappent ici : d'abord la médiocrité d'aspect de la rue (je parle des rues centrales), l'allure bourgeoise, commune, des gens. Au début, cela m'amusait. J'avais l'impression de me promener au milieu de caricatures vivantes, celles des *Lustige Blætter*... Je sais bien qu'à Paris, il ne manque pas de quartiers de ce genre, sans élégance ni beauté. Mais nous avons, pour respirer et nous reposer, surtout pour nous donner une sensation de vie différente, les boulevards, le Bois, l'avenue des Champs-Élysées, éclatants de luxe et de faste heureux.

« Ce qui me frappe encore, c'est l'obsession des choses guerrières, l'obsession des Hohenzollern et de l'armée, que l'on retrouve partout.

« Comparez la promenade du nouvel arrivé à Paris, Londres et Berlin, et voyez ce que le Berlinois vous offre, du château impérial à la Sieges Allee :

« Place du Dôme : statue équestre du roi Frédéric-Guillaume III ;

« En face du château : statue de Guillaume Ier ;

« Sur le pont du château : huit sujets guerriers ;

« Au commencement des Linden : la statue de Frédéric le Grand ;

« Le corps de garde du Roi ;

« L'arsenal ; les trophées, les canons qui l'encadrent ;

« Les statues des généraux Scharnhorst, de Bülow et de trois autres ;

« Enfin, plus loin, à l'extrémité des Linden, derrière la porte de Brandebourg, la Sieges Allee et ses trente-deux Hohenzollern cuirassés, bardés de fer et farouches, et sa colonne de la Victoire aux bas-reliefs guerriers ;

« Si, de là, vous faites un petit détour et passez le pont de Moltke pour aller à l'*Austellungspark* (parc de l'Exposition), vous voyez, comme motif de décoration du pont, des bambins de bronze autour des becs de gaz, casqués, armés de boucliers, de lances et de piques. Si l'on vous conduit au musée Friedrich-Wilhelm, tout neuf, au lieu de trouver une *Victoire de Samothrace* ou une *Vénus de Milo* qui vous accueille, vous vous heurtez à une collection de généraux de marbre.

« Les gymnases s'appellent comme les rois et les reines de Prusse : il y a le gymnase Auguste, le gymnase Frédéric, le gymnase Frédéric-Guillaume, le collège Royal, le collège de l'Empereur-Guillaume, l'école Hohenzollern, le collège Sophie, le collège de la Reine-Louise; j'en passe!

« Il y a l'allée de l'Empereur, la place Frédéric, le bois Frédéric, le mont Frédéric, la rue de l'Empereur-Frédéric, la rue Frédéric, l'allée de l'Impératrice-Augusta, la galerie de l'Empereur, la rue Guillaume, la place Guillaume, la rue de la Reine-Augusta, la place de l'Empereur-Guillaume, la place Karl-August. Il y a la rue Royale, la Nouvelle rue Royale, la place Royale, l'allée Royale, le chemin Royal, la porte Royale, le pont Royal, la chaussée Royale.

« Les musées, les hôpitaux, les orphelinats sont hohenzollernisés.

« Je ne parle pas des statues, des *Denkmæler* dédiés aux rois de Prusse et aux généraux modernes, les Roon, les de Moltke.

« Et il paraît qu'il y a encore des Allemands qui ne savent pas l'histoire des Hohenzollern... »

Quant à moi, j'ai changé plusieurs fois d'avis sur la caractéristique de Berlin. Et j'ai fini par reconnaître que cette caractéristique que je cherchais depuis si longtemps, c'était justement de n'en pas avoir.

⁂

C'est vers les Linden et la Friedrichstrasse que l'étranger revient sans cesse. Le foyer d'attraction est là, dans ce cercle qui, s'agrandissant chaque jour, englobe aujourd'hui les quartiers jadis excentriques de la Potsdamer Platz. Les magasins, les agences de voyage, les bureaux d'affaires et les banques y attirent une foule active, les Linden et le Tiergarten voisins y amènent les promeneurs; de la gare métropolitaine débarquent incessamment les voyageurs de la banlieue. Berlin rassemble ici la plupart de ses monuments, peu nombreux d'ailleurs : les musées, l'Université, l'Opéra, la Bibliothèque royale, le Dom, les médiocres palais princiers, celui, si banal et si sombre, du vieux Guillaume, rempli de ses souvenirs, et le château royal qui donne l'impression d'orgueil et de raideur, mélangée de force sévère et d'énergie, correspondant parfaitement à la grave figure qu'ont prise devant l'histoire les Hohenzollern, et que les Prussiens eux-mêmes se sont faite à l'image de leurs monarques.

Une seule large trouée met de l'espace dans les rues serrées du centre berlinois : la promenade des Linden, que coupe en son milieu la Friedrichstrasse. Le Berlinois en est fier. Quand il vint dernièrement à Paris, le jeune prince Adalbert, troisième fils de l'Empereur, trouva que les grands boulevards leur ressemblaient. Il n'y a pourtant guère de rapport entre les deux endroits, à part les arbres. Les Linden sont une avenue très courte, d'à peine un kilomètre de long, qui commence près du Tiergarten et finit à l'Opéra royal, non loin du Château. Très large, puisqu'elle mesure soixante mètres, elle est plantée de quatre rangées d'arbres, dont beaucoup sont encore petits. Le milieu de l'avenue est un terre-plein réservé aux promeneurs, de chaque côté duquel se trouvent une voie cavalière, une chaussée carrossable et un large trottoir bordant les magasins. L'aspect du boulevard parisien et celui de la principale voie berlinoise apparaissent donc extrêmement différents. A Paris, une animation incomparable; ici, une circulation assez pauvre. A Paris, une suite ininterrompue de voies courbes, longues de près de cinq kilomètres, de la Madeleine à la Bastille, et qui diffèrent d'ailleurs entre elles par la variété de leurs tronçons, puisque chaque boulevard a un aspect et même un public différents. A Berlin, une courte promenade rectiligne, uniforme, bordée de maisons neuves, de magasins éclatants, aux revêtements de marbre et de stuc, aux enseignes brillantes.

C'est sur les Linden que se trouve la maison bâtie par l'architecte Messel, au coin même de la Wilhelmstrasse, et qui décida l'Empereur à accepter l'architecture moderne, dont il était jusque-là l'ennemi actif et résolu. Elle n'est pourtant pas jolie, cette maison, et m'a paru n'offrir qu'un intérêt médiocre; il y a ici, parmi les centaines, les milliers de maisons bâties d'hier, en briques et en stuc, plus d'une architecture autrement caractéristique et réussie.

A l'extrémité des Linden, près de la porte de Brandebourg, et à l'orée du Tiergarten, s'étend la Place de Paris. Là, en retrait derrière un parterre gazonné, se trouve, parmi une demi-douzaine d'hôtels privés, celui de l'ambassade de France, petite mais élégante construction dix-huitième siècle à un seul étage et à mansardes, précédée d'un perron à colonnes. Porte à porte demeure le riche financier israélite Friedlænder. En face, et de l'autre côté, des arbustes, des pelouses à jet d'eau, le casino des officiers et le nouvel hôtel Adlon, d'une architecture sobre et fière, de grand caractère, sur la façade duquel le sculpteur a mis une procession d'Isadoras Duncans, drapées dans des tuniques aux beaux plis et qui animent la pierre de leur danse merveilleuse.

L'ambassade de France se trouve donc à la fois au centre de Berlin et dans l'Ouest, quartier élégant de la capitale berlinoise. Longtemps, l'intérieur de l'hôtel ne répondit guère à l'extérieur. Je me souviens de ma honte le jour où je vis, dans le salon d'attente, des chaises dorées tapissées de damas rouge et d'où sortait, comme un toupet de clown, tout le crin du siège. Était-ce possible? En étions-nous là vraiment, et n'y avait-il plus d'argent en France pour remplacer ces étoffes déchirées, usées jusqu'à la corde, ces tapis sales, ces meubles boiteux, ces tapisseries lamentables ? J'en voulais à l'ambassadeur d'alors d'étaler ainsi la misère de la France. Je la revis souvent, cette pouillerie. Il y a quelques mois à peine qu'elle a disparu. Dès son arrivée, M. Cambon a appelé de Paris les tapissiers et les décorateurs de chez Kriéger et on peut, sans rougir de honte, parcourir les salons et la salle des fêtes, la salle de billard, le fumoir et le reste de l'hôtel, qui font, à présent, honneur au représentant de notre pays. Si j'ai rappelé ce détail, c'est pour mieux faire comprendre le contraste saisissant entre notre laisser-aller actuel, on peut dire notre résignation, et la préoccupation du Prussien, visible partout, de vivre dans le neuf, de remplacer tout le vieux, tout le passé pauvre, par l'ultra-moderne, et de dépenser tout ce qu'il a pour paraître. Ne sommes-nous pas un peu comme ces enfants bien doués et orgueilleux, connus des professeurs de lycées, qui, se sentant menacés par un nouveau venu, dédaignent de concourir?

⁂

La Friedrichstrasse traverse en toute sa longueur le centre berlinois. Très étroite près des Linden, bordée de boutiques petites et serrées, elle s'élargit aux deux extrémités, vers le quartier populaire d'Oranienbourg d'une part et la place de Belle-Alliance de l'autre, qui touchent aux faubourgs de Berlin. Les abords de la gare métropolitaine grouillent de vie. Petits et grands omnibus, autobus et fiacres se croisent à cet endroit. A l'usage du nouveau débarqué s'offrent quelques filles timides et recueillies ayant l'air d'attendre les omnibus dans la demi-obscurité du viaduc qui passe au-dessus de la rue.

La réunion à ce carrefour, ou aux environs tout proches, des grands hôtels et des cafés, fait que cette partie de Berlin demeurera toujours pour l'étranger le vrai centre. Je connais même des Français qui habitent ici depuis dix ans et qui conservent cette impression depuis le jour de leur arrivée. Ils débarquèrent à la gare de Friedrichstrasse; depuis lors, ils vinrent chaque jour y acheter leurs journaux ou y prendre le train, et ils se persuadèrent, par paresse de chercher ailleurs et de regarder, que Berlin n'était que là.

Pourtant, si l'on veut se faire une idée de l'animation de Berlin à certaines heures, c'est à la Potsdamer Platz qu'il faut aller. Un centre nouveau s'y est formé relié au précédent par la Leipzigerstrasse, la rue la plus commerçante de la capitale. Le trafic de cette place est remarquable. Je crois que la moitié des tramways électriques de la ville y passent, débouchant par quatre larges voies. J'en ai compté une centaine en quelques minutes. Et, notons-le, jamais ou presque jamais d'accidents.

Pour arriver à cette sécurité, quel ordre magnifique fut créé! Quelle discipline intelligente et acceptée de tous! Une douzaine d'agents se tiennent en permanence aux quatre coins et au milieu de la place, entre les aiguilles des tramways, les arrêtent, les ralentissent et les font avancer sur un signe. Calmes et froids, ils dirigent tout ce mouvement sans un cri et pour ainsi dire sans un geste. Les conducteurs, l'œil fixé sur eux, attendent un regard, un signe de tête, pour stopper ou repartir.

Quand la ville de Berlin reçut l'an dernier les journalistes anglais, c'est au Palast Hotel, qui se trouve Potsdamer Platz, qu'elle les logea. On eût voulu qu'ils remportassent en Angleterre, avec le souvenir des indigestions, l'impression d'un Berlin aussi actif que Londres, d'une ville plus moderne, qui fît honte à la capitale de l'Angleterre de ses rues sales et sans tramways.

En dehors de ce centre dont l'animation égale celle des plus grandes capitales, où les rues se coupent à angle droit comme les voies américaines et divisent les maisons en une série de pâtés, s'étendent tout de suite des quartiers plus récents, percés de larges voies rectilignes, où les passants se clairsèment. De quelque côté qu'on aille, elles se succèdent, bordées de jolies maisons fleuries.

Vers l'ouest, à l'orée du Tiergarten, se trouve le quartier chic par excellence, celui des résidences, le W, comme on dit à Berlin (prononcez V), séjour privilégié des aristocraties. Le Tiergarten s'étale devant, trait d'union de verdure entre les Linden et la ville voisine de Charlottenbourg : un bois de Boulogne plus petit et intra-muros, qui commencerait à la Madeleine, avec ses lacs mignons, ses coins solitaires, ses taillis, ses clairières, ses ronds-points, ses étoiles et ses statues nombreuses, Gœthe, Lessing, Beethoven, Wagner, la reine Louise, des empereurs. Point d'équipages, ou à peine. Les tramways rapides qui le traversent en toute sa longueur, et quelques fiacres, remplacent les victorias et les coupés élégants. On y croise le matin de rares cavaliers qu'accompagnent des amazones un peu lourdes. En été, la plupart, hommes et femmes, sont habillés de tussor et de kaki. C'est bien, en dehors des allées de tramways, un lieu de quiétude véritable, encore apaisé par le cortège des nourrices dans le costume des filles du Spreewald, courte jupe rouge et coiffe blanche, refuge verdoyant où les enfants trouvent, pour s'amuser, des endroits réservés, de grands trous sablonneux entourés d'arbres et de bancs ; le rendez-vous, aux soirs d'été, des amoureux sans pudeur.

Bordé au nord par la Sprée, le Tiergarten l'est au sud par une avenue large et ombreuse où s'élèvent, au milieu de jardins, sous des verdures de lierre et de vigne vierge, les villas et les palais gréco-italiens de banquiers riches d'hier, d'industriels et de spéculateurs dont les pères plantaient la pomme de terre dans les champs voisins de Schœneberg.

A cinq cents mètres de là, sur une vaste place où se font face les gigantesques statues de Bismarck et de Moltke, se dresse la masse du Reichstag. Plus loin, au sommet d'une colonne cannelée reposant sur une colonnade circulaire de granit rose, une statue de la Victoire, dorée, ailes éployées, semble vouloir prendre son vol vers l'allée triomphale, cette *Sieges Allee* que bordent les trente-deux Hohenzollern de marbre blanc. Mais son vol pétrifié et sa lourde silhouette pèsent sur cette colonne trop petite pour sa taille et l'écrasent.

Le mauvais goût, l'ignorance des proportions, l'amour du colossal habituels au Prussien, se ramassent dans ce coin de Berlin, entre cette Victoire inharmonique, ces statues brutales de conquérants, ce Reichstag massif et ces Hohenzollern ostentatoires.

Le large anneau des nouveaux quartiers riches décrit sa courbe au delà du Tiergarten, dans la direction de Charlottenbourg à l'ouest et de Schœneberg au sud, jolies communes toutes proches de Berlin, qui paraissent ne faire qu'un avec la capitale, quartiers bâtis d'hier, séjour paisible de bourgeois aisés, d'industriels et de commerçants enrichis. Les pensions de famille y abondent, fréquentées par les Américains et les Anglais. C'est une sorte de Passy, plus verdoyant et plus fleuri.

Des ronds-points gazonnés se dessinent de loin en loin, d'où partent de longues rues bordées d'arbres : Nollendorf Platz, Victoria-Luise Platz, Lützow Platz, squares qu'entourent des maisons aux façades cerclées de balcons d'où pendent des chevelures de vignes vierges piquées de géraniums roses et rouges. Les yeux se réjouissent de tant de fraîcheur et de couleurs, de l'architecture nouvelle des maisons et de la netteté des rues. A la longue, pourtant, une sorte de lassitude naît de ces avenues toujours les mêmes, de ces perspectives au bout desquelles se retrouve une place, suivie d'une autre perspective. Nous sommes tellement habitués, chez nous, aux vieilleries, que nous serions heureux de découvrir un carrefour oublié, un vieux cloître, quelque chose qui solliciterait l'imagination ou forcerait la mémoire à remonter le passé.

Il existe bien, à l'autre bout de la ville, sur un îlot de la Sprée, à l'endroit même où se forma au XIIe siècle la bourgade de pêcheurs qui fut le noyau de la future métropole, un ancien quartier, l'*Alt Berlin*, qui groupe ses vieilles bâtisses dans le voisinage du Château Royal et de l'Hôtel de Ville, jolie construction moderne de briques rouges. Là se trouve le seul vestige d'un passé assez lointain, l'église Saint-Nicolas, qui date du XIIIe siècle. A part cela, l'Alt Berlin n'a rien de pittoresque. Ses rues sont moins larges, il est vrai, que celles des nouveaux quartiers ; quelques maisons datant d'un ou deux siècles, remises à neuf, ont leur pignon sur rue et des façades plates, percées de petites fenêtres qu'on ne voit plus ailleurs. A les regarder longtemps on commence à comprendre la honte des Berlinois pour ces antiquailles sans caractère, qui font tache sur la netteté du décor environnant. Au fond de deux ou trois passages étroits, où l'on entre par des porches bas, on a la surprise de se trouver soudain devant quelque vieille bâtisse du XVe siècle, occupée aujourd'hui par une douzaine de petits artisans, tonneliers, charrons, ferblantiers, ravaudeurs, fripiers, savetiers. Des poules picorent la terre, des bambins au museau sale vous suivent en récitant ensemble, sur le même ton et le même rythme, l'histoire de ces lieux qui servirent autrefois de prison. Deux jeunes Anglaises assises devant des chevalets complètent ce tableau. L'endroit s'appelle *Am Krœgel*. Je crois difficile de trouver un autre vestige de cet âge à Berlin.

On revient ensuite avec plaisir vers la nouvelle ville, on se laisse reprendre par le charme de ces avenues si nettes, où l'air circule en toute liberté, de ces habitations variées, spacieuses, bien éclairées, confortables et gaies. Et l'on accorde au Berlinois que, puisqu'il ne dépend pas de lui que la Sprée soit un fleuve limpide et riant, puisqu'il lui est impossible de soulever des collines d'où l'on jouirait d'émouvants points de vue, il a en somme tiré de la seule platitude dont il disposait le parti le plus avantageux pour l'agrément des yeux, l'art des habitations et l'hygiène publique.

Je m'en rends compte surtout quand, abandonnant les quartiers aristocratiques et bourgeois de l'ouest et du sud-ouest, je traverse les quartiers populaires de l'est et du nord. Certes, les immeubles sont d'aspect moins luxueux; mais, dans ces faubourgs renfermant une population ouvrière de 750,000 habitants, les rues et les maisons sont si soignées, les ouvriers et les enfants rencontrés dans les rues les plus pauvres paraissent si propres, qu'il est impossible de se croire dans une ville de l'importance industrielle de Manchester, ce qui est le cas de Berlin.

Je parcours des rues entières, Ackerstrasse, Köpenickerstrasse, Oranienstrasse, Andreasstrasse, dans le sud-est, je pénètre sous des porches qui mènent à de véritables cités, profondes de trois et quatre cents mètres, succession de cours abritant des usines de fer, des fabriques de faux bronzes, papeteries, cartonnages, fleurs artificielles, confections, etc., et des logements ouvriers.

L'une de ces cités s'appelle le Mayershof. Elle appartient au seul M. Mayer et contenait jadis 2,000 ou 3,000 habitants; aujourd'hui, les locataires sont au nombre de 7 à 800 seulement, les autres ayant cédé la place à de petites industries pour aller vivre dans des maisons plus modernes. Les caves ne sont plus habitées comme autrefois, la police s'y opposant de plus en plus par mesure d'hygiène. Le Mayershof se compose d'une série de larges bâtiments parallèles à la façade principale et séparés par six vastes cours. C'est le type des cités populaires berlinoises, tristes casernes en briques pâles et noircies, mais tenues avec soin.

Le propriétaire, un brave bourgeois qui habite son immeuble, se promenait d'un bâtiment à l'autre avec sérénité. Aimablement il nous fit les honneurs de sa propriété. Il sonna au palier de plusieurs étages et nous pûmes visiter quelques logements. La propreté de ces petits intérieurs tristes était remarquable. Certains contenaient un canapé, quantité de bibelots viennois, une machine à coudre, une carpette. Un locataire, dont l'appartement se compose de trois pièces, a fait de l'une des deux chambres un salon en velours rouge, tout comme un fonctionnaire important de chef-lieu ; un enfant écrit ses devoirs sur une petite table basse; quatre enfants en tout, un cinquième à venir : c'est un ouvrier monteur de chez Siemens qui gagne 8 fr. 65 par jour.

Une chambre et une cuisine se louent 300 francs, une chambre seule 150 francs, deux chambres et une cuisine 450 francs. Il arrive souvent, en Allemagne, que des ménages sous-louent à un ouvrier célibataire l'une de leurs chambres, ils y trouvent un bénéfice appréciable. Ici le propriétaire interdit ces sous-locations et divise le plus qu'il peut ses logements pour en retirer lui-même tout le profit possible.

J'ai demandé à voir les coins tout à fait misérables de Berlin : on n'a pu m'en indiquer. Les quartiers excentriques eux-mêmes, nouvellement bâtis, sont loin d'avoir l'air de pauvreté qui frappe dans les villes industrielles anglaises ou françaises. La Prenzlauer Allee, par exemple, possède des maisons ouvrières superbes, admirablement exposées sur de vastes voies, percées de larges baies, garnies de balcons fleuris, tout comme dans les quartiers riches. On peut se croire dans une plaine Monceau plus aérée, plus étendue, avec plus de fleurs et plus de balcons dorés.

Ce n'était pas ce que je cherchais : je voulais le

Whitechapel berlinois, ou certaines rues de la butte Montmartre, quelque crapaudière humide et gluante, quelque coupe-gorge comme il en reste tant à Londres, à Paris, à Saint-Pétersbourg ou à Rome. Cela n'existe pas ici. Les rues faubouriennes sont tenues aussi nettes que celles du centre; les magasins, sans être aussi luxueux, offrent une apparence bourgeoise. Les maisons se ressemblent d'un quartier à l'autre; les gens, décemment habillés, même les plus pauvres, n'ont jamais cette gueuserie de nos vagabonds et mendiants parisiens. Je ne veux pas dire qu'il n'y a pas de misère à Berlin, car je sais le contraire. Mais il est très significatif qu'elle se cache si bien et qu'elle ait honte.

Comme je m'étonnais avec insistance de ne pouvoir découvrir quelque point pittoresque, je demandai à un haut fonctionnaire de la préfecture de police, qui m'avait dit : « Je suis le Mouquin berlinois », où perchaient ses apaches. Il finit par m'indiquer un quartier d'ailleurs en démolition : le *Schenen Viertel.*

— C'est ce que j'ai de pire à vous offrir, s'excusa-t-il.

J'allai donc rôder derrière l'Alexanderplatz, autour de la Grenadierstrasse où subsistent encore quelques maisons à demi délabrées. J'ai bien trouvé ici et là un groupe de jeunes souteneurs aux figures louches, mais sans cette ostentation de crapule qui marque les nôtres d'un trait caractéristique. Et je n'ai rapporté de ma promenade aucune note colorée, aucun trait typique de la misère allemande. La police et le service d'hygiène pourchassent d'une telle activité les bandits et les microbes, que l'étranger a la plus grande peine à les apercevoir...

❧

J'ai dit plusieurs fois déjà l'amour des Allemands pour les fleurs. Je le redirai encore. A partir du mois de mai, il s'étale d'une façon charmante d'un bout de la ville à l'autre, depuis les villas et les hôtels privés du Tiergarten jusqu'aux maisons de rapport des quartiers populaires. Il y a, notamment, un faubourg ouvrier, l'Alt Moabit, où, l'été, on se promène entre deux véritables haies fleuries de vingt mètres de hauteur. Du haut en bas des façades, les balcons sont littéralement couverts de géraniums, de capucines et autres plantes qui grimpent, puis s'écroulent en cascades d'un balcon sur l'autre. Certains ont eu l'idée de se faire des rideaux de verdure mélangés de fleurs qu'ils tendent avec des fils tout le long de leurs fenêtres et de leurs loggias, ainsi transformées en tonnelles; c'est chatoyant et joyeux comme la campagne au printemps. Afin d'encourager ce goût du Berlinois pour la décoration des maisons, la municipalité organise des concours de balcons fleuris. Il existe même un prix créé par l'Empereur, décerné à la plus jolie imagination. Des sociétés privées et la municipalité distribuent chaque printemps, aux enfants des écoles, des boutures de géranium, de rosier, de fuchsia, etc., qu'ils doivent rapporter en fin d'année scolaire. Les plantes les plus belles sont primées [1].

1. Ces procédés d'émulation ne sont pas particuliers à Berlin. A Mannheim, lors de la belle exposition qui eut lieu en 1907, on remit à tous les enfants des écoles de la ville et de la région de ces mêmes boutures. Le 20 août, des processions d'écoliers arri-

Les fleurs ne disparaissent que lorsque la gelée les menace. Car on paye cher, dans les mois d'hiver, le charme qu'on a goûté aux beaux jours dans les larges avenues rectilignes. J'ai passé de rudes quarts d'heure à attendre un tramway ou une voiture sur la Kaiser Allee. Impossible, à certains jours, de marcher contre le vent, la neige tourbillonnante vous aveugle, un vent furieux vous coupe la respiration. Il faut avoir vécu un hiver ici pour comprendre le Brandebourg, la vieille réputation de rudesse des habitants des Marches de l'Est, et, en somme, l'histoire de la Prusse par la psychologie des Prussiens.

Un soir où le vent faisait rage, un vent d'est glacé, j'entrai dans un petit restaurant de la Dorotheenstrasse dont les lumières m'avaient attiré : c'était un restaurant italien : « Al Bersagliere ». Autour d'un piano, trois ou quatre hommes bruns, habillés d'une veste rouge, chantaient à tue-tête d'une voix nasillarde : « *Addio, dolce Napoli !* » Ils pouvaient le hurler, leur adieu à Naples... Ils en étaient loin, au milieu de ces têtes carrées, blondes et grasses, de ces femmes placides, assises devant des tables chargées, que le vin italien rougissait sans les animer, et qui, un sourire virginal sur les lèvres, s'en allaient sans cesse, par théories, comme des moutons, au petit endroit.

vèrent de la campagne sur les terrains de l'exposition, groupés par villages et par classes, chacun apportant dans ses bras la plante qu'il avait soignée pendant plusieurs mois. Le comité de l'exposition leur offrit un grand nombre de prix, les logea dans les écoles, les hébergea pendant deux jours et leur paya à tous le voyage.

L'AVENIR

Nouveaux quartiers. — Schœneberg et Wilmersdorf. — La fièvre de la bâtisse. — Une voie de douze kilomètres : Kaiserdamm. — Architectures originales. — Confort des maisons modernes. — Tape-à-l'œil et camelote. — Croissance extraordinaire de Berlin. — Spéculation. — Communes suburbaines. — Le budget de la capitale. — Avenir de Berlin. — Activité des édiles. — Berlin-Chicago.

Berlin s'étend tous les jours davantage. Et c'est un spectacle saisissant que celui de la banlieue qui naît ainsi spontanément sous les yeux étonnés des promeneurs.

Des centaines de rues se construisent, en ce moment, à Charlottenbourg, à Schœneberg, à Wilmersdorf surtout. De vastes terrains hier couverts de moissons, éventrés aujourd'hui, seront des rues demain. Sitôt qu'une maison est bâtie elle est habitée, pendant qu'à côté on maçonne encore; de sorte que, près d'échafaudages, des balcons débordent de fleurs du haut en bas d'immeubles neufs.

Pour rendre ces logis habitables, on y fait un feu d'enfer pendant huit jours, dans de grands braseros, et les plâtres sèchent; on peut habiter là sans danger.

— Nous dépensons ainsi pour une maison

1,000 francs de charbon en une semaine, me disait un architecte berlinois.

Sous peu Spandau, situé à une douzaine de kilomètres de Berlin, va se trouver réuni à la capitale par des avenues droites. C'est admirable et fantastique. On y travaille en ce moment avec ardeur, les arbres des forêts tombent (car, malgré tout l'amour des gens pour les arbres, il faut bien passer...), les chemins se creusent, déjà leur dessin se trace. Ces sortes de boulevards — qui ont de quarante à cinquante mètres de large — se composent d'un trottoir de sept ou huit mètres, bordé d'arbres, d'une chaussée pour les voitures, d'un chemin cavalier également bordé d'arbres, d'une large voie pavée centrale, d'une pelouse gazonnée et fleurie, d'une autre chaussée encore et d'un trottoir faisant pendant à la chaussée et au trottoir de l'autre côté.

J'ai fait l'excursion, je devrais dire l'exploration, par un après-midi brûlant. Mon fiacre automobile avait traversé le Tiergarten, l'infinie chaussée de Charlottenbourg, la Bismarckstrasse. Il était arrivé sur une avenue toute neuve, le Kaiserdamm. Des rues ouvertes à droite, à gauche, se peuplaient de maisons bâties d'hier. De place en place, de grands espaces vides, des champs en friche.

Bientôt, il n'y a plus de maisons. Mais la chaussée reste pavée de bois, les caniveaux des trottoirs sont posés, on rencontre des places asphaltées, des squares ; les pelouses verdoient, rasées de frais, avec des fleurs éclatantes au milieu, géraniums, pétunias, tulipes, hortensias. Puis les champs en bordure disparaissent à leur tour. Comme le terrain est sablonneux, on dirait qu'un ingénieur entreprenant conquiert des dunes et des plages pour y bâtir plus tard. C'est le désert, le silence. Plus loin encore, nous entrons dans les bois du Grünewald : toujours des rues tracées, des trottoirs bordés de caniveaux ; mais des profondeurs de forêt subsistent le long de la voie nouvelle.

Perpendiculairement à ces avenues, des kilomètres de rues, non seulement dessinées, mais pavées comme la grande voie centrale, attendent les maçons. En avançant encore, le pavage a disparu, l'auto se penche dans les ornières, entre des talus de sable, des conduites de fonte et de ciment, des tranchées, des tas de briques, des cahutes, des brouettes. De petites locomotives traînent sur les rails des trains de pierre et de matériaux. De chaque côté, c'est la forêt de sapins, silencieuse et triste.

La voie s'arrête brusquement devant un rideau de sapins. Nous avons parcouru 12 kilomètres depuis le Tiergarten, toujours en droite ligne ! Imagine-t-on cela ? On se croirait en Amérique, au moment de la fondation d'une ville nouvelle. Il faut admirer l'audace, la confiance en soi, la foi en l'avenir, la prévoyance, la méthode, qu'une telle entreprise suppose. Avec cela, personne n'en parle ; une foule de Berlinois que je questionnai là-dessus ignoraient cet agrandissement de leur ville, ou bien n'y attachaient pas d'importance, ce qui est une marque de l'étonnante activité de cette ville qui se répand dans tous les sens simultanément.

Il nous faut à présent tourner à droite, remonter vers le Nord, et aller prendre le chemin qui nous ramènera à Berlin par Spandau, dont voici, de l'autre côté de l'eau, les innombrables cheminées fumantes. Au bord de la Havel, derrière des bouquets d'arbres, une dizaine de groupes de soldats répètent, sur le fifre et le tambour, des airs de marche.

Les usines en plein labeur, les troupiers prussiens jouant du fifre, les orgueilleuses voies nouvelles en construction, — toute l'Allemagne d'aujourd'hui.

Charlottenbourg, Schœneberg, Wilmersdorf, Schmargendorf, tous ces nouveaux quartiers sont extrêmement jolis. J'aime ces maisons, différentes presque toutes les unes des autres. Souvent une partie de la façade s'avance en manière de bow-window, l'autre partie rentrante tient de la loggia italienne, ouverte en balcon doré d'où des fleurs éclatantes débordent. Les toits sont, en général, de tuiles rouges ou d'ardoises; il y en a de couverts avec des tuiles vernissées vertes ou bleues; de petits dômes et des clochetons dorés de style moscovite les surmontent. Un architecte a l'idée de faire ses balcons d'une couleur différente de celle du bâtiment, tout en briques vertes, de protéger les chambranles des fenêtres par de petits auvents de tuiles de couleur luisante, de peindre les persiennes en violet, ou en bleu pâle, ou en vert clair. D'autres immeubles affectent le style de villas campagnardes; des bois apparents, peints en brun, balafrent les façades. Les appuis des fenêtres, d'une forme jolie, sont dorés comme les grilles des balcons. Et de toute cette variété, de cette anarchie, naît une gaieté charmante que j'aime pour ma part beaucoup plus que la triste uniformité de nos rues et de nos places. Partout où c'est possible, des squares sont plantés, des pelouses fleurissent, des jets d'eau montent des vasques. Et j'affirme que nos architectes timorés et routiniers ont à prendre ici des leçons de hardiesse et d'originalité.

L'extérieur des immeubles de rapport paraît, je l'ai dit, d'un luxe magnifique : façades sculptées, balcons dorés, portes d'entrée monumentales en verre et fer forgé très orné, escaliers et murs de marbre blanc, rampes de cuivre, tapis rutilants. C'est seigneurial. J'ai des amis qui habitent ces maisons. L'apparence leur plaît, tout cela est gai et fastueux selon leurs goûts. Entrez chez eux. La place ne manque pas : vastes couloirs, armoires nombreuses, disposition commode; mais ils vous montreront les boiseries qui jouent ; l'air circule librement sous les portes mal ajustées; les sculptures, qui, d'en bas, vous étonnent, s'effritent déjà sur cette façade vieille à peine de trois ans, la pluie détrempe les stucs de camelote, et le plâtre se voit dessous. Que leur importe, aux propriétaires et aux entrepreneurs? Dans quinze ans ils démoliront ces bâtisses pour leur en substituer d'autres plus modernes et plus riches encore. Et en ceci nous sentons davantage la parenté actuelle des mœurs américaines et des mœurs allemandes : un goût pour la façade.

Malgré ces imperfections dues à la hâte des architectes et à la fièvre de paraître, on peut dire que le confort des maisons augmente en même temps que leur nombre : les immeubles avec ascenseur, téléphone, chauffage central, électricité, salles de bain pour maîtres et domestiques, eau chaude à toute heure du jour et de la nuit, ne sont pas, comme en France, l'exception. On ne bâtit plus une maison sans ces commodités. On commence même à y ajouter des coffres-forts creusés dans la muraille, des glacières permanentes et, sur les terrasses des toits, des verrières pour bains de soleil.

Il y a à présent, à Berlin même, plus de deux millions d'habitants[1]. Dans ce chiffre ne sont pas compris ceux de Charlottenbourg, de Wilmersdorf, de Schœneberg, de Rixdorf, de Pankow, etc., communes qui complètent, à vrai dire, la métropole, mais qui restent administrées par des municipalités distinctes. Autrefois, ces communes se trouvaient séparées de la capitale par de longs espaces libres aujourd'hui bâtis, les tramways électriques de Berlin les traversent et, comme il n'y a pas d'octroi en Allemagne, il est impossible de savoir où commence l'une et finit l'autre.

Avec ses faubourgs, Berlin compte donc aujourd'hui près de trois millions d'habitants.

Voici d'ailleurs un résumé saisissant du mouvement de la population en dix ans à Berlin et dans sa banlieue immédiate :

	En 1895.	En 1900.	En 1905.
Berlin	1,677,300	1,888,300	2,040,200
Charlottenbourg	132,400	189,300	239,500
Wilmersdorf	14,400	30,700	63,600
Pankow	11,900	21,500	29,100
Rixdorf	59,900	90,100	153,600
Schœneberg	62,700	96,100	141,000
Weissensee	»	»	37,600
		Total	2,704,600

1. Exactement, 2 millions 110,000.

On tend à s'éloigner du centre, et comme les moyens de transport abondent, économiques et rapides, les banlieues se peuplent comme des lapinières.

On spécule ardemment sur la terre et les bâtisses; beaucoup de paysans sont devenus millionnaires en dix ans. En 1890, ils cultivaient la betterave et la pomme de terre sur l'emplacement où s'élève aujourd'hui Schœneberg. Sur la Prenzlauer Allee, à quatre ou cinq kilomètres au plus du centre de la ville, vers l'est, des terrains qui ne valaient pas 10 marks se vendent couramment 300 francs le mètre. Le prix du sol urbain a suivi la même progression. Le mètre coûte de 3,750 à 5,000 francs[1] dans la Friedrichstrasse, rue des grands magasins, centre de la ville. Cette hausse ne peut continuer; mais elle montre tout de même la fièvre de prospérité qui résulte pour ce pays de l'accroissement incessant de la population.

En 1868, la ville finissait à Königgrätzerstrasse, le long du Tiergarten, qui est devenu le centre de Berlin. Un homme de trente-six ans me dit :

— Quand j'étais petit, j'allais jouer au cerf-volant,

1. A Paris, les terrains de la rue Royale, du boulevard de la Madeleine se payent de 3,000 à 4,000 francs le mètre. Une Compagnie d'assurances a payé 5,000 francs le mètre un emplacement place de l'Opéra. Place de la Bourse, on le vend 3,000 francs. Une autre Compagnie demande 6,000 francs le mètre pour le terrain sur lequel est bâti le théâtre des Nouveautés, boulevard des Italiens; mais c'est un prix qu'on n'a pas encore atteint. Sur l'avenue du Bois-de-Boulogne le mètre ne vaut que 1,200 francs. Quant aux quartiers populaires, Grenelle, Montparnasse, Montmartre, Père-Lachaise, le prix va de 100 francs à 300 ou 400 francs. Dans les quartiers équivalents de Berlin, il monte de 200 à 600 francs. Les terrains les moins chers sont situés à l'extrémité nord de la ville, Müllerstrasse, et valent de 20 à 25 francs.

à la campagne, à Nollendorfplatz, où se trouve aujourd'hui le quartier le plus habité.

Pourquoi ne réunit-on pas toutes ces communes en une seule?

Il y a dix-huit ans, le gouvernement prussien proposa à la municipalité la fusion de toutes les communes suburbaines. Berlin répondit en acceptant Charlottenbourg, Wilmersdorf, Schœneberg, c'est-à-dire toutes les communes riches, et situées à l'ouest de la ville, mais dédaigna Rixdorf, Weissensee, etc., encore pauvres à ce moment.

— Alors, — avait dit le gouvernement, — vous n'aurez rien.

Aujourd'hui, les Berlinois voudraient bien renouer les négociations; mais ce sont les autres qui ne veulent plus.

Je demandai l'an dernier au prince de Bülow si l'État n'interviendrait pas dans le débat :

— Question très compliquée, me répondit le chancelier de l'Empire. Ces communes n'y tiennent pas, les impôts étant plus élevés à Berlin. Et voyez le libéralisme de la Prusse, notre respect de la liberté : nous n'essayerons même pas de forcer la main aux communes qui désirent demeurer autonomes. La fusion se fera quand tout le monde la désirera.

Pourtant, l'avis général est que, dans vingt ans, on aura créé une sorte de comté, de district de Berlin qui englobera la ville et ses environs.

⁂

Le budget de Berlin se monte à 235 millions.

Au Conseil municipal sont entrés 30 socialistesdémocrates qui lui viennent des quartiers de l'Est, Rummelsburg, Litchtenberg, Friedrichsfelde, Friedrichshain, etc.

Le premier bourgmestre touche 36,000 marks d'appointements (45,000 fr.). Il y a 134 conseillers municipaux, dont la fonction est gratuite, et 34 « magistrats », qui composent une sorte de corps exécutif de la municipalité, le *Magistrat*. Sur ces 34 magistrats, il y en a 17 appointés et 17 non appointés. Ils reçoivent 8,500 marks (10,625 fr.) comme traitement de début et arrivent vite à 15,000 marks (18,750 fr.).

La vie municipale est intense, comme dans toutes les villes d'Allemagne. Je suis allé plusieurs fois au Rathaus (Hôtel de Ville) et dans les bureaux des bourgmestres; j'y ai respiré une atmosphère d'activité étonnante. Tous les jours, des changements importants se font dans l'organisation des services publics; il n'est pas d'amélioration qu'on ne recherche et qu'on ne pousse à bout, — et vite! Pour ne parler que des plus grands projets à l'étude, dans quelques années un canal, déjà voté par le Parlement, rejoindra Berlin à Stettin, et Berlin deviendra port de mer avant Paris. Deux ports sont en projet au nord et à l'est de la ville, avec de vastes entrepôts.

Quel avenir est réservé à la capitale! La Sprée communique avec la Havel qui communique avec l'Elbe. Berlin sera onc relié à la mer, de deux côtés, par Stettin et par Hambourg. Les facilités de vie attireront de plus en plus les populations. L'existence coûtera alors moins cher ici, puisqu'il n'y a pas d'octroi et que tous les produits nécessaires à la vie, à l'industrie, au commerce, au lieu d'arriver par le chemin de fer, ce qui augmente considérablement les frais de transport, viendront directement par voie d'eau.

Dans vingt ans, Berlin aura quatre millions d'habitants : et ce sera Chicago.

LES TYPES

Latins et Germains. — Évolution de l'ancien type. — Les toilettes. — Lunettes et monocles. — Barbes fluviales et faces rasées. — L'Austellungspark. — Le Berlinois n'est pas poli. — Différence entre les Rhénans et les Brandebourgeois. — Contrastes. — Le Berlinois discuteur et contentieux. — La bévue de l'Empereur. — Berlinois coureurs de femmes. — Gœthe pornographe.

Il est très amusant de rencontrer des figures de Français à Berlin. On n'a nulle part meilleure occasion de se bien regarder soi-même, car le repoussoir est saisissant. Il y a une catégorie de Prussiens sanguins, hauts en couleur, robustes, raides, sanglés, aux yeux bleus, naïfs ou durs, dont l'air général est comme neuf et frais, auprès desquels les têtes brunes des Latins, plus sculptées, plus travaillées par les croisements, au regard moins candide, au sourire plus facile, à l'expression plus intelligente, ressemblent à celles de ces joueurs fiévreux qu'on voit au cercle, vers quatre heures du matin, devant le nouveau ponte qui arrive le teint rose, l'œil clair.

Je sais bien que ce n'est qu'une apparence et que la valeur de résistance des individus et leur force d'intelligence se mesurent à d'autres signes. Mais, même s'il n'est qu'extérieur, ce contraste est peut-être intéressant à noter. Car l'aspect des choses et des individus change ici avec rapidité.

Ceux qui vinrent il y a vingt ans en Allemagne sont frappés aujourd'hui non seulement de la transformation de la ville, mais de celle des gens.

On voit encore le vieil Allemand suranné, à grosses chaussures, redingote ample, gilet flottant, cheveux longs, barbe longue, chapeau à larges ailes ; la femme aux cheveux tirés, noués d'un cordon noir, ou dont le chapeau est retenu par un caoutchouc visible passé sous les oreilles, chaussée de bottines à élastiques. Ce couple se sent parfaitement chez lui, n'est gêné nulle part, et personne ne songerait même à en sourire. Il représente la tradition permanente, le fort terroir : c'est le vrai couple allemand, sur quoi se fonda l'Empire. Le dimanche, à l'Austellungspark ou au Jardin zoologique, on peut observer ces champions héréditaires de la simplicité et de l'ingénu mauvais goût germaniques. Employés, boutiquiers, contremaîtres et toute la famille viennent entendre la musique et se promener en rond autour des pelouses. A la longue, le défilé des coiffures des femmes devient comique, non point par les formes, qui sont simplement d'anciennes formes parisiennes abandonnées, mais par le dédain profond, absolu des gens pour l'harmonie des couleurs et des matières qui constituent le chapeau. On voit couramment des rubans, des fleurs, des fruits, des moissons, des plumes, des oiseaux et du velours sur le même chapeau de paille ou de feutre indifféremment, et le voisinage des couleurs semble défier toutes les lois connues des complémentaires.

Mais qui remarque ces horreurs? L'attention est ailleurs. On s'habille pour se couvrir, comme on mange pour se nourrir. La question est de savoir si cette indifférence vient de l'ignorance du mieux et de l'inculture des sens, ou bien d'une préoccupation plus sérieuse des choses de la vie. Indiscutablement, l'Allemand n'a pas le goût développé; mais je me demande si même, dans l'avenir, son éducation étant achevée, il attachera jamais autant d'importance que nous aux choses de la toilette, à l'extérieur, à la forme.

Près de l'ancien Allemand, voici le Neu-Deutsch, son fils ou son petit-fils, qui s'habille à l'anglaise des pieds à la tête et qui n'a plus de barbe, ni de longs cheveux, ni de chapeau mou, ni de lunettes. Ses cravates s'harmonisent parfois avec ses complets, sa moustache coupée au ras de la lèvre n'affecte même plus l'imitation de l'Empereur. Il est, autant qu'il le peut, ironique et désinvolte, joue au tennis et au football. Son admiration va tout entière à cette caricature de l'armée allemande : un jeune lieutenant, dont la figure indique à peine vingt ans, rose, presque rouge, les yeux bleu-vert en boule, cheveux blond albinos, sourcils blancs, cils blancs, uniforme tout clinquant neuf, d'un bleu et d'un rouge éblouissants, le sabre insolent et baladeur, les bottes vernies impeccables, sanglé, roide, rayonnant d'une joie mal contenue et ahurie, satisfait de lui-même et de la vie. On le voit sortir des restaurants à la mode, sauter en « auto », poitriner dans les jardins-concerts, au Zoo, à l'Austellungspark, avec le même air un peu stupide.

Ce jeune officier, tenu, je pense, de porter la moustache, la coupe au ras de la bouche, ce qui lui fait deux petites touffes de poils courts à la Bibi-la-Grillade, du plus comique effet. Du sous-lieutenant, la mode gagne l'officier de réserve, puis le volontaire, puis les jeunes snobs. Aujourd'hui, sur dix personnes que l'on rencontre, huit ont coupé leur moustache dont il ne reste qu'un centimètre ou deux de chaque côté du nez.

L'officier en civil aide beaucoup à la diffusion de ce type de Neu-Deutsch. Très correct, sobre, poli, hautain, distant, à la manière anglaise, il plaît au hobereau qui l'imite aussi. Et bientôt il sera difficile de distinguer le *Rittergutbesitzer* du lord anglais ou écossais ou de l'aristocrate français modernes. Déjà, dans les galas nocturnes, les Allemands vieux jeu ont l'air de parents pauvres, à côté de leurs fils, les maîtres de demain, qui s'habillent pour dîner, et commencent à aller au théâtre en habit.

En attendant, ce qui frappe dans toutes les réunions en Allemagne, c'est la coexistence de ces deux éléments, le mélange des catégories et le sans-gêne.

On ne peut pas dire que le Berlinois soit un être poli. Je le trouve plutôt désagréable et bourru, à l'exception, bien entendu, de tous les gens que je connais! Il a le minimum de complaisance spontanée et d'amabilité extérieure qu'on est en droit d'attendre de gens civilisés. Les employés, dès qu'ils ont quelque galon à leur livrée, deviennent arrogants. Le conducteur de tramway, qui à Berlin est, en somme, le fonctionnaire avec lequel le public se trouve le plus souvent en rapport, est d'une rudesse de garde-chiourme. A chaque instant on a envie de lui répondre sur le même ton que le sien, ou de l'envoyer avec tous les conducteurs de tramways et tous les *Schutzleute* de Berlin faire un stage de politesse à Cologne, par exemple, où, malgré leur uniforme, les Rhénans sont polis et prévenants.

Je conserve la mémoire d'un type frappant de grossièreté, qui n'est pas une exception dans son pays : celui du chef de gare de la station du Jardin zoologique, gros homme aux yeux en boule, habillé d'une longue tunique bleu-barbeau à boutons d'or, aux épaulettes de tresse dorée, coiffé d'une casquette rouge et galonnée. Est-ce la suggestion de leur costume militaire qui donne à ces employés subalternes leur affectation de dédain et de brusquerie? Quand on pense que celui-ci, avec son costume carnavalesque, ne sert qu'à regarder passer des trains, sa morgue dégoûtée, ses airs de gros tyran épuisé deviennent risibles. Je l'ai observé par amusement. Impossible de rencontrer un malotru plus malotru. Si vous l'interrogez, il vous répond du bout des lèvres en tournant la tête d'un autre côté, avec un mépris qui vous découragerait de vivre, si vous ne pensiez qu'il existe encore de fines races méridionales, policées et souriantes.

Et puisque je parle des employés de l'administration prussienne, je rendrai justice à leur honnêteté [1],

1. Je ne dirai pas la même chose du garçon de restaurant, qui cherche toujours à carotter sur l'addition, ce qui le fait ressembler, au moins sous ce rapport, au garçon des restaurants du Bois de Boulogne. Mais je crois que cette tendance est plus générale ici.

à leur ponctualité, à leur conscience, mais je leur demanderai d'avoir un peu moins l'air d'être, dans l'exercice de leurs fonctions, à la chasse au sanglier.

Personne ne songe à s'offusquer de ces manières, ni même ne les remarque, tant cette rudesse est générale.

Le nombre de gens qui passent devant vous ou vous écrasent les pieds dans les tramways sans s'excuser est incalculable. On peut dire que c'est presque tout le monde et presque partout. Je ne parle pas des salons, naturellement, mais pourtant des wagons de première classe, des hôtels de premier rang, des théâtres.

En réaction contre la rudesse des manières, il existe une tendance de politesse alors exagérée et fausse et qui ne laisse pas d'être gênante pour l'étranger : on se découvre dans les couloirs des hôtels, en entrant et en circulant dans les immenses salles de restaurants, même en plein air, dans les garden-parties. Les clients se présentent tête nue aux guichets des banques pour verser leur argent, et tiennent leur chapeau à la main pendant toute la durée des opérations. J'ai observé cette même exagération en Russie, où des gens qui mangeaient hier encore du suif de chandelle veulent vous obliger à vous découvrir au seuil des bureaux de poste et des vestibules d'administrations publiques ou privées.

Les Berlinois à qui je faisais part de ces impressions me dirent :

— Comprenez donc que la Prusse fut toujours

pauvre, à travers les siècles passés, et que son climat est rude.

Le Prussien n'a pas, en effet, derrière lui les générations d'abondance qui créent le sourire. Les Berlinois, spécialement, viennent de l'Est, de la Silésie, de la Poméranie, de la Posnanie. Le Holstein, la Bavière, les provinces Rhénanes, n'émigrent pas à Berlin, — au contraire. On y dit du Prussien : « *Er hat keine Kinderstube gehabt!* » (Il n'a pas eu de chambre d'enfant !) Ce qui signifie qu'il n'est pas de bonne maison, de famille aisée.

Avec cela, aucune brutalité parmi la foule circulante : jamais vous ne recevrez, dans les rues de Berlin ni d'aucune ville d'Allemagne, un de ces coups de coude brutaux qui vous font retourner de colère en Angleterre et en Amérique.

Et des usages de sociabilité charmants. Ici, dans toute la petite bourgeoisie, si des gens partent par le train, des amis les accompagnent à la gare, chargés de fleurs. A l'arrivée, même habitude : des fleurs accueillent celui qui vient. Je revois un bonhomme penché à la portière, l'air grave, même solennel, conservant à la main jusqu'au départ du train, pendant près d'une demi-heure, le bouquet que ses amis lui avaient offert. A Kœnigsberg, au fond de la Prusse orientale, j'ai noté une coutume plus gracieuse encore. Au retour de longues absences, les amis parsèment de verdure et de fleurs les escaliers de la maison où doit rentrer le voyageur.

Le Berlinois est discuteur, gouailleur, hargneux, contentieux, et parle haut. Quand, en voyage, un Allemand fait du bruit, se plaint, attire sur lui l'attention, on dit : « C'est un Berlinois », comme chez nous : « C'est un Parisien ! » ou mieux : « C'est un Marseillais ! » [1].

Il est frondeur aussi, et les histoires sur l'Empereur circulent sans trop de contrainte. J'ai recueilli à l'Hôtel-de-Ville les deux suivantes.

Quand on apporta à Guillaume II les plans de l'église élevée à la mémoire de Guillaume Ier, sur la place située près du Jardin zoologique, il les regarda avec attention et vit au-dessus de l'un des clochers une étoile, sorte de repère dont se servent les architectes.

— Cette étoile me paraît bien petite ! fit l'Empereur, au grand ébahissement des assistants.

Cependant aucun d'eux n'osa lui faire remarquer sa bévue, et l'architecte alla même jusqu'à lui promettre qu'on augmenterait les dimensions de l'étoile.

Et voilà comment on voit aujourd'hui, au-dessus de l'église, une étoile d'or au bout d'un fil, qui est là comme un cheveu sur la soupe.

L'autre histoire a trait à la circulation sur la Potsdamerplatz. J'ai dit que c'est l'endroit le plus animé de Berlin. On cherche depuis longtemps un moyen de diminuer les dangers d'accidents de voitures, d'automobiles et de tramways. Or, à une réception du bureau de la municipalité, l'Empereur aurait dit à un bourgmestre :

— Pourquoi n'imiteriez-vous pas le système de la ville de Glasgow, où une immense grue soulève les

1. Les habitants des autres provinces disent de lui : *Er hat eine schnoddrige Hundeschnauze*. Ce qui, littéralement, se traduit : « Il a une insolente gueule de chien », et dont le sens est : « Il est mal embouché ».

véhicules au-dessus d'une place pour les passer de l'autre côté... (ou quelque chose d'analogue...)?

Le bourgmestre fit prendre des informations, et ni à Glasgow, ni dans aucune ville anglaise, on n'emploie le système imaginé par l'Empereur, ni d'ailleurs aucun autre moyen de ce genre.

— Alors?

Oui, alors?... se demandent un peu stupéfaits les bourgmestres berlinois.

Berlin, dit-on en Allemagne, est la terre classique des calembours. Sa réputation de ville spirituelle et frondeuse diminue un peu depuis que le vrai Berlinois est noyé dans le flux des immigrations provinciales. Il paraît probable que les Berlinois de jadis vivifièrent leur sens critique et leur esprit d'opposition au contact des milliers de réfugiés français aujourd'hui perdus dans la foule allemande; il est vrai aussi que le Gouvernement réactionnaire des siècles passés donnait plus de prise que celui d'aujourd'hui à la satire. La multiplication des juifs a dû aussi augmenter la réputation d'esprit de la métropole. Quoi qu'il en soit, longtemps Berlin l'emporta par le nombre des publications humoristiques sur Paris qui l'a détrôné depuis quelques années seulement.

— Que de fois, me disait un Allemand, n'ai-je pas retrouvé dans les journaux humoristiques français des calembours dont on disait il y a quarante ans à Berlin : ils sont tellement vieux que déjà, lors de la construction de la Tour de Babel, on défendait aux maçons de les répéter et que, du temps des Pharaons, un père déshéritait son fils s'il l'entendait raconter ces vieilleries...

— C'étaient, lui répondis-je, de vieux anas français apportés en Allemagne après la révocation de l'Édit de Nantes.

La verve des satiristes s'exerce naturellement dans le domaine de la politique et les mots sur l'Empereur abondent. On répète encore quelques phrases célèbres prononcées par un acteur berlinois dans un théâtre de Variétés.

Quand celui-ci représentait le vieux Guillaume Ier, il citait à haute voix les paroles prêtées jadis à l'Empereur mourant : « Je n'ai pas le temps d'être fatigué ». Quand venait le tour de Frédéric III, il répétait les mots que l'Empereur agonisant, aphone, écrivit sur le papier qu'il remit à son fils : « Apprends à souffrir sans te plaindre ». Puis paraissait Bismarck, et l'impresario solennel disait cette formule chère au grand ministre : « Nous autres Allemands, nous craignons Dieu et rien d'autre dans le monde ». Alors apparaissait le monarque aux moustaches retroussées, et l'impresario criait : « Augusta, boucle tes malles, nous partons en voyage ! » Vous voyez d'ici l'effet produit par ce contraste de paroles touchantes, fanfaronnes et burlesques.

On en cite d'autres. Du vivant de Bismarck, on demandait :

— Quelle est la plus grande firme allemande ?

— Bismarck et Fils, et l'Empereur est leur premier commis-voyageur.

Ou encore :

— Quels sont les quatre empereurs Allemands ?

— Der Greise-Kaiser (l'Empereur vieillard, Guillaume Ier) ;

Der Weise-Kaiser (l'Empereur sage, Frédéric III) ;

Der Reise-Kaiser (l'Empereur voyageur, Guillaume II);

Der Leise-Kaiser (l'Empereur qui gouverne tacitement). Autrement dit : Bismarck.

Il est un autre mot que chacun répète également. Pour le savourer, sachez qu'en allemand, la porte, la porte monumentale se dit : das Tor, du genre neutre, alors qu'en français le mot est féminin. En outre, « le fou » se dit : der Tor, du masculin. Là-dessus se base le calembour suivant :

L'Empereur vient de passer par la place Royale, à proximité de la Porte de Brandebourg. A ce moment précis, un Français s'adresse à un Berlinois et lui demande : « Ne pouvez-vous pas me dire où se trouve *die* Brandenburger Tor? (Il met donc, par erreur, le mot au féminin, comme dans sa langue maternelle.)

En désignant la porte, le Berlinois lui répond :

— *Das* Brandenburger Tor est là; *der* Brandenburger Tor vient de passer, mais où se trouve *die* Brandenburger Tor, cela, je ne saurais vous le dire.

Mais l'esprit critique du Prussien peut prendre une forme plus élevée. Allié au sentiment profond de la justice, il devient résistance ouverte contre une autorité qui tente de se faire abusive. On parle souvent à l'étranger de la servilité de la justice et de l'administration prussiennes. Les Prussiens protestent avec énergie contre cette calomnie :

— Savez-vous, me disait un Berlinois, que Guillaume II, tout empereur qu'il est, a perdu quatre procès comme propriétaire de Cadinen? Que le prince héritier, voulant se soustraire au paiement de contributions pour sa propriété de Silésie, y fut contraint par autorité de justice, et que le duc de Brunswick, qui refusait de participer à l'entretien d'une école, dut également se soumettre? Vous vous vantez, en France, d'avoir un bon juge. Chez nous, les bons juges pullulent, non seulement à Berlin comme on l'apprend aux enfants, mais dans toute la Prusse et dans toute l'Allemagne.

Autre chose. Quand Guillaume II voulut faire nommer son beau-frère le prince de Schaumbourg-Lippe, duc de Lippe-Detmold, il télégraphia son désir à la commission chargée de choisir entre les candidats. Celle-ci s'indigna de l'intervention impériale et en nomma un autre.

Il y a quelques années, la municipalité de Berlin propose le second bourgmestre Kaufmann pour le poste de premier bourgmestre; l'Empereur refuse de sanctionner la nomination. Le Conseil propose son candidat une seconde fois avec une majorité plus grande : Guillaume II refuse encore. La troisième fois, Kaufmann fut élu à l'unanimité. Nouveau refus de Guillaume. Finalement, le Conseil eut raison, et Kaufmann est devenu, si je ne me trompe, premier bourgmestre et favori de l'Empereur.

Le manque de caractère ne peut donc pas être donné comme un signe général du tempérament prussien.

Les Berlinois ont une très grande idée d'eux-mêmes.

— Nous sommes, disent-ils, les premiers en littérature : les Hauptmann, les Sudermann sont de chez nous; les premiers dans les arts plastiques avec Liebermann, Slevogt, Corrinth, Tuaillon, Lederer, Arthur Kampf. Aujourd'hui, les artistes de Munich émigrent à Berlin. Nous sommes les premiers en musique, car il est devenu impossible à un musicien, quel qu'il soit, de croire à sa gloire, s'il n'a été consacré par Berlin.

— Oui, concluait un Berlinois près de qui je contrôlais toutes ces impressions, nous sommes ainsi : les Berlinois, parvenus d'hier, sont orgueilleux, querelleurs, poseurs, *obereben*, mais causeurs spirituels et assez alertes d'esprit ; ils ont le sens de l'humour, et avec un mot drôle on en fait ce qu'on veut. S'ils n'ont pas la finesse et la gaieté du Français, ni sa grâce, ils sont plus vifs d'esprit que l'Anglais. Et, au point de vue physique, remarquez qu'on marche à Berlin plus vite que dans les autres villes d'Allemagne et qu'on y travaille davantage.

« Esprits réalistes et positifs, logiques et méthodiques, ils ont l'énergie patiente et soutenue qui fait les grands labeurs. Aucun pays n'a accompli en si peu d'années une œuvre aussi grandiose que celle de la Prusse. Et cependant, aucune ne rencontra sur sa route tant d'obstacles accumulés. L'Amérique du Nord, dont la rapide prospérité est un exemple pour la vieille Europe, n'eut pas tout à créer d'un chaos, comme le fit la Prusse. Les Américains avaient, avec le concours d'hommes énergiques venus d'Europe, d'innombrables ressources naturelles et une place nette ; dispensés de l'entretien d'une armée, ils ignoraient aussi les parasites d'une trentaine de cours.

« Les Anglais, — si pratiques ! — attendent encore l'homme de génie qui les délivrera du dédale de leur stupide système de poids, mesures et monnaies. Voyez l'Italie, unifiée plusieurs mois avant l'Allemagne et qui possède, avec un sol fertile, un climat merveilleux ; cette Italie, qui reçoit chaque année par les touristes 400 millions, sans compter les millions qui entrent dans la caisse papale, voyez combien ce pays est distancé par l'Allemagne tant calomniée.

« Figurez-vous un instant ce qu'il fallut d'efforts à la Prusse, à qui l'Allemagne est redevable de son unité actuelle, pour doter l'Empire d'un code civil remplaçant tant de codes différents; pour unifier son système de poids, de mesures et de monnaies; pour créer de toutes pièces une législation sociale qu'aucune autre nation n'a égalée jusqu'ici.

« Songez aux difficultés dont nous menaçait l'esprit particulariste, les luttes de religion, et n'oubliez pas que les Prussiens avaient à traîner sur leur route victorieuse, comme un bloc attaché à leur pied, la race arriérée des Polonais. Quand on considère tout cela, on reste stupéfait des progrès accomplis. N'avons-nous pas raison d'en être fiers? »

Une dame de Düsseldorf me contait une chose qui changea mes idées sur un point important de la psychologie allemande : je veux dire la réserve des Prussiens, leur respect des femmes et tout ce qui s'ensuit.

— A Berlin, me disait-elle, il m'est impossible de laisser sortir mes filles seules sans qu'on les aborde dix fois dans la rue. Il n'y a pas de ville au monde où la femme soit moins respectée, quand elle n'est pas accompagnée. Les gens y sont très mal élevés. Dans les endroits publics, ils adressent des œillades à toutes les femmes ; au restaurant, ils lèvent leur verre en clignant de l'œil d'un air bête, dans la direction de celles qui ont la chance de leur plaire. La ville est inhabitable pour des femmes seules.

— Est-il possible? fis-je, étonné. Êtes-vous bien

sûre que ce ne sont pas les étrangers de passage qui créent cette mauvaise impression?

— De purs Allemands, croyez-moi! Et il me plaît d'ajouter qu'à Paris, au contraire, jamais mes filles ni moi n'avons eu à nous plaindre des passants.

Encore une réputation surfaite. Nous aurions donc cessé d'être les plus grands libertins de la terre et notre monopole se périmerait?

J'ai pu contrôler cette assertion. Me trouvant en tramway, je vis un homme s'installer devant une jeune fille et lui adresser presque aussitôt quelques paroles à voix basse qui la firent rougir jusqu'au bout des oreilles; elle prit un air indigné, se leva et changea de place.

Et comme je voulais paraître m'étonner de ce libertinage chez un peuple qui se pique de rigorisme et de vertu, on me raconta ceci: le professeur Erich Schmidt, qui enseigne la littérature allemande avec un succès double — succès professoral, succès de bel homme, — annonça un jour une leçon sur Gœthe pornographe — un Gœthe comme Leibnitz! — et il invita les honnêtes femmes à ne pas y assister. Le bruit se répandit et, au cours suivant, la salle fut trop petite pour recevoir la foule des auditrices.

DIMANCHES BOURGEOIS ET POPULAIRES

La vie dominicale. — La banlieue. — Forêts et restaurants. — Physionomie de la foule. — Propreté. — Flegme. — Bonhomie. — Les familles et leurs provisions. — Les restaurants pris d'assaut. — Forêt du Grünewald. — Treptow. — Wannsee. — La plage de Berlin. — Mœurs primitives. — Peu de caleçons. — Femmes en chemise. — Le nu berlinois. — Évocation de l'Hellade.

Pour trente centimes le chemin de fer vous mène à une demi-heure de Berlin, en pleine campagne; pour le même prix on fait en bateau à vapeur le tour d'un vaste lac.

Grâce à ces avantages, c'est à la campagne que l'ouvrier et l'employé berlinois passent leurs dimanches.

Les gens « qui se respectent » ne sortent pas ce jour-là : la rue, la forêt, les lacs appartiennent à la foule. Pas d'équipages dehors. Mais le peuple tout entier a quitté les ateliers, les bureaux, les magasins de la ville, a envahi les gares et les tramways et s'en est allé jouir de l'air libre des bois et de son repos.

Toutes les dix minutes, des trains versent aux stations des environs des flots de voyageurs, ouvriers, soldats, jeunes employés avec leurs bonnes amies, — cuisinières, femmes de chambre ou demoiselles de magasin, — petits bourgeois, sous-officiers mariés, sanglés dans leur tunique, tenant par la main leurs enfants. Des familles entières se donnent rendez-vous à la gare. Le père, la mère, les beaux-pères, les belles-mères, les grands-pères quand ils ne sont pas trop vieux, les enfants, les frères, les sœurs, passent la journée ensemble. Il n'est pas rare de voir des caravanes de quinze et même de vingt personnes.

J'ai choisi un beau dimanche d'été pour aller dans la forêt du Grünewald voir se reposer le peuple berlinois.

Je me suis assis au pied d'un sapin, et j'ai regardé pendant tout un après-midi les promeneurs qui traversaient la forêt, se rendant d'une brasserie dans une autre, car la forêt du Grünewald est grande.

Des groupes, de temps à autre, se mettent à chanter en marchant. Des jeunes gens rythment leur pas sur des chants militaires. On dirait qu'ils sont très pressés et qu'on les surveille : ils s'amusent. A un carrefour voisin une troupe de salutistes, avec grosse caisse, trombone, piston et chapeau chinois, bat le rappel pour le sermon dans la forêt. La foule placide se rassemble et écoute.

Ce qui frappe, c'est le flegme des gens. Ils n'ont pas le regard vif, brillant, malicieux, mais non plus l'air mécontent, désagréable, agressif, si commun dans les foules françaises. L'équilibre souriant, le calme du sang, se manifestent par de nombreux signes extérieurs : l'ordre de la toilette, la netteté, la propreté des vêtements du père, de la mère et

5

des enfants, cheveux lisses, bien tirés, qu'on a envie de brouiller, la démarche lente et rythmique, la voix calme et posée, les longs silences. Pas de cris, quelquefois des chants, des chants simples, jamais licencieux. On ne regarde pas les autres, on ne s'occupe pas d'eux, mais, si le hasard vous met en rapport, on se salue avec bonhomie, on se rend tous les services possibles, comme à des parents ou à de vieux amis. L'employé bourru qui vous agace les jours de semaine, le sous-officier brutal, ont mis, avec leurs habits du dimanche, une enveloppe acceptable.

Parfois, deux sociétés de promeneurs plus gais s'interpellent d'un groupe à l'autre, mais gentiment, joyeusement, sans l'ombre de malveillance. En passant devant une villa dont les gens se tiennent aux fenêtres, ou s'ils croisent une voiture, ou qu'un bateau glisse sur la rivière, ils agitent sans fin leurs mouchoirs.

S'ils reconnaissent en vous l'étranger, ils vous saluent bruyamment en levant leurs chapeaux au bout de leurs cannes, et, riants, hommes et femmes et jeunes filles et enfants prennent part à cette joie. Pas d'injures, ni de plaisanteries hostiles ou grossières. Au plus quelques allusions goguenardes. Comme dirait M. Prudhomme, quelle différence entre les peuples ! Celui-ci a un sens patriarcal de la sociabilité, un besoin d'expansion tranquille et de cordialité qui contrastent avec la rudesse et la brutalité qu'il affecte dès qu'il est soldat ou fonctionnaire.

Ils portent tous ou presque tous un parapluie et un paquet bien ficelé, bien enveloppé de toile cirée : là-dedans se trouvent du pain, des gâteaux, du café en poudre et du sucre. Les uns se dirigent vers le centre de la forêt, les autres vers un restaurant en plein air, tout proche. Car, pourvu qu'ils soient *im freien*, qu'ils voient des feuilles et qu'ils puissent manger et boire, les Allemands sont satisfaits.

Sous les arbres, des tables sont dressées, et, où que vous alliez, toutes sont remplies. De grosses tasses de faïence blanche, si mal commodes pour boire, des bocks de verre et des pots de grès couvrent les tables par milliers. Les gens manipulent leur cuisine librement. Ils achètent au buffet du restaurant pour un sou ou deux d'eau chaude, fabriquent leur café avec la poudre qu'ils ont apportée et préparent ainsi leur collation à bon compte. On voit des gens en toilette, graves bourgeois à lunettes, jeunes commis ornés de cravates et de cols dernier cri, aller à la cuisine et revenir leur pot de faïence à la main, circuler tranquillement à travers les tables en rajustant leur binocle doré; personne ne songe à en rire, ni même à le remarquer.

Une fois conquises les chaises devant la table, ils ne bougent plus, sinon, toutes les heures, pour se débarrasser de la bière qui les emplit. Les enfants restent assis; s'ils cassent un verre ou une tasse, ils reçoivent une taloche sérieuse du père, et, sans pleurer, demeurent immobiles, le nez dans leur assiette.

Un sourd bourdonnement monte de cette foule, mais aucun bruit insolite, ni de cris, ni d'appels, ni de rires. Ne croyez pas qu'elle s'ennuie, non; elle se contente de ce repos, de ce calme, avec une philosophie naturelle, qui est générale.

J'ai demandé à plusieurs promeneurs, ce jour-là, en quoi consistait leur plaisir :

— Notre plaisir est en dedans, me répondit l'un.

— Ma joie, dit un autre, c'est de me sentir hors de mon bureau, hors de chez moi et hors de Berlin. Cela suffit à me donner une sorte de bien-être physique — et moral aussi.

J'ai assisté à un orage dans la forêt. Les salles couvertes du restaurant furent vite envahies; ceux qui n'avaient pu se placer demeurèrent debout entre les tables. Personne ne protesta : pas un cri, pas un juron. La patience, la placidité de ces gens sont inimaginables. Je songeais au chambard, aux clameurs qu'eût provoqués chez nous un événement pareil, à la gaieté, fût-elle artificielle, qui eût animé un tel rassemblement de gens. Ici, ce n'est pas la mauvaise humeur qui empêche de rire, c'est l'incapacité. On sent très bien qu'il suffirait d'un loustic pour exciter tout ce monde paisible. Mais voilà, ce loustic ne se trouve pas; le loustic est très rare, et quand il existe, se sentant isolé, il se tait.

Un des endroits où les Berlinois vont le plus volontiers et qu'on appelle Halensee, se trouve sur la limite de Charlottenbourg et du Grünewald : c'est une petite mare baptisée pompeusement lac, autour de laquelle on a élevé un immense restaurant en plein air à trois étages qui s'arrondissent en demi-lune. Le troisième étage se trouvant de plain-pied avec la rue, la mare a l'air d'être au fond d'un trou. Naturellement le restaurant est divisé en plusieurs compartiments : tout en bas on boit de la bière, plus haut se trouvent les restaurants à la bière, et au sommet le restaurant au vin. Le service, par sa lenteur, ferait damner un saint, comme dans toutes ces boîtes immenses, et la cuisine y est mauvaise. Mais les jours de chaleur on est encore bien content de trouver cela au bout d'une ligne de tramway. Tout le long des balcons des trois étages, des fleurs vives et de la verdure. Au milieu de la mare, un jet d'eau versicolore. Le soir, quand la lune donne sur l'eau à travers quelques hauts sapins, le site prend du caractère, et comme on est en plein air et que deux orchestres militaires se répondent constamment, l'endroit est toujours rempli. Notez qu'Halensee peut recevoir des milliers de mangeurs.

On va aussi à Treptow. Là, des brasseries sans nombre; l'une d'elles contient 10,000 personnes assises, dans les jardins et à l'intérieur. Le jour où j'y suis allé, j'ai demandé au gérant combien on avait vendu de bière : près de 7,000 litres. (Je ne parle pas du café ni du vin.) Des orchestres militaires jouent toute la journée du dimanche; vingt-cinq instrumentistes touchent chacun 12 fr. 50, plus la nourriture et la bière.

A Wannsee (une demi-heure de Berlin), j'eus une grosse surprise. J'étais revenu des plages baltiques avec l'idée que la pudeur allemande dépassait les bornes de l'hypocrisie permise. On se souvient, en effet, que non seulement les hommes et les femmes doivent se baigner séparément, mais encore qu'il est défendu aux hommes de passer à moins de cinq cents mètres de la partie de la plage réservée aux femmes, ce qui, on le pense, diminue beaucoup l'attrait des bains à la lame, que l'on supporte bien plus gaiement si l'on est en bande.

Or, un jour que je parlais de cette pudeur effarouchée et un peu sotte, des amis me promirent de me faire changer d'avis à cet égard. Le dimanche suivant, nous déjeunions à Cladow, devant le lac, chez M. Marillier, l'actif ingénieur du Crédit lyonnais, et sa charmante femme, en compagnie de leur ami Haguenin, le jeune et brillant représentant de l'Université de France à l'Université de Berlin, où il fait tant d'honneur aux lettres françaises. Nous regardions le lac de béryl scintillant, entouré d'une ceinture moutonnante de bois sombres et animé joliment de centaines de voiles blanches. A l'aide d'une lorgnette, on voyait de l'autre côté du lac, très large à cet endroit, un grouillement indistinct de larves sur le rivage.

— C'est la plage de Berlin ! dit M. Marillier. Voulez-vous y venir? L'heure est arrivée de changer vos idées sur la pudeur allemande.

— *Anguis non latet in herba*, dit Haguenin, volontiers égrillard.

Nous montâmes dans un canot et en vingt minutes de rames, qui ne fatiguèrent que M. Marillier, nous accostâmes. Quel spectacle, alors, s'offrit à nos yeux ! Sur une grève étroite, la forêt de sapins venait mourir, les racines des derniers arbres trempaient presque dans l'eau. D'étroits sentiers dévalaient de la petite colline au pied de laquelle s'abritait la plage. Des enfants couraient, nus comme des vers, des hommes, des jeunes gens, des femmes, les plus grands juste couverts d'un caleçon ou d'un mouchoir; les femmes, abritées par un corsage ou un cache-corset et un pantalon, allaient et venaient, entraient dans l'eau, en sortaient ruisselantes. L'un, en caleçon, portait un chapeau de feutre rond et fumait la pipe en se baignant. Un autre avait conservé son faux col et son gilet.

Sur le sable, les parents attendaient, les regards portés vers les miroitements du lac.

Les baigneurs ne font pas du tout comme chez nous où, sitôt le bain pris, ils vont s'essuyer et se rhabiller. Ici, en sortant de l'eau, ils se sèchent au soleil, courent, se livrent à mille jeux, pendant des heures. Certains se terrent dans le sable, la tête seule en sortant, pour avoir l'air de momies.

Comme ces bains populaires ne sont tolérés que depuis peu, on a distribué des avis imprimés où l'autorité défend de troubler l'ordre, charge les baigneurs eux-mêmes du soin de la police, et prie spécialement les citoyens de ne pas gêner les femmes pendant qu'elles se déshabillent. Prescription à peine utile ! Il y a là au moins deux ou trois mille personnes : aucune d'elles ne songe à regarder les déshabillements, excepté nous, qui sommes venus pour voir. Autrement, pas un regard louche, pas un rire équivoque, pas un sourire. La voilà, la vraie pudeur, en somme : c'est cette décence générale des yeux.

Je n'en reviens pas ! Moi qui, à Norderney, ai failli attraper un procès-verbal parce que, ignorant les règlements, je me promenais trop près du quartier des femmes au bain, me voici aujourd'hui au milieu de centaines de Berlinoises presque nues, de jeunes filles que leurs mères essuient au soleil, qui passent leur chemise devant moi, pendant que des centaines d'hommes et de jeunes gens, à peine vêtus d'un mouchoir de poche retenu aux hanches par une ficelle lâche, dansent à la corde, sautent par-dessus des tas de sable, luttent, jouent à la balle, courent, font de la gymnastique, étalent leurs muscles sous les yeux de tout le sexe réuni.

Je ne suis pas le moins du monde choqué de ce spectacle. Ces Berlinois naturels me plaisent beaucoup. Ce qui me scandalise, au contraire, c'est l'hypocrisie des plages marines. Pourquoi devant l'eau salée est-on si sottement, si exagérément hypocrite? pourquoi, à la jonction des eaux douces de la Havel et de la Sprée, retourne-t-on à la tradition grecque, à la belle impudeur païenne?

Cela dit, il faut ajouter que le tableau n'a rien de magnifique. Des tas de vêtements : chaussettes, bas, robes, pantalons, bretelles, corsets, bottines, chemises, chapeaux, cravates, s'élèvent sur le sable. Des huttes de sauvages sont dressées par les plus industrieux et les plus décents, avec des branches de sapin, des feuillages, des débris de toutes sortes. D'autres, ayant ouvert leurs parapluies, s'abritent dessous, comme ils peuvent. Mais la majorité ne prend pas tant de souci et se déshabille paisiblement et sans hâte sous le pavillon bleu du ciel. Des photographes désirent fixer un si beau spectacle, et des groupes se tassent en claquant des dents devant l'objectif. Je remarque une jeune fille de quinze ou seize ans, plate, maigre, creuse, habillée d'un costume de bain en calicot fin collant à même sa peau, pauvre naufragée grelottante, qui tourne des yeux suppliants vers l'appareil.

Des bateaux à vapeur passent traînant des files de chalands remplis jusqu'au bord. Après leur passage un remous vient faire des vagues sur la grève et suscite des cris de surprise et de joie sur toute la longueur de la plage.

Par cette journée merveilleuse d'été, les sapins aux fûts droits et rougeoyants, qui se dressent sur la hauteur et qui dévalent vers le lac, évoquent la vision des rivages grecs, d'une île heureuse où les filles hellènes venaient se baigner. Mais là s'arrête l'évocation... Insister serait cruel, l'anatomie de ces travailleurs et de ces travailleuses n'ayant aucun rapport avec celle des dieux grecs et des jolies nageuses de l'Hellade[1].

1. Cette belle liberté n'a pas duré. On m'apprend que des baraques sont construites à Wannsee et que le spectacle que je viens de décrire est interdit à présent. J'étais arrivé au bon moment. Les fonctionnaires prussiens n'avaient pas encore eu le temps de rédiger des règlements.

HOTELS ET RESTAURANTS

On mange à toute heure. — Aschinger. — Kaiserhof. — Bristol. — Continental. — Adlon. — Le Jardin zoologique. — Hiérarchie des mangeurs. — Le Rheingold. — Architecture de Walhalla.

A quelque heure de la journée que vous entriez dans un établissement public berlinois, café, brasserie, restaurant, vous êtes sûr d'y trouver du monde.

Je demande pourquoi on voit tant de gens au restaurant dans ce pays où l'on vante si haut les vertus familiales et l'amour du *Heim*. On me répond par ce paradoxe :

— C'est par esprit de famille. Quand des parents demeurent dans des quartiers éloignés, la seule façon de se voir souvent est de se donner rendez-vous à la brasserie. Les hommes y viennent en sortant de l'atelier ou du bureau, les femmes les rejoignent — et cela fait une bonne soirée.

Dans la Friedrichstrasse, sur 250 maisons, on compte plus de 250 entreprises de mangeaille ou de beuverie, hôtels, restaurants, brasseries ou marchands de victuailles. Certains immeubles, en effet, réunissent jusqu'à trois comptoirs de ce genre : un hôtel, un café et un *Bierlokal!* Les rues avoisinantes pullulent aussi de petits restaurants bon marché où vont manger les employés. J'en ai essayé, pour voir. La cuisine y est immangeable, neuf fois sur dix. Pas de serviette et pas d'assiette : il faut se contenter du gros plat de faïence ovale que le garçon vous sert sur la nappe rouge remplie de taches et, de torche-doigts en papier de soie.

Il existe à Berlin une institution extrêmement pratique pour les gens pressés et ceux qui ne sont pas riches : les restaurants Aschinger, boutiques plus ou moins grandes habillées de faïence bleue et blanche, qui se trouvent dans tous les quartiers, et où l'on sert pour deux ou trois sous des sandwiches au jambon, au poisson fumé, aux œufs, à la viande, au fromage, etc., des saucisses brûlantes avec des pommes de terre au vinaigre, et de la bière. Les clients, pour la plupart, mangent debout. Ils vont se faire servir eux-mêmes par des jeunes filles préposées aux vitrines, proprettes et rougeaudes comme nos charcutières et nos crémières. Le monsieur qui créa cela était fils d'un petit cabaretier de Munich; aujourd'hui, il fonde des restaurants à coups de millions comme le monstrueux *Rheingold*, dont je parlerai plus loin, et des hôtels ultra-modernes.

Mais les modes changent à Berlin aussi vite qu'à New-York. Il y a quinze ans, il était chic d'aller manger un sandwich ou une saucisse chez Aschinger. Aujourd'hui, vous n'y voyez que les employés qui veulent dîner ou souper économiquement, ou des gens pressés qui préfèrent ne pas s'installer à une table.

On ne trouve pas, à Berlin, de ces centres d'élégance et de vie fastueuse comme il en abonde à Paris.

La raison en est simple : il n'y a pas encore ici d'élégance ni de faste vrais. Tout le luxe qu'on y voit se centralise en quelques hôtels, comme le Kaiserhof, le Bristol, le Continental, l'hôtel Adlon, en deux ou trois restaurants des Linden et des abords, Hiller, Borchardt, qui sont l'équivalent de nos bons cabarets parisiens.

Le Kaiserhof, immeuble imposant qui donne sur quatre rues, l'hôtel Adlon, dernier bâti, ultra-moderne, inauguré récemment par toute la famille impériale, et l'hôtel Bristol sont les lieux les plus animés de Berlin à l'heure des repas et du thé. Je suis descendu cette fois au Kaiserhof, situé au centre de la ville, dans le voisinage immédiat des ambassades et des ministères, admirablement organisé et tenu. On y voit les étrangers riches ; les Berlinois dans le train y donnent des dîners et des bals tout l'hiver. Officiers à balafres, banquiers israélites et leurs femmes, ambassadeurs de passage, jeunes diplomates en mal d'héritières s'y mêlent avec les Yankees récemment débarqués. Des dames russes ruissellent de bijoux admirables, des Américaines élégantes, la tête couverte de plumes énormes et de voiles flottants, les gants retroussés jusqu'au coude, rient et parlent haut à côté de leurs hommes graves, rasés et à lunettes.

Je m'intéresse beaucoup à ce spectacle qui distrait de la foule allemande coutumière. Un jour, pendant le repas, au milieu de ce décor ultra-moderne, au-dessus des conversations cosmopolites, de la hâte des garçons italiens, suédois et français, des appels brefs des maîtres d'hôtel, des rires, s'éleva un chant, un chœur d'hommes, grave comme le choral de Luther. Les étrangers se regardaient stupéfaits; je pensais voir s'ouvrir tout à coup, comme les convives de *Lucrèce Borgia*, des cloisons machinées derrière lesquelles s'aligneraient des cercueils couverts de draps noirs, entourés de cierges et gardés par des moines en cagoule.

— C'est une « partie » allemande dans une salle à côté, me dit le maître d'hôtel. Des officiers fêtent le mariage de l'un d'entre eux. Dans ces occasions-là, ils chantent toujours, au dessert, un brindisi.

Ce brindisi funèbre s'achève par trois « hoch ! » retentissants, et plus rien ne s'entend de la gaieté des militaires.

A part ceux-là, il y a des restaurants de deuxième ordre célèbres à Berlin, comme celui du Zoologischer Garten et de l'Austellungspark, dont j'ai parlé déjà, comme Trarbach, Zum Rudesheimer, Kaiserkeller, qui sont passables, mais qui ont un tel succès, — le graillonneux Kempinski surtout, — que je serais bien certain de me faire injurier en disant ce que j'en pense... Ici, les garçons vous jettent votre couvert sur la table comme dans les wagons-restaurants à l'approche des gares terminus, ils ne vous répondent pas, vous font perdre un temps infini. Vous êtes bousculé, serré autour d'une table, vous sixième, près de gens sans façon.

Je croque pour la dixième fois la silhouette du mangeur au cou puissant, assis un peu éloigné de la table pour se pencher plus parfaitement sur son assiette, les coudes écartés, et qui ne dit plus un mot dès qu'on apporte les plats. Il paraît s'être dit : « Allons, finissons-en une bonne fois, et à l'ouvrage ! »

Il met à manger le même zèle, la même application qu'il apporte à son travail de tous les jours. Rien de ce qui se passe autour de lui ne l'intéresse plus, l'univers a disparu...

Tout autour, c'est un va-et-vient incessant de gens qui sortent ou arrivent : femmes en trotteur de toile coiffées de casquettes blanches, jeunes gens aux panamas relevés, bambins blonds et gras, vieilles grand'mères édentées à cheveux blancs, provinciaux en tenue de voyage, jeunes filles vêtues de mousseline aux corsages très transparents qu'accompagnent frères ou fiancés. Le sans-gêne de tous ces gens ne se manifeste pas seulement par l'inélégance de leur mise, mais encore par le laisser-aller de leurs manières. Dominant le brouhaha de la salle et les sonorités de l'orchestre voisin, des éclats de voix, des rires retentissants, des gloussements s'élèvent de temps en temps. Seul l'étranger s'étonne et cherche d'où ils viennent. A l'autre bout de la salle, il aperçoit de grosses femmes que le rire convulsionne, des figures congestionnées aux bouches épanouies, des tailles épaisses qui virent de droite et de gauche; leurs voisins, rougeauds, luisants, sourient largement, d'un air de complaisance émue, en les regardant; d'autres accompagnent leurs rires de la secousse rythmée de leurs ventres en rotonde. C'est une *partie de vin*. Les Allemands sont très friands de ces sortes de réunions auxquelles leurs épouses se mêlent volontiers. Dès que les longues bouteilles commencent à couvrir les nappes blanches, les femmes légèrement émoustillées font jaillir leurs éclats de rire au moindre mot prononcé par les mâles dans une intention drôle. J'ai souvent observé cet empressement un peu servile des femmes allemandes devant les hommes.

L'un des rendez-vous des soirs d'été, où les concerts durent de cinq heures de l'après-midi à onze heures du soir, c'est le Jardin zoologique et ses restaurants, le *Zoo*, comme il faut l'appeler pour être dans le train. On a choisi, dans l'immense jardin, un endroit situé entre le rugissement du lion et les cris des singes, un vaste espace divisé en terrasses superposées et couronné par une galerie découverte où l'on mange. Au bas des terrasses, au niveau des promeneurs, se tiennent les simples buveurs de bière et les mangeurs de sandwiches. Au-dessus de ceux-ci, le long des premiers gradins, la cohue moyenne des dîneurs à la bière devant les nappes bleues ou rouges; au-dessus encore, une terrasse mélangée de tables réservées les unes aux buveurs de vin qui, seuls, jouissent de nappes blanches, les autres, les moins bien placées, aux buveurs de bière. Un monsieur qui veut boire de la bière est très mal reçu par les garçons des tables à vin s'il a le malheur de s'égarer sur leur domaine. La différence de traitement est assez sensible d'une frontière à l'autre; d'un côté, le bousillage ordinaire du service allemand, va-comme-je-te-pousse, manières de fourrier de régiment mal dégrossi; de l'autre, un peu plus d'égards, moins de bousculade, chacun prend son temps. Les officiers y dînent, et cela suffit à donner le ton.

En ce moment, la vogue dans la bourgeoisie moyenne est à un restaurant que l'on vient de construire, et qui s'appelle le *Rheingold*, l'*Or du Rhin*. Il s'élève sur la Potsdamerstrasse et, traversant un imposant pâté de maisons, va rejoindre la Bellevuestrasse, non loin du Tiergarten. Il faut aller voir cela. Façade de cathédrale du moyen âge, murs d'hypogées barbares, souterrains des *Mille et une Nuits*, cavernes de l'Inde, salles de trône des rois goths, c'est une succession de pièces énormes en marbre, en onyx, en bois précieux, en pierre brute où l'on peut donner à manger à 4,000 personnes! Cette bâtisse a coûté près de 15 millions de francs.

Où s'arrêtera la fureur mégalomane des architectes allemands?

Le bâtiment se compose d'un sous-sol, d'un rez-de-chaussée et d'un étage. J'ai compté en tout onze salles énormes, démesurées comme des nefs gothiques. Par des portes de cuivre orné, entre des murs couverts de marbre et de mosaïques, vous pénétrez dans le temple. Un sous-sol s'offre à vous, aux voûtes rondes, maçonnées, de même que les murs, de coquillages et de cailloux; des vitraux de couleur éclairent pauvrement de place en place des statuettes effacées, frustes, comme si elles étaient restées exposées depuis cinq mille ans à la fureur du vent.

Au rez-de-chaussée, il y a la salle d'onyx, dont les murs et les colonnes sont d'onyx, la salle d'ébène, la salle d'acajou, toutes sculptées de personnages et d'ornements. Chacune de ces chambres peut contenir trois ou quatre cents personnes. Celle de l'Empereur (*Kaisersaal*), au premier étage, est faite pour recevoir 1,200 personnes. Elle mesure 18 mètres de largeur, 30 mètres de long et 18 mètres de hauteur. Les murs sont de stuc; le plafond, en mosaïque d'or;

les portes, de cuivre massif noirci. Deux statues colossales de cuivre : Frédéric Barberousse et Guillaume Ier, les mains posées sur la poignée d'un grand glaive nu, gardent l'entrée. Un large balcon de cuivre court autour de la salle.

Voici des piliers qui sont des hommes terribles, des candélabres qui sont des cierges d'église disposés en tuyaux d'orgue et où les larmes de la cire ont été imitées, des lustres de cuivre raides comme des clochetons de cathédrales. Où suis-je? Dans quel château fort teutonique, dans quel cloître géant? Dans quelle crypte bouddhique ou quel Walhalla? Je suis dans un restaurant où la cuisine est mauvaise et où je peux manger à prix réduits. L'inouï, en effet, c'est qu'on a bâti cette chose demesurée mais imposante, en somme, qu'on a imaginé ces décors fantastiques, peuplés des dieux, des nains et des géants des Niebelungen pour servir des plats à quatre-vingts pfennigs à des gens qui ne regardent même pas autour d'eux.

Il y a des morceaux très beaux dans cette énormité, mais d'ensemble c'est lourd, appuyé, insistant, fatigant. Ces lutteurs douloureux, ces géants hiératiques, ces cariatides contorsionnées, inquiétantes, aux dos musclés, aux cous gonflés, aux bras tordus, n'ont rien d'apéritif; et ces sombres empereurs qui vous regardent manger, ce dieu Wotan, ce géant Kupéran, ce nain Eugel, ne sont pas faits non plus pour vous donner de l'appétit ni vous exciter à la gaîté.

Et les deux cyprès qui montent la garde à la porte du restaurant, comme au seuil des grottes funèbres de Bœcklin!...

N'importe, on ne peut nier qu'il y ait là un effort énorme pour sortir du convenu et du mièvre, effort que je ne pouvais m'empêcher d'admirer, quand je ne songeais pas que quatre mille personnes viennent, entre ces murs de légende et de rêve, s'emplir le ventre. L'artiste qui a conçu cela est quelqu'un. Son nom est Bruno Schmitz. Le sculpteur s'appelle Frantz Metzner.

LA VIE NOCTURNE

La place Pigalle et la place Blanche sur les Linden. — Berlin n'a rien à envier à Paris, sauf la gaieté. — Tournée dans les lieux de plaisir. — Comment on s'amuse. — La brasserie de Bebel. — L'Austellungspark. — Défilés équivoques. — Les vierges et les grues. — Les restaurants et les concerts du Tiergarten. — Amorsäle. — Reserviert für Champagne. — Le Moulin-Rouge. — Grand Chic. — Arcadia. — La danse et le champagne. — Cinq heures du matin.

La vie nocturne à Berlin est d'une intensité véritablement extraordinaire. Paris, à cet égard, serait-il dépassé? Et va-t-il falloir un de ces jours changer la géographie des Babylones et des Ninives modernes?

Sur les Linden, dans la Friedrichstrasse, autour de la Leipzigerstrasse et de la Potsdamerstrasse, l'animation ne cesse pas de toute la nuit. Beaucoup d'établissements ne ferment pas du tout. Les derniers clients partis, on déblaye, et il est l'heure d'ouvrir... C'est le tableau de la place Pigalle et de la place Blanche étendu.

Quoique le goût du noctambulisme m'ait passé, j'ai employé plusieurs soirées et plusieurs nuits à mener la vie du fêtard berlinois, sous la conduite de compétences diplômées, indiscutables, que je ne nommerai pas pour ne pas affliger leur modestie. Je crois donc avoir à peu près tout vu de la vie nocturne visible et avouable, et je puis au moins vous en donner une idée.

Ce ne sont pas les « lieux de plaisir » qui manquent à Berlin. J'avais rencontré, en voyageant, deux jeunes Alsaciens de dix-huit à vingt ans, qui fréquentaient les cours de l'École supérieure technique de Charlottenbourg, et ils m'avaient remis une liste écrite par cœur de tous les cafés, bars, *Damenkneipen*, casinos, cabarets, salles de danse de Berlin et des environs, où on rencontre des femmes en liberté, depuis la vertueuse ouvrière locale qui ne recherche que la joie de la danse, jusqu'à la grande migratrice au cœur international. J'ai compté une trentaine de ces endroits, la plupart ouverts toute la soirée, quelques-uns qui ne s'animent que tard dans la nuit. Et des noms charmants : Dianasäle, Amorsäle, Blumensäle. Mais les plus nouveaux ont pris des titres parisiens, car l'Allemand, peu inventif, se contente de démarquer.

Aussi pouvez-vous passer vos soirées berlinoises aux Variétés, au Moulin-Rouge, aux Folies-Bergère, au Ciel et à l'Enfer, au Chat-Noir, à l'Élysée, au Café Riche, etc. Et même, sur une seule enseigne, vous pouvez voir ces trois noms destinés sans doute à surexciter à la troisième puissance l'imagination voluptueuse des Brandebourgeois : Moulin-Rouge, Variétés, Folies-Bergère.

Et toutes ces boîtes, tous ces cafés, tous ces restaurants sont pleins de monde. J'ai vu des familles entières, père et mère, filles et garçons de quatorze ans, s'oubliant en *Bierreise* et en *Weinreise* — c'est-à-dire en voyage de bière et en voyage de vin, — jusqu'à deux heures du matin dans les cafés de la Friedrichstrasse, un jour ordinaire d'été. Je suis saisi par la soif de jouissance qui s'étale, l'amour général de la mangeaille en société, en pleine lumière et en musique. Cette fête du ventre à laquelle on assiste à Paris deux ou trois fois par an, au réveillon, au nouvel an, au mardi gras, se renouvelle ici chaque soir. On se croirait dans un pays extrêmement riche dont les habitants fêtent une perpétuelle kermesse.

Notre première station fut au café National, dans la Friedrichstrasse, établissement vieux jeu, l'un des plus anciens de Berlin, simple café dans le genre des brasseries du faubourg Montmartre où ne vont que les filles autorisées par la police. Il est sinistre. Sur les murs sont peintes des femmes nues, par un badigeonneur quelconque. Autour des tables, sur le velours rouge usé des banquettes, de grosses poupées blondes attendent patiemment, sans geste et sans œillade visible, que la clientèle arrive. Sur une banquette voisinent une de ces femmes et un gros bonhomme couperosé à lunettes d'or et à barbe, le type courant du professeur ou du « Kommerzienrat ». Certainement, avant de venir, il était passé à l'hôtel, avait relevé ses cheveux à coups de brosse mouillée. Il portait des gants gris sur ses grosses mains et affectait, tout en fumant son cigare, de parler convenablement de choses indifférentes, tandis que son œil allumé trahissait sa concupiscence.

A des tables voisines, une famille de bourgeois,

père, mère, jeune fille, venue de province sans doute, regardait ce manège avec curiosité. Non loin de là, un jeune et gros garçon à mine d'ouvrier paysan, en habit des dimanches, dont les grosses mains ont des ongles noircis par le travail, fume un cigare, aspirant au moment où sa timidité s'en ira ou qu'une initiative étrangère lui facilitera les projets qui l'ont amené ici. Un marchand de cartes postales libidineuses passe de temps en temps, offre sa marchandise indifféremment aux filles et aux familles, qui les regardent.

Les femmes « [illegible]illées » sont autorisées à se rendre dans ce [illegible], mais *seulement en voiture* et par une route qui n'ouvre pas sur la Friedrichstrasse qu'elles n'ont pas le droit de traverser à pied. Celles qui se promènent sur cette voie centrale sont des privilégiées sur lesquelles la police ferme les yeux, ou assez habiles pour échapper par leur tenue à la surveillance des agents des mœurs. Mais, en général, on les traite avec une sévérité inconnue partout ailleurs. En principe, les règlements de police interdisent aux propriétaires de les recevoir. Comme il faut bien tout de même qu'elles s'abritent quelque part, elles dissimulent leur profession comme elles peuvent et arrivent à se loger. Les pasteurs protestants les traquent de domicile en domicile, les signalent aux concierges qui souvent ne savent pas qui elles sont (puisque tous les locataires d'une maison ont la clef de la grande porte), les menacent de les dénoncer à la police s'ils ne les renvoient pas. Dans le peuple, des pères de famille leur louent quelquefois une chambre pour diminuer le prix de leur propre loyer. Les pasteurs et les affiliés des ligues sanitaires les y poursuivent. Ce sont vraiment des bêtes qu'on forlance et qu'on harcèle et à qui on veut rendre la vie impossible. Mais le seul résultat obtenu, c'est de leur faire payer leur loyer des prix ridiculement exagérés.

⁂

La *Winzerstube* (chambre de vigneron) est un café de la Leipzigerstrasse, très éclairé ; les murs montrent des briques dénudées, des plâtres enlevés, pour simuler une pauvre masure abandonnée. Des ceps de vigne décorent pourtant des piliers, courent le long de ces ruines en trompe-l'œil, et des filets tendus retiennent en l'air, entre leurs mailles, un tas de bouchons de champagne pris là comme des poissons. Une foule animée, composée d'étudiants, d'officiers en civil, d'employés de banque, de moyens bourgeois et de leurs familles, est assise devant des tables chargées de bouteilles de vin du Rhin et de la Moselle.

Le patron de cette boîte me paraît un homme avisé. Au lieu de tenir son établissement dans le ton des autres cafés, où le silence ou du moins la réserve sont de convention, il a installé un orchestre qui joue les airs de chansons connues ; il fait distribuer aux clients des brochures contenant les paroles d'une trentaine des plus populaires, de sorte que toute la salle chante en chœur et que ce sont les clients eux-mêmes qui créent l'atmosphère de gaieté si rare ici et qui plaît d'autant plus qu'elle est rare.

Des étudiants installés avec préméditation, je le suppose, devant les tables les plus voisines de l'orchestre, donnent le branle. Ils hurlent plus fort, rient, interpellent les arrivants, conspuent les chapeaux, comme on fait à Paris, les soirs de réveillon, pour charmer la digestion du boudin et de la soupe à l'oignon. Ils n'ont ni plus ni moins d'ingéniosité et d'esprit que nos plaisantins et crient : *Hut! Hut!* (Chapeau ! chapeau !) en riant comme des enfants.

Les bourgeois placides, leurs femmes rougeaudes, animées, ravies, l'œil plus brillant, leurs filles qui fument la cigarette à côté de leurs pères, de leurs frères, de leurs fiancés (car c'est la mode quasi générale pour les femmes de fumer après le repas), voisinent comme partout, aux mêmes tables, avec des professionnelles galantes. Les fiancés caressent les bras nus des fiancées, des couples se serrent par la taille, des familles de province et des bandes de Cook sont mélangées aux habitués locaux, l'orchestre joue, entre deux chansons à boire, des airs entraînants, valses et marches, mais c'est *En revenant de la Revue* qui a le plus de succès. On chante, on hurle, on frappe, dans un vacarme infernal. Notre cicerone a le malheur de dire au patron que nous sommes des Français, et au moment où nous partons, l'orchestre attaque *La Marseillaise!* La salle entière applaudit, pousse des cris de joie... Pourquoi? ne me le demandez pas... Pourtant j'ai observé cent fois avec quelle facilité on peut rendre extrêmement sympathique à la France une foule allemande, même prussienne.

Je m'informe de la quantité de boisson consommée ici dans une soirée, de dix heures du soir à cinq heures du matin : 300 bouteilles de *Sekt* (champagne allemand), 500 bouteilles de vin blanc du Rhin et de la Moselle et 200 bouteilles de vin rouge.

⁂

La brasserie *Alt Bayern*, située Potsdamerstrasse, est une des forteresses de bière de Berlin. On y pénètre par deux cours d'un grand effet architectural, ornées de statues colossales et de fontaines de pierre. Bebel et Singer, les deux chefs du parti socialiste allemand, viennent se rafraîchir, en sortant du Reichstag ou d'une réunion publique, dans ces salles hautes remplies de fumée et de relents qui errent sur la surface des murs et des colonnes à revêtements de stuc, à mosaïque d'or. Dans des niches profondes, ménagées de place en place, des gens boivent.

Au centre de la salle, des « parties » de vingt personnes causent en buvant. Il est près de minuit : des hommes corpulents à longue barbe, à forte carrure, la face rouge et luisante, lèvent leurs verres en souriant largement à l'un des buveurs ; des femmes en chapeaux à plumes extravagants parlent haut, crient aussi : *Prosit!* (A votre santé !) en brandissant leur verre. Des théories de femmes défilent, la mine allumée, les bras ballants, vers la toilette, avec une sorte d'ostentation. A minuit et demi, ce jour-là, je vois encore des enfants de six à huit ans dans cette brasserie, pendant que les parents vident cordialement les « demis ».

Cependant, sur les murs, en lettres gothiques tracées en mosaïque, il est écrit : « Vouloir ce qu'on peut » ; « Ne rien commencer en vain »...

⁂

Austellungspark. — C'est un grand jardin aux pelouses verdoyantes qu'éclairent de place en place des lampes électriques opalisées, avec de hauts jets d'eau lumineux. Il est planté en contre-bas de la ligne du chemin de fer de Lehrter Bahnhof, de l'autre côté de la Sprée. Un vaste bâtiment reçoit une exposition de peinture qu'il n'est pas très nécessaire de visiter.

Là, tous les soirs d'été, un *Doppelkoncert* (concert à double orchestre) sert de rendez-vous aux Berlinois qui ne vont pas au Jardin zoologique. L'immense salle de restaurant, très blanche, reste toujours vide: on mange dehors, à moins qu'il ne pleuve ; les simples buveurs de bière, en bas ; les mangeurs à la bière, au-dessus ; sur les paliers supérieurs se tiennent les buveurs de vin et les mangeurs au vin. Des balustres de pierre blanche séparent chaque palier et donnent des airs de terrasse-châtelaine à ce restaurant. Sur une autre face du jardin, le café viennois où l'on boit de la bière et du café et où l'on trouve des pâtisseries.

Dans la foule qui tourne sans arrêt autour des pelouses, c'est un mélange indiscernable de jeunes gruettes et de jeunes filles. Tandis que les parents s'attablent devant leur verre de Pilsen, leur bol de café au lait ou leur glace, les jeunes filles, blondes ou brunes, par groupes, bras dessus bras dessous, ou accompagnées de frères ou d'amis, rient et regardent sans timidité les hommes qui passent. Mais les jeunes gruettes aussi sont souvent accompagnées par un jeune homme qui pourrait être leur frère, leur cousin ou leur fiancé. Et il est très difficile, tant la jeune grue est réservée et tant la jeune fille est hardie, de distinguer entre elles. Ce phénomène se retrouve partout, j'ai eu et j'aurai encore l'occasion de le souligner.

On entre là pour dix ou vingt sous, selon les jours.

Les repas au vin coûtent de cinq à six francs sans le vin, ce qui permettrait de manger une cuisine présentable et d'être servi convenablement.

J'ai parlé ailleurs du Jardin zoologique, plus fréquenté encore et bien connu comme potinière ; là s'ébauchent les fiançailles et même des liaisons moins durables : c'est la Bourse aux flirts de la bourgeoisie israélite.

⁂

Dans le Tiergarten, au bord de la Sprée, il y a un coin qui, le soir, s'éclaire de mille lampes électriques et retentit d'orchestres. Il s'appelle : *In den Zelten*. Accotées les unes aux autres, en bordure devant l'étroite rivière, une dizaine de brasseries-restaurants en plein air mélangent, dans un tohu-bohu de foire, les flonflons et les crincrins de leurs musiques militaires, de leurs orchestres de tziganes et de lautars; à l'intérieur, des estrades s'élèvent, où des chanteurs et des chanteuses débitent leur répertoire, ce qui en fait des cafés-concerts dans le genre de nos Alcazars d'été et d'Ambassadeurs qui seraient plus populaires. Dix mille personnes passent là les soirées chaudes. J'ai entendu des chansons arrangées à l'allemande sur des airs parisiens :

Ah ! ah !
Ça fait toujours plaisir...

Ici, le « Ah ! ah ! » n'a pas du tout l'air égrillard et polisson que lui donnent nos chanteuses. Il est appuyé, lourd, et n'a plus du tout de sens. Au premier étage des bâtiments se trouvent des salles de bal où l'on danse, à certains jours, toute la soirée. La musique joue trois fois par jour, depuis le matin sept heures. Cette audition matinale est destinée aux vieux rentiers qui, par hygiène, sortent de bonne heure et viennent ici prendre leur premier déjeuner.

A côté de ce genre de cafés et de brasseries dont la vie s'arrête vers minuit, il existe des bals et des cabarets de nuit qui n'ouvrent guère qu'à cette heure-là.

Tous les établissements n'ont pas le même public. *Amorsäle* reçoit des femmes d'une catégorie inférieure. Sur le parquet ciré d'une grande salle, entourée d'un balcon doré et d'une guirlande de lampes électriques, quelques pauvres filles en jupe courte à paillettes, décolletées très bas, dansent entre elles pour distraire et animer les visiteurs, encore peu nombreux, car il est à peine minuit. Le long des hauts murs peints de femmes nues, de petites tables rondes sont rangées, séparées de la salle par une balustrade de bois tourné. Nous allons prendre place à l'une d'elles. Aussitôt un domestique en livrée vert foncé, vert forestier, nous soumet une carte de vins de Champagne. Comme il est encore trop tôt, à notre goût, pour boire, et qu'il nous reste beaucoup de stations à faire ce soir-là, nous repoussons ses offres. Il nous fait alors remarquer sur la table une étiquette avec ces mots : « Reservirt für Champagne »; nous nous levons docilement et nous nous asseyons à une rangée de tables voisine.

Aussitôt, un autre forestier à boutons d'or vient vers nous et nous présente une carte de vins — de vins allemands — qui nous tentent encore bien moins. Et nous commandons un verre de chartreuse avec du soda. Il nous apprend alors que les tables où nous sommes sont réservées aux buveurs de vin. Si nous voulons des « American Drinks » (c'est ainsi qu'il dénomme la chartreuse), nous devons aller nous asseoir dans un coin lointain, qu'il nous désigne avec un mépris peu encourageant.

Par respect humain, nous ne voulons pas consentir à paraître ainsi chassés de place en place, et nous demandons une bouteille de vin du Rhin — vin froid et acide, qui excite sans réchauffer — et que nous laisserons intacte.

Bientôt quelques tristes filles en robe décolletée, d'une mode ancienne, d'autres en trotteur et en blouse blanche, se joignirent aux danseuses paillettées, et nous nous arrachâmes à ce lieu de plaisir...

Vous parlerai-je du quartier des étudiants, et de sa vie nocturne? Elle n'a rien de particulier. Les cafés de Karlstrasse, de Schumannstrasse, non loin de la gare métropolitaine de Friedrichstrasse, sont peuplés de filles de basse catégorie et restent ouverts également très tard. Les étudiants y chantent des lieder, des chansons à boire, ils y fument, y disent des bêtises, et c'est sans intérêt.

Un autre genre de réunions, où fréquentent surtout les employés et les étudiants, c'est le bal moyen, le bal des petites couturières, modistes, demoiselles de magasin, ouvrières de métiers propres, auxquelles se mêlent toujours quelques ouvrières plus vagues, quelques débutantes timides. Il y a de ces bals tous les jours à Berlin et l'été dans les environs, à Wilmersdorf, Tegel, Treptow, Halensee, Süd-Ende, etc., etc.

Chaque danse coûte deux sous, et l'orchestre n'arrête pas. Tout s'y passe le plus banalement du monde. On saute avec passion, car l'Allemand aime vraiment à danser, on s'abreuve de bière, et on sort, sans bruit, sans cri. Quelque vieux marcheur s'y voit de temps en temps, le plus souvent étranger, ou quelque rêveur naïf qui vient chercher là l'amour, comme dans les contes persans. Enfant !

La réputation du Moulin-Rouge a franchi les frontières et les mers. J'ai raconté[1] le propos de cet ingénieur du Colorado avec lequel je me trouvais en l'air, à 4,000 mètres d'altitude, dans une benne à minerai, et qui, regrettant de n'être jamais venu à Paris, me disait d'un air concupiscent : « Mowlin Raouge ! » Il existe à Berlin un Moulin-Rouge sans moulin, petite salle luxueuse, dont le parquet de chêne reluit sous les lampes électriques, entourée de tables pour laisser libre l'espace suffisant à la danse des habitués. Les murs et le plafond peints de fresques modern-style brutales, à tonalité rouge et grise sur fond blanc, s'harmonisent avec les boiseries et les piliers rouges. Grâce à la lumière surabondante, à la grande quantité des glaces, l'aspect de la salle est gai. Des femmes, parfaitement élégantes pour la plupart, et minces, sont attablées en compagnie d'officiers en civil, devant des bouteilles de champagne « Heidsieck Monopole », qui est, comme on sait, la marque favorite de l'Empereur. Une partie de la grue-rie de Monte-Carlo est là, en boas, chapeaux à plumes, fourrures, brunes Roumaines, Autrichiennes, Hongroises frisées

1 Voir *En Amérique : De San-Francisco au Canada*, chapitre « Une Mine d'or ».

comme des poupées, Allemandes, Hollandaises qui sont des Ophélies et des Elsas pâles et douces. L'une d'elles, plus pâle, plus douce, plus triste, fleurie d'un camélia, a l'air d'une poitrinaire. Toujours seule, elle fait peine à voir. Les garçons, en habit rouge, culotte de soie noire, escarpins à boucles, sont insolents et gouailleurs. A côté des officiers, reconnaissables à leur front blanc au-dessus de la face hâlée, on voit encore quelques gros usiniers de la province Rhénane et de Silésie, des boursiers de Berlin, quelques commerçants de Hambourg. Remarque assez significative, les officiers en civil ne sont pas les mêmes qu'en uniforme, ils ne plastronnent plus, leur raideur a disparu, les voici même un peu voûtés et les mains dans les poches. La plupart ont passé l'habit ou le smoking.

Ce Moulin-Rouge n'est pas autre chose, en somme, que notre Maxim's national, industrialisé, plus brillant de couleur, plus « gueulard ».

Des femmes dansent entre elles. Quelques officiers, un peu ivres, bousculent les tables en valsant à contretemps; impossible à leur cerveau, où fermente le champagne, de rattraper la mesure. A côté de ces élégances, un bonhomme à la chevelure géniale, en coup de vent, chaussé de bottines jaunes sales, en veston et pantalon de flanelle à raies, un peu crotté, danse aussi avec une femme aux cheveux tirés, dont le chapeau vacille. Nul ne songe à en rire.

En dehors des danses, pas de gaieté, pas de grâce vraie, aucun entrain, pas de fleurs, pas d'atmosphère sympathique, pas même de pochard verbeux et fumiste; ni canapés, ni banquettes; des chaises raides devant des nappes blanches et des verres.

Quel ordre ici! Pour entrer on passe à quatre guichets : 1° au guichet des billets, car on paye l'entrée; 2° au vestiaire, où on laisse son chapeau ; 3° au premier contrôle, où on vous arrache un morceau de votre billet d'entrée; 4° à un second contrôle, où on vous prend ce qui vous reste de votre coupon. Et ces quatre formalités sont remplies dans un espace de cinq mètres de long, par des gens en habit rouge et en culotte de soie.

Arcadia est un autre Moulin-Rouge. Les deux établissements alternent. Quand l'un est ouvert, l'autre ferme. Celui-ci est plus petit que son pendant. Une lumière folle, aveuglante, douloureuse, tombe du plafond, multipliée par les glaces. Tout paraît d'un luxe éclatant et grossier, comme il convient en ces lieux. L'endroit se compose de deux salles, celle où l'on danse et celle où l'on mange. Mais tous se pressent dans celle où l'on danse, et on la voit diminuer à vue d'œil chaque fois qu'un nouveau consommateur arrive et qu'une table se glisse aussitôt à côté des autres. Cela n'a aucune importance : les gens danseraient sur un mouchoir de poche et si ces salles étaient trop grandes on n'y viendrait pas; une des raisons de leur vogue vient évidemment de leur exiguïté. La salle du restaurant se divise en petites stalles d'acajou dont les montants de verre translucide s'éclairent à l'intérieur de lampes électriques; des girandoles posées au sommet ont l'air de bouquets de fleurs en feu. L'éclairage brutal du plafond, la musique endiablée, les couleurs hurlantes des tapis, des boiseries, les glaces, tout est fait pour surexciter les nerfs. Ce soir-là, quelques jeunes lieutenants un peu ivres, la face balafrée et le monocle à l'œil, renversèrent des tables en dansant; mais ces accidents ne causèrent aucun scandale. Les femmes éclaboussées se firent donner vingt marks par l'auteur de l'accident et ce fut fini.

J'observais le patron du lieu, un jeune et gros gaillard blond, en smoking, assis à une table contre le mur; il surveillait les buveurs de champagne, car ici — je l'ai déjà dit — on ne boit à peu près exclusivement que du champagne. Lorsque les garçons laissaient les verres vides un seul instant, ou seulement à moitié pleins, il faisait un signe de colère et les valets se précipitaient pour les remplir. Si un buveur avait fini sa bouteille, un serveur arrivait au galop, enlevait le seau glacé, essuyait la table avec l'air de lui dire insolemment : « Vous avez fini. J'espère que vous allez vous en aller. » Ainsi surveillés et excités, les garçons mettent une telle âpreté dans leur service que les traits de leur face sont tendus, leurs regards prennent des expressions mauvaises, ils ont l'air de malfaiteurs.

D'Arcadia ou du Moulin-Rouge, qui ferment vers deux heures, on va au *Linden-Casino* ou au café Riche, situés sur la promenade des Tilleuls.

Le Linden-Casino est un appartement composé d'une suite de petits salons inondés de lumière, dont les boiseries grossièrement argentées se reflètent dans les glaces des murs et des plafonds ainsi que les tapis rouges et les tentures rouges; un bar modern-style aux vitraux laiteux, deux orchestres de violonistes qui jouent alternativement. Quand j'arrive, trop tôt sans doute, des femmes rêvent devant des nappes immaculées; elles ont des chapeaux de fleurs et de plumes, ni plus ni moins criards que ceux de nos filles montmartroises. Ces Danoises, ces Hongroises, ces Tchèques, ces Allemandes, plus distinguées d'aspect et de tenue que les nôtres, ont l'air de femmes du monde abandonnées par leurs cavaliers dans un salon et s'ennuyant à périr. Et qu'on ne croie pas qu'elles aient la taille épaisse et carrée : presque toutes sont fines, minces et serrées dans des robes en fourreau; quelques-unes même, d'une élégance parfaite et d'une distinction presque déplacée en ce lieu. Plus tard, cette mélancolie s'anime; les filles, comme partout, mais avec plus de timidité et de retenue, viennent vous manger dans la main, boire dans votre verre, vous demander l'argent de leur fiacre, sans plus d'imagination carottière qu'ailleurs.

Le *Café Riche* est du même rang que les établissements dont je viens de parler. Mais on n'y danse pas, non plus qu'au Linden-Casino : on y mange si l'on veut, mais surtout on y boit. Ce sont les mêmes femmes, qui vont d'un endroit à l'autre, cherchant fortune avec une patience et une douceur angéliques. Quand j'y fus, il se faisait déjà tard; les laissées pour compte, qui avaient sans doute beaucoup trinqué, fredonnaient dans une demi-ivresse les airs que jouait l'orchestre, la matchiche, entre autres, avec des gestes énervés; de leurs yeux fatigués, mais remplis de sentiment, elles regardaient les hommes qui, le plastron sali, affalés, bâillaient, la mine abrutie : tableau international.

L'aspect général de ces endroits de plaisir est rendu vulgaire par la brutalité camelote du luxe affiché, par la grossièreté du personnel domestique, par le mélange — ici comme partout en Allemagne — d'un public élégant avec une majorité de clients ordinaires. Malgré les larbins en livrée rouge, malgré les lustres électriques, les glaces, les tapis, malgré les habits noirs d'ailleurs flottants, les smokings d'occasion, cela fait un peu l'effet d'une imitation pauvre des endroits homonymes de Paris. Le décor est plus brillant, on voit que les patrons ont dit à leurs architectes : « Ne ménagez rien pour que ce soit chic. » Naturellement, cela crie, cela aboie, cela hurle! et l'ensemble reste un peu commun. Cela changera! Cela change tous les jours. Et nos noceurs nationaux n'ont qu'à bien se tenir.

Je passe les bars nombreux et les cabarets, les *Chat noir* et les *Braddy*, où des gens poussent toute la nuit leurs romances; le *Métropole*, et son promenoir qui n'a rien à envier à celui de nos Folies-Bergère, animation et fantaisie à part, car enfin tout cela, au total, se ressemble par les préoccupations du public qui y fréquente.

Quand il est cinq heures du matin et qu'on a quitté le Café Riche et le Linden-Casino, on va souper chez Tony Grünfeld, restaurateur voisin de la Friedrichstrasse. C'est ce qui remplace le souper aux Halles.

Je me suis promené seulement dans le quartier du Centre, où les établissements illuminés pullulent. Mais on m'a assuré qu'en d'autres endroits de Berlin le spectacle est le même, dans les quartiers ouvriers et commerçants comme sur les Linden.

Mettons qu'on exagère un peu. Il n'en reste pas moins que tout le Centre reste animé d'une vie pleine jusqu'au jour. Nos grands boulevards sont morts, ou à peu près, à une heure du matin, la vie s'est portée à Montmartre, où quatre ou cinq établissements suffisent à contenir les gens d'imagination qui cherchent naïvement le plaisir.

Ici, on ne s'amuse pas davantage, on s'amuse même moins, mais il y a vingt endroits remplis d'hommes et de femmes presque toujours silencieux qui ne cessent de boire et de fumer en se regardant.

Dehors, toute la nuit, des omnibus à deux sous circulent, traversent les Linden, la Friedrichstrasse : on y voit monter des gens au petit jour, — ma parole.

Voici l'aube. Les femmes inoccupées, qui s'étaient attardées sur le trottoir, prennent honte de la lumière bleue sur leur poudre coagulée, et elles s'en vont lentement, comme à regret. Quelques adolescents errent autour des vitres encore flamboyantes, s'attardent aux devantures des magasins, qui restent illuminées toute la nuit, devant les souliers de satin posés sur des buissons de roses, dans des boutiques de cordonnerie.

Puis apparaissent le colleur d'affiches et les premiers ouvriers qui vont au travail, les balayeurs...

MONDAINS ET SNOBS

Pas de vrai luxe ni de vraie élégance. — Pas de réunions mondaines publiques. — Chronologie des fêtes de la Cour. — L'Ordenfest. — Le Defilieren-Cour. — L'Impératrice n'aime pas les fêtes. — Présentation à la Cour. — Le cercle. — Les grandes familles s'éloignent du Palais. — Aristocratie nouvelle. — Le luxe augmente. — Les femmes mariées ne dansent plus. — C'est la faute de l'Impératrice, de ses maternités, de sa dévotion. — Rigorisme des mœurs au Palais. — Le W. — Salons privés. — Mœurs mondaines. — On ne cause plus. — En quoi consiste le snobisme berlinois. — Américains mal élevés. — La mode française triomphante. — La gloire de Mme Paquin. — Voyages et villégiatures. — L'île de Rügen Heringsdorf. — Norderney. — Les « verboten » d'une ville d'eau. — Comment on se baigne.

Il n'existe pas à Berlin de rendez-vous d'élégance comme à Paris l'allée des Acacias, Armenonville, les thés, ou des cérémonies mondaines comme les premières, le concours hippique, les courses d'Auteuil, de Longchamp, de Chantilly. De sorte que si vous voulez vous rendre compte de l'élégance de la société berlinoise, cela vous est complètement impossible.

L'Empereur va bien à cheval au Tiergarten, chaque matin, avant de passer chez le Chancelier de l'Empire, mais, si l'on met à part quelques officiers et quelques amazones assez piteuses, son exemple n'est point suivi. Il a voulu, il y a quelques années, créer un *corso* périodique dans le Tiergarten; c'est à peine si quelques équipages et quelques fiacres répondirent à son invitation impériale. Non, les éléments n'existent pas pour ces exhibitions publiques de luxe, ni, je crois, le goût.

Au théâtre même, l'habitude de faire l'obscurité dans la salle pendant les actes et de courir manger au buffet avec ses gants, pendant les entr'actes, empêche toute coquetterie de se développer là. Aussi va-t-on au théâtre en robes de laine, en blouses de soie ou de flanelle, aussi bien dans les music-halls qu'à l'Opéra Royal. Cela en dit beaucoup sur la longue pauvreté de ce pays et sur la simplicité de mœurs dont la tradition dure encore.

Même les premières représentations théâtrales ne sont pas des événements mondains : on en compte une presque tous les soirs pendant certains mois d'hiver, et la mode n'y est pas. Il faut peut-être faire une exception pour les premières de Hauptmann et de Fulda qui éveillent davantage la curiosité. Les salles de premières sont donc remplies par le public ordinaire et par la presse. Mais la presse ne se pique pas de chic en Allemagne, et cette absence de prétention est toute à l'honneur de son caractère. Les critiques passent leur meilleure redingote sans se croire obligés de singer des manières qui ne s'harmonisent pas avec leur situation de fortune et qui seraient forcément sans lendemain.

Du 10 décembre au 15 mars, un Berlinois un peu lancé, un officier de la garde, un bon conducteur de cotillon, un secrétaire d'ambassade sont invités presque tous les soirs à dîner. Les gens riches reçoivent par catégories, car le tchin est très sévère et la hiérarchie se maintient dans ce pays respectueux.

La première grande cérémonie de l'hiver est « l'Ordenfest », la Fête des Ordres, qui a lieu le 18 janvier. Ce jour-là, les nouveaux décorés déjeunent chez l'Empereur, depuis les généraux de l'Empire jusqu'aux plus modestes des employés qui ont mérité la croix. Les femmes décorées sont rares, mais il s'en trouve parfois, des infirmières par exemple, ou quelque femme philanthrope.

Le soir de cette réunion, l'Empereur et l'Impératrice ont leur première réception à la Cour. En février et mars, ils donnent encore trois ou quatre grands bals, une représentation de gala à l'Opéra, et c'est tout, la saison est finie, les réjouissances officielles épuisées. Jusqu'ici, les bals et dîners officiels cessaient au carême, mais la tendance s'affirme de prolonger les réceptions jusqu'au dimanche des Rameaux, et même recevoir pendant la semaine sainte n'est pas trop mal vu. On va jusqu'à parler de bals qui pourraient se donner après Pâques : car pourquoi Berlin n'aurait-il pas une « saison » comme Paris, Londres et Madrid?

Malheureusement l'Impératrice n'aime pas beaucoup les fêtes ni les réceptions. Causer avec des étrangers est pour elle un supplice : elle ne sait que dire; quand elle y est forcée, elle en souffre horriblement et transmet à son entourage une gêne, une contrainte insupportables. Voilà, je crois, une des raisons qui empêchent les fêtes de la Cour de se multiplier. Car l'Empereur, au contraire, rêve d'une Cour brillante et suivie.

Après « l'Ordenfest », la réception la plus ardemment attendue est celle où se font les nouvelles présentations à la Cour, ce que les Berlinois appellent la « Defiliercour » et les diplomates, entre eux, la « Schleppencour » parce que les femmes y viennent en robe à traîne. Pour y assister, il faut d'abord avoir été présenté. Seuls ceux qui ont la particule, et les ministres, les hauts fonctionnaires jusqu'au titre d'« Excellence », leurs femmes et leurs filles, ont ce privilège. Ils sont « höfig », c'est-à-dire « qualifiés ». A Berlin, tous les officiers de la garde sont « höfig ». Quand une jeune fille de la noblesse ou du monde des fonctionnaires a l'âge de faire son entrée à la Cour où elle a droit par son titre ou le rang de sa famille, elle doit d'abord visiter la grande maîtresse de la Cour, la comtesse de Brockdorf, et lui être amenée par une dame déjà reçue et qui lui sert de marraine.

Cette présentation, à force de raideur et de guinde, est la formalité la plus ennuyeuse de toutes.

Après la visite, on reçoit chez soi une carte qui est l'ordre de se présenter à la prochaine réception royale à son rang, selon la catégorie à laquelle on appartient, groupe diplomatique, maisons princières, officiers, Excellences, etc.

Il y a vingt ans, on présentait à la Cour, chaque hiver, au plus vingt ou vingt-cinq jeunes filles ou femmes. Aujourd'hui, le nombre en atteint soixante-dix, et cependant le choix des favorisées est très sévère.

Le jour du défilé, les catéchumènes passent une à une avec leur traîne et leur voile devant l'Empereur et l'Impératrice assis sur leur trône; la grande maîtresse prononce leur nom, elles font leur plongeon... C'est fini. Elles défilent ensuite devant la haie des jeunes cadets en costume Louis XIV, jolis et frais comme des amours: ce sont les cadets de première classe, âgés de seize à dix-sept ans, qui appartiennent aux premières familles nobles; puis, devant la rangée des princes, princesses, grands fonctionnaires.

— C'est très émouvant, me racontait l'aimable douairière de Potsdam qui me favorise de ses confidences. Tous ces regards braqués sur vous, l'œil d'aigle de l'Empereur surtout, et aussi la crainte de faire un faux pas, ou un geste maladroit, paralysent les débutantes.

« De mon temps il y avait cercle après la présentation, c'est-à-dire que les femmes et les jeunes filles se réunissaient dans les salons, où l'Impératrice venait adresser à chacune d'elles un mot aimable. Corvée difficile, qui demandait beaucoup de présence et de fertilité d'esprit, de bienveillance naturelle, de bonne grâce familière. On l'a supprimée pour ne pas faire trop souffrir notre souveraine.

« D'une manière générale, nous sommes forcés de reconnaître que la Cour actuelle a des façons moins aristocratiques que l'ancienne. Lisez les *Mémoires* du ministre Delbrück, vous y verrez qu'en son temps, et ce n'est pas si vieux, jamais une femme ou une fille de ministre bourgeois n'était admise à la Cour. Maintenant, elles y vont toutes. D'autre part, Guillaume II a traité si mal les chefs des grandes familles, qu'ils évitent le plus possible d'aller au Château. Le vieil Empereur les entourait, au contraire, d'égards exquis; il comprenait que, pour avoir une Cour brillante, de beaux équipages, des bijoux historiques à ses galas, il fallait attirer les grands princes et les anciennes familles. Guillaume II, qui est un « Roi-

Soleil » sans argent et un Napoléon sans gloire, a créé de ses mains toutes-puissantes une foule de nouveaux princes dont il aime à s'entourer, de préférence aux vieilles familles, moins souples et qui exigent plus de considération. C'est un fait. Les princes médiatisés, comme les Carolath, les Reuss, les Pless et *tutti quanti*, qui furent des souverains et qui sont apparentés à tant de familles royales, n'ont pas ses bonnes grâces. Il en est, parmi ces disgraciés, d'aussi vieille noblesse que lui, et même de plus ancienne maison prussienne, qui ne croient pas tout permis au roi de Prusse et qui le lui montrent bien à l'occasion.

« On a pu voir cela quand il s'est agi de la dotation de ce pauvre von Lucanus, son chef de cabinet civil, que refusa la Chambre des seigneurs.

« Aussi beaucoup d'entre eux, estimant que, dans un pays monarchique et hiérarchique comme la Prusse, on n'avait pas pour eux les égards dus à leur rang, ont abandonné leurs palais de Berlin, et ne viennent à la Cour que s'ils y sont obligés pour la présentation de leurs filles, quand elles approchent de l'âge du mariage.

— Mais enfin, que demandent-ils ?

— Leur rang et les privilèges de leur rang. Tout ce que l'Empereur a fait pour eux, ç'a été de les ranger avant les « Excellences ». Or les « Excellences », vous le savez, c'est le sable de la mer. Quant à leurs fils cadets, dont plusieurs ont épousé des filles de rois, ils n'ont pas d'autre place à la Cour que les jeunes lieutenants de la garde, ce qui est indigne, je vous assure.

— On m'a dit aussi que tous ces princes ne sont pas riches et que la fréquentation de la Cour entraîne à de grosses dépenses... Or, vous dites vous-même que l'Empereur n'a pas la cassette ouverte de Louis XIV...

— C'est vrai aussi. Le séjour d'hiver à Berlin devient très coûteux. La municipalité n'a-t-elle pas eu l'idée de faire payer l'impôt à ceux qui séjournent trois mois dans la capitale, comme s'ils y vivaient toute l'année? Or les impôts montent vite dans notre métropole. Alors les grands seigneurs, qui payent déjà l'impôt provincial, ne séjournent à Berlin que deux mois trois quarts, et la plupart du temps à l'hôtel.

« Pourtant, il faut le reconnaître, si les très grandes familles boudent le Château, les nobles, en général, s'y précipitent, et si les bijoux historiques deviennent rares, le luxe de la Cour augmente. C'est qu'autrefois il y avait une *saison* à Breslau, à Münster, à Dresde, dans toutes les villes importantes. Aujourd'hui, la vie mondaine aristocratique de province tend à diminuer, on vient davantage à Berlin de partout, de Saxe, de Westphalie, même de Kœnigsberg et de Posen. L'Empereur a beaucoup contribué au développement de ce luxe par son goût personnel et affiché pour le faste et l'éclat des costumes. Il a créé une nouvelle garde pour l'Impératrice, de nouveaux uniformes d'officiers, tout cela un peu théâtral, mais brillant, en somme. Du côté des femmes, parmi les riches nouvellement anoblies, beaucoup de parures et quelques somptueuses robes de Paquin. Cependant la plupart des toilettes sont encore modestes et quelques-unes font pitié quand elles ne font pas rire, mais cela n'empêche pas que, grâce aux uniformes, la Cour de Berlin est assurément la plus brillante d'Europe. Rendons à notre César ce qui lui appartient.

— Quelles sont les autres différences entre la Cour d'aujourd'hui et celle du vieux Guillaume?

— La première, c'est que les gens mariés n'ont pour ainsi dire aucune place dans les danses qui suivent les défilés. Les jeunes filles y règnent en maîtresses souveraines, de même que les jeunes lieutenant frais émoulus de l'École des cadets. Les autres femmes font tapisserie ou s'en vont. On pourrait, en effet, compter sur ses doigts les exceptions à cette règle, ce qui est dommage, car ce sont les femmes mariées qui, en général, donnent le ton des salons. Comme on les empêche de se produire, l'atmosphère des bals est puérile et ennuyeuse. De sorte que ces gavottes, ces menuets — où l'on n'est admis qu'après des répétitions nombreuses — ont l'air de bals blancs et manquent d'entrain.

— Pourquoi les femmes mariées ne dansent-elles plus?

— Parce qu'il n'est plus de bon ton pour elles de danser. Alors les hommes mariés, ne se souciant pas de faire tourner des enfants de dix-sept ou dix-huit ans, ne dansent pas davantage.

— Mais d'où vient que ce qui était de bon ton sous le règne du grand-père ne l'est plus sous le petit-fils?

— Cela vient des sentiments bourgeois de l'Impératrice. Comme elle a passé sa vie dans les maternités, elle n'a guère dansé depuis son mariage, et elle n'aime pas la danse. De plus, vous le savez, elle est extrêmement dévote et collet monté. On n'a pas été sans vous dire que les statues grecques et les études de nu la scandalisent... Sa vertu estime aussi que les femmes mariées ne doivent pas danser. Oui, la vertu est de rigueur. Ainsi, pas une femme reçue à la Cour n'a de liaison extra-conjugale... »

L'aimable douairière cherchait, les yeux au plafond, d'un air fin.

— Ma foi non, aucune... S'il y a un divorce, un scandale, la porte du Château est fermée à l'imprudente...

Elle continua :

— Qui a une liaison maintenant? demandions-nous dernièrement dans un petit cercle. Nous cherchâmes en vain, — du côté des femmes, ajouta-t-elle drôlement.

« Sous l'ancien Empereur on ne les comptait plus! L'Impératrice n'y faisait pas attention; les maîtresses des frères du Roi étaient reçues à la Cour, très naturellement, sans que personne songeât à s'en offusquer. Aujourd'hui, la vertu rigide de notre souveraine ne tolérerait rien de semblable. Aussi les dames préfèrent-elles aller à la Cour, vertueuses, plutôt que de cesser de l'être et ne plus contempler l'auguste simplicité de notre cher monarque.

« Vous savez, ajouta-t-elle avec bonne humeur, quand je vous dis qu'il n'y a plus de liaisons à la Cour, c'est une façon de parler. Il serait peut-être plus exact de dire qu'elles se cachent mieux, et qu'on les ignore!... »

⁂

Après les bals de la Cour viennent les bals des princes, ceux du prince impérial, du prince Eitel-Frédéric. Puis ceux des ministres, qui sont forcés d'en donner un ou deux par hiver, soirées officielles, en général peu élégantes, où l'Excellence doit inviter ses employés. Le bal du ministère de la guerre est le moins bourgeois. Celui du ministère des affaires étrangères n'est pas mal non plus, mais celui du ministère du commerce par exemple, qui réunit la fine fleur des « Kommerzienräte », est triste à pleurer.

Il y a aussi les bals d'ambassadeurs, dont le luxe varie suivant les nations représentées et surtout selon le titulaire du poste. L'anglais est généralement le plus brillant.

Enfin, une série de réceptions, bals, dîners, organisés par des gens du monde, soit chez eux quand ils ont de la place, soit au Kaiserhof.

Ajoutez-y des ventes de charité et aussi un genre de réunions spéciales qu'on appelle *Konkurrenzessen*. Vingt dames de mondes différents ont leur table dans la salle de l'Austellungspark ou du restaurant du Jardin zoologique où elles invitent des amies. On paye vingt marks d'entrée. Mais les listes sont triées sur le volet. Là, les dames berlinoises rivalisent d'activité ingénieuse et de diplomatie pour former la table la plus brillante et la mieux composée. De là cette appellation de « Konkurrenz ! » Le produit de ces fêtes va à des œuvres de charité.

C'est dans le W (prononcez V) qu'il faut être admis pour compter dans la société berlinoise. Le W ou *West* (quartier de l'Ouest de Berlin) n'est pas extrêmement étendu. Et l'on m'assure que son spirituel monographiste, le peintre Edel, a mis un peu trop de complaisance à le pousser loin dans Charlottenbourg et presque jusqu'à Schœneberg. Le W, en réalité, commence à la Vossstrasse, — qui a perdu de son lustre depuis que les magasins de Wertheim en occupent une partie, — longe le Tiergarten, s'épand un peu sur les quais de la Sprée. Le coin vraiment chic du W va de la porte de Brandenburg et de Pariserplatz jusque dans les environs de Kroll, le Nouvel Opéra Royal. Le monde officiel préfère, en effet, les maisons un peu démodées aux magnifiques immeubles neufs du Kurfürstendamm, d'un luxe extraordinaire, où certains appartements d'étages se louent jusqu'à 20,000 francs. Beaucoup de gens riches habitent là; on n'y compte pourtant qu'une ou deux grandes familles aristocratiques. Mais je ne réponds pas que dans cinq ans l'orientation de l'élégance n'aura pas changé et qu'il ne faudra pas aller jusqu'aux champs de pommes de terre de Wilmersdorf pour dîner en ville.

Donc, à côté de toutes les fêtes officielles, bals de Cour, bals princiers, bals ministériels, la société riche multiplie ses réceptions. Il y a plusieurs étages dans cette société. Ce ne sont pas les maisons des millionnaires qu'on recherche le plus. Comme dans tous les pays où subsiste une aristocratie, il existe des salons dont les portes ne s'ouvrent que pour une élite très fermée et où frappent en vain les enrichis d'hier; d'autres qui, au contraire, ne demandent qu'à s'ouvrir tout grands, mais sont fréquentés surtout par ceux qui aiment manger abondamment, à époques rapprochées et à peu de frais.

Ces amphitryons peuvent ainsi se donner l'illusion qu'ils reçoivent tout Berlin. En réalité, ils donnent à manger; ce sont des hôteliers bénévoles, flattés de voir accepter leur cuisine et de montrer leurs domestiques à quelques professeurs d'Université, à quelques lieutenants en uniforme, et à leurs collègues banquiers, hommes d'affaires, avocats et médecins.

Les invitations se font trois semaines à l'avance par un grand carton envoyé aux gens à qui on doit un dîner. A partir de ce moment, on a payé sa dette. Que les gens acceptent ou non, on ne leur doit plus rien.

On ne demande pas :

— Le dîner était-il bon?

Mais :

— Qui était là?

De même qu'on ne s'intéresse pas de savoir si une femme ou une jeune fille du monde est intelligente, cultivée, artiste, ou si elle brille par quelque qualité mentale ou morale; on s'enquiert de la position de son père. Et que font ses frères? Quelles sont ses relations?

Quant aux visites, les hommes en font peu ou pas; les hommes occupés, presque jamais. Comme en Amérique, un industriel, un commerçant, un financier qui se montreraient en visite pendant la semaine seraient ridicules. L'officier, le diplomate, l'employé supérieur, considérés comme des oisifs ou des amateurs, en tous cas maîtres de leur temps, se croient tenus aux visites, qui entrent pour ainsi dire dans leurs fonctions. Les autres emploient le dimanche à cette corvée si rarement agréable. En général, dans la bourgeoisie, le monde universitaire, les professions libérales, c'est entre midi et deux heures que les dames se rendent visite.

Les gens qui ont voyagé essayent d'implanter d'autres usages et commencent à recevoir, en prenant une tasse de thé, vers quatre ou cinq heures. Mais les mœurs seront très difficiles à changer à Berlin, car chacun y a des habitudes particulières et les garde. Les professeurs dînent à deux heures ou deux heures et demie, les hommes d'affaires à trois heures, les financiers à quatre heures, les officiers à une heure. La sociabilité se ressent de cette anarchie. Est-ce pour cette raison que le salon où l'on cause n'existe pas à Berlin? On m'assure que la tradition en serait même perdue complètement si la vieille princesse Radziwill, née Castellane, avec un entêtement de l'autre siècle, ne s'acharnait à maintenir le sien. Elle seule sait encore recevoir comme autrefois. On arrive chez elle vers neuf ou dix heures, les hommes en habit, les femmes en toilette. N'importe quel jour: la porte est ouverte. On bavarde une demi-heure, une heure, on prend une tasse de thé, à la spartiate, — pas autre chose, — et on s'en va. Ceux qui veulent la voir tranquillement, y vont un jour de bal au Château royal, sûrs de n'être pas dérangés... Et c'est alors une soirée délicieuse, d'un charme souverain. Elle cause admirablement, sait tout de l'ancienne Cour et du vieil Empereur, des mœurs et de l'histoire. Quel profit l'on tire d'une conversation d'une heure avec elle!

Pourtant, une autre femme encore a créé à Berlin un coin mondain intelligent, et il serait injuste de l'oublier. C'est la comtesse de Wolkenstein, ancienne ambassadrice d'Autriche à Paris, Berlinoise d'origine, qui vient passer six mois p[illegible]ans la capitale prussienne. Elle demeure au Palast-Hôtel, sur la Leipzigerplatz, et son salon est le rendez-vous de ce que toute la ville compte de gens distingués et cultivés. Très bien vue de l'Empereur qui estime beaucoup son tact intelligent et sûr, on peut dire qu'elle est à présent l'une des personnalités les plus importantes de la saison d'hiver berlinoise.

Les femmes de certains financiers se donnent un mal terrible pour se faire un salon, ou du moins une table d'hôte et une salle de bal; les unes y sont parvenues, les autres pas encore.

Frau von R... travaille, dit-on, jour et nuit pour attirer chez elle les princes, princesses, comtes et barons. Elle a présenté sa fille à la Cour, donne deux fois la semaine des dîners de trente-cinq ou quarante couverts, ce qui n'est pas exagéré, car la moyenne des convives dans ce milieu est de cinquante ou même de soixante.

Mme von F..., Mme H..., Mme F..., de la société israélite, tiennent table ouverte tout l'hiver. Par contre, la fille du duc de Ratibor ne donne qu'une dizaine de dîners par saison. De même, la comtesse Harrach, femme supérieure, ne reçoit pas plus de soixante personnes en tout au cours de l'hiver. D'autres, au contraire, comme des princesses à réputation endommagée, veulent à tout prix qu'on se bouscule chez elles.

Mme von I..., ambitieuse, d'origine étrangère, pleurait toutes les larmes de son corps en entendant passer les voitures de gala, les soirs de janvier et de février où avaient lieu les réceptions à la Cour. Récemment anoblie, sa vie n'est plus qu'un enchantement : elle veut à présent que son salon devienne le premier de Berlin. Ce sera dur, car son mari a le caractère assez difficile, et n'a pas que des amis.

Il y a dix ans, on peut dire que le snobisme n'existait pas à Berlin. On avait sans doute son genre de pose et son instinct d'imiter les grands, ce qui témoigne d'une ambition parfois louable. Mais le snobisme anglais, — pire encore, le snobisme américain, le besoin d'étaler sa richesse, — y étaient inconnus. C'est dans ce coin de finance qu'il est né. Les dames von R..., les von F... et quelques autres ont donné le branle; à l'heure présente, il y a entre elles un concours d'étalages et une course aux relations qui deviennent morbides.

— En quoi consiste donc ce snobisme?

— En ceci :

« Être admises dans un cercle plus élevé que le leur;

« Se montrer bien pensantes;

« Fréquenter les fêtes charitables auxquelles l'Impératrice participe ou qu'elle patronne; surtout celles où assiste en personne la grande maîtresse de la Cour, comtesse de Brockdorf;

« Ignorer les autres.

« Ce qui nous avait jusqu'ici préservés de l'effroyable snobisme américain, continue ma délicieuse douairière, et laissé à nos mœurs mondaines leur agréable simplicité, c'était justement l'absence d'une colonie américaine. L'invasion s'arrêtait à Dresde... Mais ces « républicaines » sont plus affolées de titres et de noblesse que les monarchistes eux-mêmes. Et quoique rebutées, précisément, par la dignité un peu distante de notre aristocratie de l'Est, le voisinage de la Cour impériale les attirait invinciblement. M. Vanderbilt commença la série de leurs explorations. Il fut reçu par l'Empereur et plut assez dans l'entourage; il s'assimila vite l'atmosphère de Berlin et ne fit pas de « gaffes ». Mais l'ambassadeur des États-Unis ne sut pas résister à l'assaut de ses compatriotes et, la saison dernière, il présenta jusqu'à *six* (au moins) Américains à la Cour. Quand le représentant d'une grande puissance demande la faveur d'introduire quelqu'un de ses nationaux de marque au Château, il est d'usage courtois de s'empresser de la lui accorder. Ses six « snobs » et « snobinettes » se trouvèrent malheureusement assez vulgaires, leurs toilettes tapageuses étonnèrent et détonnèrent, l'étalage de leurs bijoux, comme en des vitrines, choqua; bref, elles ne plurent pas. On ne se dérangea pas pour elles. L'Empereur les reçut cependant fort bien. Mais elles ne durent pas partir satisfaites de Berlin, et la presse leur fut assez mauvaise. On trouva, ce qui était juste, que six couples à la fois, c'était un peu trop; car on admet généralement peu d'étrangers à la Cour prussienne. Et puis, se demanda-t-on, pourquoi introduire tant de femmes et de filles de marchands d'Amérique manquant de manières, quand on n'admet pas les marchands d'Allemagne de même catégorie, qui ont, au moins, autant de titres qu'eux à cet honneur, et sûrement sauraient mieux se tenir?

« Bref, je crois qu'on fit comprendre à l'ambassadeur des États-Unis — oh! avec beaucoup de ménagements — qu'il avait peut-être un peu abusé, qu'à l'avenir il devrait mettre une barrière à cet envahissement.

« Qu'elles aillent donc à Dresde! »

Y a-t-il à Berlin des rois de la mode, quelque prince de Sagan qui donne le ton à la société berlinoise? Non, me répond-on en lieu sûr, il n'y en a pas. Les officiers en civil n'ont pas le sens de l'élégance, les hommes vraiment distingués ne s'en soucient pas; l'Empereur, sans son uniforme, est très mal habillé, le prince impérial, seul, a de l'allure. Il y avait un fat à la Cour, le prince Léopold, qui ne pensait qu'à ses vêtements, mais on l'a trop bafoué pour que personne songe à l'imiter.

Pour les femmes, c'est autre chose.

A Hambourg, déjà, je me laissai séduire par la parfaite élégance de quelques habituées des courses, le jour de la visite de Guillaume II.

A Berlin, une nuit, j'avais aperçu dans un luxueux cabaret des Linden des femmes — oh! moins nombreuses que les étoiles! — habillées selon les dernières lois de la mode, minces de taille, plates de hanches, comme il convient, et leur corps gracieux, depuis leur nuque blonde jusqu'à la traîne de leur robe, était celui de parfaites Parisiennes. J'y fus complètement trompé. Il ne fallut pas moins qu'une conversation à cœur ouvert avec elles pour apprendre en même temps que ces dames étaient de Magdebourg, de Dresde et de Posen et que leurs toilettes sortaient de magasins berlinois. Il y a quinze ans, il y a seulement dix ans, il eût été bien difficile à l'observateur de découvrir dans toute l'Allemagne une seule toilette de cette valeur et de cette perfection.

— En cinq ans, tout change chez nous, me dit une dame. Cinq ans, c'est le terme de toutes nos évolutions... Dans cinq ans, revenez ici, vous en verrez bien d'autres. En attendant, allez chez Gerson, allez chez la Pechstein, on vous montrera les originaux de ces copies.

J'avais pu observer en Westphalie et dans la contrée rhénane le développement prodigieux de l'industrie allemande; je constatais à Berlin une sorte de renaissance architecturale extrêmement séduisante et vivace, et je me demandais avec un demi-sentiment de crainte si, par hasard, nous n'allions pas aussi nous voir concurrencer dans le domaine de la mode par l'activité multiforme et le génie de démarquage du commerçant prussien?

Justement, quelques jours après cette vision rapide et ces réflexions, je rencontrai l'un des principaux couturiers du pays et le priai de m'éclairer sur la situation actuelle de la mode française en Allemagne.

— Où prenez-vous vos modèles? lui demandai-je.

— A Paris, donc! fit-il comme s'il était étonné de ma question.

— Je m'en doute; mais on me dit que Vienne fait concurrence à Paris, jusqu'en Allemagne?

Il eut un de ces éclats de rire outrageants dont ne se font pas faute les Berlinois sans nuance :

— Vienne? Mais Vienne prend aussi tous ses modèles à Paris! Vienne accapare la clientèle russe, autrichienne et polonaise qui ne va pas jusqu'à Paris, mais jamais elle n'aura la société riche qui voyage. Quant à la clientèle allemande, elle n'a pas besoin de

Vienne, elle a Berlin, elle a Hambourg, elle a Düsseldorf, Dresde, etc., etc., qui font aussi bien et mieux que Vienne.

Voilà donc un point acquis : Paris reste aux yeux des Allemands la capitale de la mode féminine. Vienne copie Paris sans l'avouer; Berlin et les grandes villes prussiennes et saxonnes s'alimentent à Paris de modèles et de nouveautés, et l'avouent.

Mais quelles sont, aux yeux de nos voisins, si ambitieux pourtant de toutes les supériorités, les qualités devant lesquelles ils s'inclinent, et comment s'y résignent-ils?

— Les qualités de la mode française? Le goût, monsieur, un goût sans pareil au monde. Cela ne se donne pas... Nous n'avons personne, ni parmi nos ouvrières, ni parmi nos ouvriers, qui puisse rien créer, non seulement de comparable, mais approchant de ce qui sort d'ateliers comme ceux de Paquin, par exemple, ni pour la délicatesse de l'invention, ni pour la quantité d'idées nouvelles qu'on trouve dans une seule toilette, ni pour l'esprit et le charme des combinaisons!

— Quoi encore? fis-je, voulant le pousser.

— Mais tout! répliqua-t-il. La perfection des détails, l'achèvement minutieux des moindres choses. Cette femme-là (il parlait de Mme Paquin), cette femme-là, voyez-vous, a tout l'art, tout le génie de la toilette dans ses doigts et dans ses yeux. Je la connais bien, car je vais deux fois par an à Paris pour choisir, chez elle, et chez un ou deux de ses concurrents, les modèles que je rapporte ici. Ce qu'elle fait avec un morceau d'étoffe et deux épingles est incroyable! C'est comme un chimiste qui n'aurait qu'à jeter dans un fourneau quelques pincées de poussière pour qu'il en sorte des bijoux! Cela me stupéfie toujours. Cette facilité, jointe à cette sûreté infaillible, est tellement contraire au génie de notre race!

J'envoie en passant ce compliment à ma célèbre compatriote, charmé de me faire le messager d'une admiration aussi spontanée, aussi absolue et, je dirai, aussi flatteuse pour la réputation de notre Paris. En même temps, je lui communique ces simples mots que j'ai entendus l'autre jour à table et qui en disent long sur sa popularité en Allemagne :

— Mme Paquin! disait une dame en levant les yeux au ciel d'un air d'adoration et avec un accent de convoitise que je ne peux rendre : « *Ach! Gott, Gott!* » (Ah! Dieu! Dieu!)

Je continuai :

— Vous trouvez donc des clientes qui peuvent payer des prix aussi sérieux? Les Allemands se plaignent toujours de leur pauvreté...

— Jugez-en. Il y a dix ans, je n'achetais guère à Paris que trois ou quatre modèles; aujourd'hui, j'en rapporte vingt. Il se passe pour la toilette des femmes ce que vous avez pu observer dans tout le reste de la vie allemande. On dépense en voyages, en confortable, en plaisirs, en toilettes, trois fois ce que l'on dépensait il y a seulement dix ou quinze ans. Savez-vous que Mme Schwabach a un budget de toilettes de 70,000 marks (87,500 francs)? Et ai-je besoin de vous assurer qu'elle le trouve quelquefois insuffisant!... Mme Friedländer, Mme de Wesendonck, belle-fille de l'amie de Wagner, Mme de Siemens fille du grand Helmholtz, la comtesse de Sierstorpff, la comtesse de Wedel et dix autres qui donnent le ton ici, s'habillent en partie à Paris, en partie à Berlin, d'après des modèles de Paris, naturellement.

— Et vous vous résignez au goût français, et vous croyez que cela durera?

— *Ach!* fit-il durement, en levant les bras, horizontalement, d'un geste de colère impuissante... Seulement ne croyez pas que nous ne trouvons pas notre intérêt dans ce négoce. Les modèles de Paris, une fois lancés, nous les simplifions, nous les adaptons aux exigences de l'exportation, et c'est par milliers que nous les faisons reproduire pour l'Angleterre, l'Amérique du Nord, l'Amérique du Sud... Ce trafic est presque exclusivement berlinois. Le marché se divise entre Berlin et Breslau. Pourquoi ne l'avez-vous pas accaparé vous-mêmes? Ah! Je l'ignore. Demandez à vos confectionneurs. »

Je le leur demande, hélas!

L'une des caractéristiques de la vie mondaine berlinoise, c'est que les gens riches voyagent plusieurs fois l'an, à part les premiers mois de l'année où les fêtes de la Cour et les réunions élégantes exigent la présence de ceux qui veulent « compter ».

Mais on s'arrange de façon à couper les longs mois d'hiver par un séjour sur la Riviera française et italienne, à Nice ou San-Remo, à moitié colonisée par les Allemands, et en Égypte. Depuis quatre ou cinq ans, la mode des sports d'hiver se développant, des familles émigrent aussi, pendant la saison des neiges, en Thuringe, dans la forêt Noire, le Harz, la Suisse allemande. De Berlin, on vient passer une quinzaine de jours dans le Tyrol bavarois où, les samedis et dimanches de janvier et février, les gares regorgent de touristes comme aux mois de juillet et d'août.

Pour Pâques, on s'en va en Italie, en France, en Espagne. Puis on retourne passer la fin du printemps à Berlin ou dans les villas de Wannsee et du Grünewald. Autour de Berlin, de même que dans toute la Prusse orientale, la terre est percée comme une écumoire de lacs de toute grandeur, Nikolassee, Wannsee, Schlachtensee... Des villas s'élèvent sur leurs bords, généralement flanquées de tours en poivrière; quelques-unes, très luxueuses, appartiennent à des financiers et à des industriels, même à des artistes. Peu d'aristocrates, car ils ont leurs terres et leurs chasses en province et quittent Berlin la saison finie. D'autres villas se louent pour l'été. On y accède facilement de Berlin : de nombreux trains desservent les environs et des bateaux font plusieurs fois le jour le service d'une rive à l'autre et tout autour des lacs.

En juillet, le grand exode commence avec la fin de l'année scolaire; puis, les gens de loi prenant à leur tour leur congé, Berlin au milieu du mois d'août n'est plus habité que par les provinciaux et les étrangers en vacances.

Les bourgeois riches vont de préférence en Suisse, à Saint-Moritz, ou bien à Bade ou Hombourg parce que ce sont des stations de Cour, que le Roi d'Angleterre y séjourne chaque année et qu'on y fait des tournois internationaux de tennis. Ils aiment aussi le littoral belge et hollandais, Ostende, Scheweningue, car les plages allemandes, peu nombreuses, généralement mal situées, sont envahies par la foule. Cependant une station allemande fut à la mode, il y a quelques années, où fréquentent encore des familles riches dont les enfants, trop jeunes, empêchent les mères de faire de longs voyages : Heringsdorf, sur la Baltique, à quatre heures de Berlin. Comme ce sont des jeunes femmes qui se trouvent ainsi empêchées, leur présence attirait. On allait flirter. Mais il y fait trois jours de vraie chaleur par an, et, en somme, le ton n'y est presque plus. Recherché des israélites, Heringsdorf se voit déserté par les aristocrates. On va encore à l'île de Rügen, où les chambres d'hôtels sont retenues deux et trois mois à l'avance. Mais aucune de ces plages n'est vraiment élégante, pas plus, d'ailleurs, que toutes les petites villes d'eau poméraniennes, fréquentées pourtant par des cercles et coteries aristocratiques.

Cependant le prince de Bülow, chancelier de l'Empire, a élu Norderney pour ses trois mois d'été, ce qui assurera la fortune de cette île, malgré son éloignement et son accès assez compliqué. Il faut d'abord aller en chemin de fer par Brême et Emden jusqu'à Norddeich, à l'extrémité du continent, sur la mer du Nord, et, de là, se faire transborder par un petit bateau à vapeur qui vous conduit en quarante-cinq minutes à Norderney. C'est aussi long qu'un voyage de Paris en Angleterre. M'y étant trouvé plusieurs jours, j'ai eu tout le temps de regarder et de m'enquérir, et je puis vous donner une idée de ce qu'est la vie d'une plage allemande.

La foule des villas, des hôtels et des pensions s'étend le long de la voie qui borde la plage, la plupart en bois peint en blanc, à colonnes corinthiennes découpées à la machine, avec des galeries ouvertes sur la mer et des jardinets par devant. La plage, belle et unie, fait le tour de l'île. Elle ressemble à toutes nos plages normandes, sans falaises. Une digue pavée de briques suit les courbes des anses. D'immenses tas de sable élevés par des gens habitués au travail créent l'illusion d'une suite de dunes naturelles. Car, fait à noter, ce ne sont pas seulement les enfants qui creusent le sable et dressent des forteresses : tous les hommes s'y mettent avec une ardeur de terrassiers ou de barricadiers. Et dans les trous profonds, des familles entières prennent place, installent leurs affaires, se font des lits, des oreillers, des abris qu'elles consolident journellement et qui leur servent durant tout leur séjour. Des centaines de drapeaux et d'oriflammes sont plantés au sommet des forteresses de trois mètres de haut, couronnées de paniers d'osier et de vêtements, ou flottent au-dessus des tentes de toile.

Cette foule, composée pourtant de catégories très diverses, de bourgeois riches comme d'employés de l'État et de commerce, se ressemble dans tous ses éléments. Il n'y a pas à dire, elle est vulgaire : c'est celle d'une de nos petites plages du Nord, moins bruyante, cependant. C'est que, je l'ai déjà dit, chez eux les Allemands n'ont pas de souci d'élégance. En vacances, ils se laissent aller ; la casquette de toile blanche à cinquante pfennigs, leurs plus vieux chapeaux de feutre ou de paille, leurs vêtements usés, leur paraissent bien suffisants pour la plage.

⁂

A Norderney, on ne se promène guère, M. de Bülow excepté. Des gens restent là jusqu'aux heures des repas, allongés, face au soleil, ou le nez dans le sable, ronflant. Certains jouent aux cartes, d'autres vont jusqu'au môle où sont amarrés quelques bateaux de plaisance, les voiles carguées.

Il n'y a pas de casino comme on les comprend chez nous, mais une *Konversationhaus*, endroit triste à mourir, et une *Strandhalle*, grande salle de brasserie enfumée et bruyante où, le soir, comme les jours de mauvais temps, les baigneurs se réfugient pour entendre jouer un orchestre de cuivres et boire du vin et de la bière. Pas d'autre distraction que l'arrivée des bateaux à vapeur amenant dans l'île de nouveaux hôtes. Les amis, les parents vont au-devant d'eux, des bouquets de roses à la main, qu'ils offrent avec des embrassades.

On pourrait bien aller se promener sur la jetée, longue de 175 mètres, et dont les balustrades sont garnies de filets pour empêcher les enfants de tomber à l'eau; mais, à l'entrée, où il est écrit : *Bain d'air*, un employé perçoit 10 pfennigs par personne, et les familles allemandes de cinq ou six membres ne se soucient pas de payer deux ou trois fois par jour cette taxe arbitraire. Le soir, cette jetée se ferme par une barrière, l'employé n'étant plus là pour toucher le prix d'entrée. Le restaurant de la digue, les boutiques de pâtisserie, de saucisses, de lait, de *friseur*, complètent le décor de la plage de Norderney.

L'heure du bain est la plus intéressante pour l'observateur renseigné, qui connaît déjà les règlements de la police de l'île.

Les braves gens qui espèrent jouir pendant leurs vacances d'un peu plus de liberté, n'ont pas de chance à Norderney. On va en juger.

D'abord, nul n'a le droit de se baigner qu'entre sept heures du matin et deux heures après midi.

— Pourquoi cette interdiction? demandai-je.

— Parce que, me répond-on, des gens trouveraient bon de se baigner plusieurs fois par jour, et que les médecins de l'administration estiment qu'un bain est suffisant.

— Ne serait-il pas plus simple de faire savoir cette opinion aux baigneurs en leur laissant la liberté de choisir l'heure?

— *Verboten*.

— De sorte que s'il me plaît de me baigner à la marée montante, à six heures et demie du matin, ou l'après-midi à quatre heures ou cinq heures?...

— *Verboten*.

Je voyais arriver sur la digue des familles entières, hommes, femmes, enfants de tous âges qui se séparaient... Les femmes s'en allaient à gauche, les hommes à droite. Les petites filles accompagnaient leur mère, les garçons suivaient le papa.

C'est qu'il est interdit aux couples de se baigner ensemble. Les garçons ne sont admis avec leur mère que jusqu'à l'âge de dix ans; passé cette limite, le petit garçon d'une veuve, par exemple, devra s'abstenir des bains, ou sa mère sera forcée de le confier à un baigneur mâle qu'elle ne connaîtra souvent pas[1].

1. Dans d'autres stations balnéaires qui ne dépendent pas de l'État, il est permis, depuis deux ans, aux familles de se baigner ensemble. Mais, ici, les bains appartenant à l'État prussien, le ministre des cultes a le droit de police et impose cette incroyable interdiction.

Il est défendu également de se déshabiller sous une tente ou de sortir de sa villa ou de son hôtel enveloppé d'un peignoir ; il faut absolument se déshabiller dans les cabines roulantes de l'administration ou dans une enceinte close de barrières et de toiles destinée à cet usage. Le linge est distribué à un guichet précédé d'un hall couvert, garni de bancs. On voit écrit sur le mur : « Interdit aux hommes de stationner là. » Un mari voudrait y attendre sa femme : *Verboten*.

Au beau milieu de la plage, une pancarte porte en grosses lettres : *Verbotener Weg für Herren* (chemin interdit aux hommes). De sorte que vous n'avez pas le droit d'approcher à plus de cinq cents mètres de l'endroit où les femmes se baignent. Mais rien n'interdit aux femmes de se promener du côté des hommes.

Mieux encore. Il y a deux ans, les promeneurs mâles ne pouvaient pas, à l'heure du bain, *passer sur la digue*, en face des bains de femmes. S'ils voulaient continuer leur promenade, ils devaient faire un long détour et reprendre la route plus loin. Et aujourd'hui, c'est l'âge d'or comparativement à ce qui se passait il y a vingt ans. Alors, impossible aux propriétaires de bâtir à la place où se trouve maintenant la rue principale de l'île, Friedrichstrasse; et, même en ville, les maisons de plus d'un étage n'étaient pas autorisées : car on aurait pu, avec des lorgnettes, regarder les femmes se baigner. On se demande avec effroi quelles horreurs et quelles tares les Allemandes voulaient cacher avec tant de soin.

Si quelqu'un rit ou s'agite sur cette plage aussi surveillée qu'un bagne calédonien, chacun se retourne, étonné, comme d'un scandale. Un jour, un jeune homme, nouveau venu à Norderney, et peu au courant des mœurs, enfourcha, pour s'amuser, en sortant de l'eau, un cheval qui tirait les cabines. Il se trouvait naturellement dans l'enceinte des hommes, de sorte que même son torse nu ne pouvait scandaliser personne. Les autres baigneurs riaient de cette hardiesse inédite; lui, ravi de son jeu innocent et de son succès, continuait sa galopade. Un gardien arriva, le fit descendre, le sermonna et voulut lui interdire les bains. Il dut s'excuser et promettre de ne plus recommencer.

Une autre fois, un acteur comique, arrivé aussi pour la première fois dans l'île, eut la fantaisie, se croyant chez lui dans cette campagne, de s'asseoir sur son balcon, les jambes dehors, pendantes. Les passants s'amusaient de cet audacieux, s'arrêtaient, riaient. Bientôt la police intervint et obligea le comique à rentrer ses jambes dans son appartement.

Je raconte ces faits, puérils en soi, pour donner une idée des abus de la discipline prussienne, de l'hypocrisie des mœurs, et aussi pour indiquer la quantité de liberté qui reste, pendant leurs vacances, aux malheureux baigneurs de ce pays : ils ont le droit de ronfler, et de jouer aux cartes.

L'insulaire qui me racontait ces détails ne manifestait aucune indignation. Il était beaucoup plus mécontent du règlement ordonnant de ne pas allumer les becs de gaz publics pendant les nuits de pleine lune, même le soir où elle est voilée; et de la défense faite aux voitures de passer dans les rues autrement qu'au pas, après sept heures du soir, et avant sept heures du matin, pour ne pas troubler le repos des baigneurs.

— Au fond, disait-il, il s'agit d'embêter les voituriers, car vous pensez bien que les gens qui viennent ici sont habitués à d'autres bruits! Et puis: à partir de sept heures du soir! Comme si on se couchait à sept heures...

⁂

A l'hôtel où j'étais descendu, les garçons venaient de se solidariser avec un de leurs camarades que le patron voulait renvoyer, et le menaçaient de la grève.

— Voilà où nous en sommes, me dit celui-ci. Le patron n'est plus maître chez lui... Et que voulez-vous que je fasse? C'est la pleine saison, et je suis dans une île...

Naïvement, il ajouta :

— Ah! si encore ils n'étaient pas syndiqués!

Puis :

— Le gouvernement est responsable de tout cela. Il soutient trop ouvertement les ouvriers; les jugements des tribunaux leur sont toujours favorables, et cela les encourage à se révolter.

Je dis à cet aubergiste :

— De quoi vous plaignez-vous? Dans votre pays, tout le monde empêche, interdit, opprime quelque chose ou quelqu'un. Votre maison est pleine du haut en bas de règlements signés de vous, règlements pour les voyageurs et règlements pour le personnel. Je demande de la bière à mon repas de midi, vous m'en refusez. Vous n'en servez que le soir. Je m'informe de la raison de cet absurde et révoltant refus. Votre maître d'hôtel me répond : « C'est ainsi. » De sorte qu'on n'a même pas la ressource de discuter — ce qui est une aggravation à tant de souffrance.

— Eh bien ! je vais vous le dire, pourquoi vous ne buvez pas de bière à midi. C'est parce que si j'en servais à l'un, tout le monde en demanderait, car elle coûte meilleur marché que le vin. Et alors je perdrais le meilleur de mon bénéfice qui est la vente du vin.

— Pourquoi n'imposez-vous pas la bière d'un droit équivalent à votre gain sur le vin? Ainsi vous respecteriez ma liberté et je ne vous ferais pas de tort?

— Mais les Allemands ne consentiraient jamais à payer la bière le prix que je serais obligé de leur demander. Et je perdrais ma clientèle. Tandis que si j'écris sur des pancartes : « On ne sert pas de bière à midi », cela devient une loi, un règlement, et chacun s'incline. Ah ! continua-t-il, c'est que l'Allemand n'est pas dépensier chez lui[1]. Ainsi, j'ai une bonne clientèle chez moi, comme vous voyez. Croiriez-vous qu'on n'y boit presque jamais une bouteille de champagne? A Norderney, et je crois que l'usage en est répandu partout, on ne boit du Monopole qu'au son de la musique ! Pas d'orchestre, pas de champagne ! Les deux plaisirs vont ensemble.

— Alors, lui dis-je, faites venir un orchestre !

C'était l'heure du bain.

Les baigneurs arrivaient, en caleçon, à pas précau-

1. Ici mon hôtelier juge en commerçant. Pour ma part, j'a constaté maintes fois que l'Allemand dépense volontiers, s'il a de l'argent. Ce qu'il serait plus juste de dire, c'est qu'il sait régler sa dépense.

tionneux et hésitants. Sitôt qu'ils approchaient, un garde-nage les aspergeait d'eau froide ; il arrosait de même ceux qui sortaient de l'eau. Tant que le flot ne couvrait les baigneurs que jusqu'à mi-jambe, les gardes ne disaient rien, mais si les gens avaient l'imprudence de laisser monter la vague jusqu'au-dessus des genoux, c'étaient des coups de trompe et des drapeaux qui s'agitaient, et des gestes de revenir, et des cris autoritaires pour ramener les malheureux aux cuisses naufragées. Et remarquez que la plage est belle, sans trou ni rochers. Il n'y a donc aucun danger, surtout avec la prudence naturelle des Allemands. Mais l'air retentit sans cesse de ces appels de cors et de ces cris de caporaux enragés. Les gens doivent se contenter, sous la surveillance de ce pion qui les ramène en troupeaux dociles, de faire des trempettes ridicules en s'asseyant dans l'eau ; aussi personne ne nage ; pour recevoir la caresse des vagues, il faut s'accroupir. Un malheureux qui avait osé se donner de l'eau jusqu'au nombril se vit interpeller violemment et menacer d'interdiction de bains par le pusillanime forcené.

J'ai assisté pendant plusieurs jours à cette comédie contre laquelle nul ici ne proteste.

39,000 baigneurs subissent chaque année cette contrainte.

Réfléchissons.

LES GARTENLAUBEN

Une idée française qui progresse très vite en Allemagne. — Tableau des environs des villes. — Colonies berlinoises. — La police des jardins ouvriers. — Leur organisation. — La Croix-Rouge, œuvre de défense sociale. — La générosité de l'Impératrice. — Le retour à la terre.

Quand, venant du Nord, du Sud, de l'Est ou de l'Ouest, après avoir traversé d'interminables paysages plats, monotones, déserts et stériles, forêts de sapins, champs de betteraves ou de pommes de terre, vous approchez de Berlin, l'œil est amusé par un spectacle que je n'ai guère vu qu'en Allemagne. Qu'on s'imagine d'immenses terrains divisés en petits rectangles, longs d'une vingtaine de mètres sur dix ou quinze de large, séparés par des barrières rustiques ou de simples fils de fer, et où s'élève une cabane de bois brut, toujours surmontée d'un drapeau, ce qui fait que sur des espaces très étendus on voit palpiter au vent une multitude de petites flammes de couleur, comme pour une fête.

C'est ce que les Allemands appellent des « Gartenlauben ».

Cette institution charmante fut prise chez nous, où la première initiative en revient à la ville de Sedan. La *Ligue du coin de terre et du foyer* s'empara de l'idée et tenta de la répandre dans le reste de la France. A-t-elle réussi? Je le voudrais, car il y a là l'embryon d'une transformation des mœurs ouvrières qui devrait frapper les politiciens et les hygiénistes.

En attendant, l'idée progresse en Allemagne avec une rapidité singulière.

Aux alentours des grands centres de population, dans la banlieue la plus proche, une société de propriétaires divise de vastes terrains inoccupés en parcelles de quelques mètres et les loue pour une somme minime à tous ceux qui les demandent. Les ouvriers y bâtissent une cabane et y passent en famille la fin du samedi et la journée du dimanche. L'été, beaucoup d'entre eux y viennent même chaque jour après leur travail. Autour de la cabane, le locataire a pioché la terre, semé des graines, et de la verdure grimpe le long des barrières et des planches, et radis, salades, fleurs remplissent l'espace laissé libre par la cabane. C'est la villégiature des ouvriers.

L'inconvénient, c'est que la ville elle-même peu à peu s'avance, les hautes bâtisses de rapport menacent les avant-postes de la colonie. Bientôt, il va falloir déménager. Ainsi fait-on en Amérique, avec les Indiens, sur les réserves où les parque l'État fédéral qui les leur retire aussitôt qu'elles ont pris une certaine valeur. Alors, les « Gartenlauben » iront porter plus loin la gaieté médiocre et touchante de leurs drapeaux et leurs cabanes verdoyantes.

Car quelquefois, quand ces jardins sont plantés à proximité de parcs ou de forêts, le coup d'œil est joli. Un fond de verdure sombre, la proximité des grands ombrages et quelques arbres qu'on a laissés debout dans les terrains concédés en font un paysage campagnard. Mais je n'en dirai pas autant des « Gartenlauben » que j'ai visités autour de Berlin, car elles n'ont rien de bien champêtre. C'est une mer de petits toits noirs où flottent des bâtons soutenant des fils de fer avec quelques arbustes maigres. Les pauvres gens s'en contentent, ils en sont même fiers.

— On prend ce qu'on peut, me disent mes aimables guides.

C'est égal... Quelques arbres qui feraient un peu d'ombre ne nuiraient pas au confortable de cette villégiature élémentaire. Le dimanche, aux heures brûlantes de juillet et d'août, on serait bien sous des branches ! La famille Hohenzollern n'est-elle pas propriétaire de forêts sans nombre autour de Berlin ? L'Impératrice n'est-elle pas à la tête de cette œuvre de manches à balai destinée à guérir chez les ouvriers des villes leur nostalgie des champs et des bois ? Car, en effet, la Société de la Croix-Rouge, patronnée par l'Impératrice actuelle, a eu l'idée d'exploiter ce goût des Allemands pour la nature et d'en faire un moyen de lutter pratiquement contre l'influence libérale et socialiste dans les milieux ouvriers.

— C'est notre département de défense sociale, me confie un des membres du comité directeur qui me faisait visiter un de ces champs d'expérience. Nous employons ainsi les loisirs que nous laisse la paix.

Il y a tant de demandes pour ces bouts de terre qu'on est forcé de choisir parmi les candidats ceux qui ont le plus d'enfants.

Cette colonie ne date que de deux ans. Dès que les parcelles eurent été attribuées, le comité de patronage réunit les locataires et les invita à dresser eux-mêmes, en commun, le plan parcellaire, à fixer l'emplacement des rues, des ronds-points et des avenues.

— Cette collaboration a un but éducatif, m'explique-t-on : on montre ainsi aux ouvriers combien est compliqué et difficile l'art de gouverner. Car vous pensez bien qu'ils sont longtemps à discuter avant de s'entendre. Ils oublient toujours quelque chose, tranchent quelquefois trop facilement une question; alors un membre du comité les éclaire, met le doigt sur leur erreur ou sur leur ignorance, la leur prouve clairement... Voilà la meilleure éducation politique à donner au peuple.

Le terrain est actuellement divisé en quatre-vingt-quatorze jardinets de 250 à 300 mètres carrés chacun.

Autour de Berlin, on en compte quinze cents, soit, avec les enfants, à raison de quatre enfants par famille en moyenne, environ six mille personnes « colonisées ».

Les locataires payent vingt centimes par semaine pour la location du terrain durant les vingt-cinq semaines de la saison chaude. L'hiver, ils ne payent pas, et ils jouissent, si bon leur semble, de leur terrain. Pour vingt francs de plus, on leur fournit tous les matériaux nécessaires à la construction de leurs « chalets ». Le prix réel de ces matériaux dépasse cette somme et la Croix-Rouge paye la différence. Depuis 1902, la Société ne donne plus en nature les engrais et les semences. Elle les remplace par une somme de 6 marks qui sert d'avance aux locataires pour l'achat de plantes et de fumier. A partir de la deuxième année de culture, tous ces pays sont payés par les cotisations des locataires eux-mêmes.

En échange de ces dons, les locataires s'engagent à exécuter les travaux d'entretien, les clôtures, des chemins et des fontaines et des puits. Car il n'y avait pas d'eau dans ces terrains abandonnés et lointains, rien n'y poussait; on a creusé une dizaine de puits, la Compagnie des eaux a établi gratuitement des canalisations, et à présent la culture y est facile.

Un gardien de nuit, avec un chien dressé, surveille la colonie. Deux inspecteurs sont chargés du maintien de l'ordre en cas de besoin — ce qui n'arrive guère. On les choisit parmi les aides-jardiniers du château royal de Charlottenbourg et du parc de Monbijou, et ils enseignent en même temps aux ouvriers les secrets de la terre, comment il faut semer, planter, émonder, repiquer. Pour s'assurer des résultats de cet enseignement, mais surtout afin de pouvoir calculer le rendement de chaque terrain, les colons doivent donner à l'inspecteur, à la fin de l'année, tous les renseignements que celui-ci leur demande sur la valeur de leur récolte, la qualité et la quantité de l'engrais et de la semence employés; on sait aujourd'hui que l'argent dépensé là produit en légumes récoltés quatre fois sa valeur.

Enfin, pour être sûr que les ouvriers profitent réellement de l'œuvre, pour la rendre plus utile et plus efficace encore, non seulement au point de vue de l'hygiène physique et morale, mais aussi pécuniairement, voici à quelle obligation ils sont soumis :

Chaque jardin est divisé en autant de parcelles qu'il y a d'enfants dans la famille de l'ouvrier locataire. Ceux-ci, aidés de leurs parents, cultivent leur coin de terre s'ils sont en âge de le faire, et le père doit tenir le compte exact de tous les légumes qui poussent dans chaque parcelle. La différence entre le prix de revient et le prix qu'il faudrait les payer, si on les achetait au marché, constitue le bénéfice de l'enfant, et doit être versée à la Caisse d'épargne au compte de celui-ci.

— Nous espérons beaucoup de ces colonies, me dit l'un de leurs apôtres les plus zélés. Notre but initial est bien d'assurer le repos de l'ouvrier et de sa famille dans un air sain, après la journée de travail à l'atelier, ou le dimanche, et de permettre aux faibles et aux convalescents de hâter leur guérison dans un milieu salubre. Mais là ne se borne pas notre ambition. Nous voudrions déshabituer l'ouvrier de la brasserie et de la « Weinstube », éveiller en lui le goût de l'épargne, cultiver le sens de la propriété et l'esprit familial par le travail commun. Et même, n'est-il pas possible de ramener au goût des travaux champêtres tant d'anciens paysans égarés dans nos villes ou de le faire naître chez leurs enfants?

« Nous prétendons soutenir ainsi efficacement l'ouvrier en lui prêtant un terrain qui lui rapporte quatre fois plus que ce que nous pourrions lui donner en argent, et, quand il est retraité, lui permet d'augmenter sa pension. Avec l'approbation de l'État, en effet, une partie de cette pension est transférée à la Croix-Rouge qui, en échange, fournit au retraité un terrain à bon compte. Nous nous chargeons, d'autre part, avec l'aide d'une Société de construction d'intérêt public, de bâtir des maisons ouvrières sur les terrains achetés par les ouvriers. A en juger par les résultats obtenus depuis trois ans, notre rêve n'est pas irréalisable. »

On a organisé cette colonie en une sorte de république surveillée. Pour douze jardins un comité de patronage de deux ou trois dames de la Croix-Rouge est nommé, auxquelles on ajoute deux représentants élus par les locataires et choisis parmi eux. Ces dames viennent visiter leurs « protégés » toutes les semaines, s'intéressent aux enfants et, comme elles sont en relation avec toutes les autres œuvres philanthropiques de Berlin, elles procurent des billets de clinique aux malades et des bons de pharmacie, envoient les enfants débiles dans les colonies de vacances, à la mer ou à la montagne, facilitent en cas de besoin leur admission dans les hôpitaux, entrent en un mot dans la vie de ces hommes fatigués par l'atelier et amoureux de la nature. Les patronats se réunissent tous les huit jours dans une assemblée générale. Chaque semaine, un professeur donne, de cinq à six heures, des leçons de gymnastique rationnelle aux garçons et aux filles. Des jeunes filles, professeurs à l'École normale du Fröbelhaus, organisent des danses, des rondes, des jeux de toutes sortes. Les dames patronnesses participent à tous ces ces jeux avec enthousiasme, racontent des histoires, des contes, des paraboles aux enfants et même aux grandes personnes. Le tout a, bien entendu, un but moral. Les choses sont parfaitement réglées. Des pancartes, écrites à la main et clouées sur des poteaux espacés dans les rues de la colonie, indiquent les jours et les heures des répétitions de chant et des réunions pour les préparatifs de réjouissances. Justement je lis sur l'une d'elles l'annonce d'une fête qui doit avoir lieu dans quinze jours : la fête de la Moisson. Il y aura des récitations d'enfants, des danses, un discours du secrétaire de l'œuvre, et le soir une retraite d'enfants aux flambeaux à travers les rues de la colonie, puis un bal. Tout le monde y assistera, en cérémonie, les grands comme les petits joueront leur rôle dans ces divertissements naïfs. On ne boira pas de vin ni d'alcool, car, dans les petits débits de boissons autorisés là, on ne vend que du lait, de l'eau minérale, du café, du chocolat, de la bière et des cigares. Le lait est très bon, contrôlé par le service d'hygiène, et se vend cinq sous le litre.

Je me suis longuement promené à travers ces jardins sans arbres. De courts arbustes commencent à y pousser, les plantes grimpantes y pullulent. Dans les parterres qui entourent la tonnelle à jour ou la cabane close, dont le toit de carton bitumé est couronné de bois découpé, peint et souvent orné d'emblèmes et de devises, fleurissent des tournesols, des pensées, du jasmin, des marguerites. Certains, plus pratiques, ont planté des groseillers, semé toutes sortes de légumes, raves, céleris, cornichons, choux, haricots, pommes de terre. L'Impératrice, qui possède tant d'arbres, a envoyé, pour faire de l'ombre, sans doute, des plants de fraisier inutilisés dans les serres et les jardins de la Cour.

Nous sommes au milieu de la semaine, et dans la plupart des tonnelles on voit surtout des femmes et des enfants.

J'ai voulu visiter les colonies en pleine activité, et un dimanche je suis allé à Treptow, où se trouve une colonie libre, un peu anarchique même si on la compare à celle de la Croix-Rouge, ordonnée et disciplinée comme une institution d'État. Ici, pas de pavillon officiel pour les réunions du comité, pas de rond-point pour les jeux gymnastiques, pas de professeurs, pas de jardiniers royaux. Tout simplement de petites baraques bâties en vieilles planches de démolition dans des bouts de terrain sablonneux.

C'est vrai que le plaisir de ces pauvres gens est à la fois touchant et triste. Touchant, si l'on ne songe qu'à leur joie propre, mélancolique si l'on pense à tout ce qui leur manque et à tout ce qu'ils pourraient avoir.

L'homme, en bras de chemise, cloue, scie, rabote avec une amoureuse industrie sa pauvre cahute, ou bien, avec des gestes lents, coupés de longs repos, il bêche, retourne la maigre terre, arrose, plante des piquets, tend des filets de fer; la femme, la plupart du temps blonde et placide, le regarde faire, un enfant sur les bras; les autres mioches s'amusent sur la route au cerf-volant, à la balle, ou à courir autour de la cabane.

Je visite l'une de ces bicoques. Elle se compose de deux pièces minuscules : une chambre à coucher avec deux lits, l'un pour le père et la mère, l'autre pour les cinq enfants, et d'un coin pour la cuisine. La cabane est louée à un ouvrier plombier qui gagne vingt-six marks par semaine. Sa femme, toute jeune, gaie, rieuse, porte dans les bras son dernier-né, un gros poupon de cinq mois. L'aîné a sept ans et les parents sont mariés depuis huit ans à peine.

— Pourquoi avez-vous tant d'enfants? fis-je.

— Les cigognes les apportent plutôt aux pauvres qu'aux riches, dit la jeune femme, en riant.

Comme il fait chaud, on fait la cuisine en plein air; derrière la cabane, au-dessus d'un petit poêle de fonte, mijote le café de cinq heures; sur une table, des bols de fer émaillé, du pain noir et du raisiné pour la collation.

La famille vient ici tous les samedis soir et y passe la journée du dimanche. A sept personnes, quoique le tramway ne coûte que dix pfennigs, il deviendrait dispendieux d'y revenir tous les jours, et l'ouvrier demeure trop loin pour obliger sa marmaille à faire le chemin à pied. Il le regrette. Il laisse donc la famille à la maison, et son travail fini, accourt à sa tonnelle pour arroser ses légumes et ses fleurs.

Le soir du dimanche, vers neuf heures, c'est le retour vers la ville; les routes menant aux stations sont envahies par des milliers de femmes poussant des voitures d'enfants, d'ouvriers portant des bébés sur leurs bras, de fillettes et de garçonnets qui suivent bravement, en trottinant, le pas accéléré de leur père.

LE MARCHÉ AUX OIES

UNE EXPOSITION MACABRE

L'oie nourriture nationale. — Friedrichfelde. — Vingt-cinq mille oies débarquent de mauvaise humeur. — D'où elles viennent, où elles vont. — L'engraissage. — Le gavage. — Le marché. — Le bain. — Cinq millions d'oies russes aux yeux bleus.

Exposition mortuaire de Berlin. — Cercueils de rois. — Cercueils de pauvres. — Appareils crématoires. — Les cendres d'une jeune fille. — Ce qu'on voit dans les cercueils. — Les toilettes mortuaires. — Les chapelles ardentes. — Intérieur des cercueils illuminés. — Horreur macabre.

On sait déjà qu'avec le porc l'oie constitue la nourriture la plus commune, je veux dire la plus recherchée des Allemands. Chaque dimanche l'Allemand de situation moyenne mange son oie rôtie. Dans les brasseries, l'oie sous toutes ses formes, est un plat très demandé parce que, d'ailleurs, très copieux. Comme Berlin se trouve être le principal marché de l'Allemagne pour le commerce de ces volatiles calomniés (Octave Mirbeau, chauffeur, n'affirme-t-il pas que sur les routes elles se comportent le plus intelligemment du monde?) j'ai eu la curiosité d'aller les voir, en corps, en leur domaine de Friedrichfelde, village situé à 14 kilomètres de Berlin, en pleine campagne. Là, chaque jour, on les reçoit par wagons de 1,000 ou 1,200 places. Elles sont restées dans ces grandes cages à claire-voie des jours et des nuits, étouffant, caquetant aux stations, le reste du temps rêvant, à quoi? Ce matin-là, elles venaient d'arriver au nombre de 25,000 dans douze wagons, et je n'essayerai pas de vous dire l'étourdissante, l'infinie symphonie de cacards qui accompagna le débarquement de ces dames. Pourquoi braillaient-elles ainsi?

— Elles sont de mauvaise humeur, me répondit le représentant du Syndicat qui voulait bien m'accompagner jusque-là. Songez qu'elles n'ont ni mangé ni bu depuis la frontière russe et que voilà deux fois vingt-quatre heures qu'elles sont parties en petite vitesse. Leur hygiène exige cette diète absolue en voyage.

L'Allemagne ne peut suffire à élever la quantité d'oies nécessaire à sa consommation. Pendant les mois de décembre, janvier, février et mars, elles viennent de la Hollande, dont le climat leur est favorable en cette saison; en avril, mai et juin, l'Allemagne se suffit à elle-même; à partir de juillet, elles arrivent de Russie. Toutes celles-ci, venues de Pologne ou de la frontière orientale de la Prusse, furent amenées à pattes, par les routes, leur nombre grossissant de village en village où les marchands les achetaient en passant. Elles marchèrent ainsi quatre ou cinq jours jusqu'à la frontière; là, après une quarantaine, on les embarqua dans leurs wagons de quatre étages, et les voici au nombre de 25,000, cacardant après leur patrie perdue. On a ouvert les portes des wagons, et elles dévalent le long des galeries de bois inclinées, secouant les ailes, tendant le cou, s'étirant comme des personnes qu'une longue immobilité aurait ankylosées. Le long des quais de débarquement, de vastes bassins remplis d'eau s'offrent à elles; sans tarder, elles s'y précipitent, s'ébrouent et pataugent en criant. Leur bain pris, on les parque dans des enclos où les marchands viennent choisir celles qui leur plaisent, les mettant de côté du bout de leurs longs bâtons recourbés comme des crosses d'évêque. Si elles résistent, elles sont aussitôt saisies par le cou dans la courbure de la crosse et amenées brutalement.

Quelques-unes boitent; d'autres, sans entrain, mélancoliques, paraissent malades; mises à part, elles vont être examinées par un vétérinaire attaché au Syndicat. Les douteuses demeureront six semaines en quarantaine. Les simples éclopées seront gavées pendant une dizaine de jours, puis tuées, et leur viande, avant d'être livrée à la consommation, subira l'examen des experts.

Agées aujourd'hui de six à sept mois, elles pèsent 3 ou 4 livres et valent entre 4 et 5 francs, maigres. Mais on va les engraisser pendant un mois, six semaines, ou même deux mois s'il s'agit d'hypertrophier leur foie, ce qui augmente alors leur valeur. Leur nourriture sera choisie, elles pâtureront l'herbe des prés, et on leur servira aussi la meilleure orge. Elles pèseront alors 12 livres. Si leur appétit ne paraît pas suffisant aux engraisseurs, elles endureront le supplice du gavage; on leur entonnera des boules de farine d'orge, poussées le plus loin possible dans l'œsophage à l'aide d'un bâton, et des mains expertes leur masseront l'estomac pour les aider à digérer. Alors leur prix aura doublé, elles vaudront une dizaine de francs, sans les plumes qui se vendent à part.

⁂

Le marché est terminé. Les gros marchands ont fait leur choix, conclu les contrats. Il faut à présent réembarquer les bêtes et les diriger aux quatre coins de l'Empire. Mais elles résistent et leurs cris sont très éloquents. Ils signifient à n'en pas douter : « Quel métier ! Voilà assez de chemin de fer... Est-ce qu'on ne va pas bientôt nous laisser engraisser tranquillement ? » Le ton de toutes leurs protestations est pareil, continu, grave, souvent violent. Impossible de s'entendre au milieu de ces vingt-cinq mille indignations. Il faut renoncer à parler devant elles. Ces bêtes ne se rendent pas compte de leur force... Pourquoi, me disais-je, se laisser tyranniser ainsi quand on est vingt-cinq mille ? On aurait vite raison de ces quelques gardiens brutaux, plus bêtes à coup sûr que vingt-cinq mille oies.

Cependant, elles cèdent aux coups de bâton et quand l'une d'elles plus sournoise fait mine de s'égarer, la houlette agile et impitoyable a vite fait de la saisir et de la jeter, au vol, dans le tas de plumes blanches, grouillant en ascension vers les quatre étages du wagon. Les gardes les poussent en sifflant pour les exciter à se dépêcher, crient, hurlent plus fort qu'elles, sans plus de raison.

La plupart, d'un air soumis, montent, en se dandinant, la rampe qui les conduit aux étages, baissent le cou à l'entrée et après s'être tournées et retournées, calées sur leurs pattes, avoir lissé leurs ailes du bout de leur bec, se tassent et s'installent commodément, comme des vieilles filles maniaques, pour le voyage. Celles qui eurent la chance ou la roublardise de se trouver à la portière passent leur tête au travers des claires-voies, protestent encore, pour la forme, en ouvrant tout grand leur bec orangé, puis, résignées, rentrent le cou; peu à peu, le concert s'apaise dans un decrescendo : l'émeute est matée, l'ordre règne chez les oies de Varsovie.

Je regarde ce troupeau, cette armée, ce peuple entier d'oies russes qui se contentent de protester verbalement contre les traitements de ces mauvais bergers. Elles ont des yeux bleu de lin, d'une douceur et d'un charme infinis, comme ceux des moujicks, et j'écoute mon guide qui me dit :

— Il en passe ainsi cinq millions par année.

Assez pour élire une Douma.

J'ai constaté souvent que les Allemands, les Prussiens en particulier, avaient le don de l'organisation méthodique. Ce don se manifeste, entre autres occasions, dans leurs expositions et leurs musées. Il existe à Berlin un homme d'une grande intelligence pratique, M. Willner, qui pousse cette qualité jusqu'à la perfection; c'est lui qui créa ce vaste établissement dans le Jardin zoologique où se tiennent périodiquement des expositions locales, régionales, nationales ou même internationales. Au lieu de demander constamment un emplacement à la Ville ou à l'État, il a fondé une société privée qui construisit halls et qui, très habilement, les exploite. C'est qui eut l'idée, dernièrement, de cette saisissante osition de la marine, chef-d'œuvre démonstrat instructif, qui remplit admirablement son but. aravant, il avait organisé une exposition d'élecité, d'autres encore; il projette des expositions Sports, une autre de la Femme et de la Fiancée, l'Hygiène, de l'Alimentation. Ces titres ne disent grand'chose, car on fait partout de ces exposins. Paris en est périodiquement affligé, mais on va pas, le public se décourage, les exposants aussi. st qu'elles valent surtout par l'homme qui les réae. Il faut voir comment M. Willner entend cela, les lle idées qui sortent de son cerveau actif, et surt sa façon de les mettre debout, de leur faire rene leur maximum avec une rigueur, une logique, sens déductif et analytique extraordinaires. Aussi s expositions ne sont-elles pas seulement utiles au mmerce et à l'industrie de son pays, elles enrichisnt les organisateurs; la foule berlinoise les fréquente sidûment comme les étrangers, sollicités par une clame vivante et multiforme, dix affiches brutales, génieuses, forçant l'attention. Que je dise en pasnt que si cet homme consentait à se charger d'une position franco-allemande à laquelle la colonie ançaise de Berlin a pensé, on pourrait être sûr d'un au succès.

*

Cependant, les Allemands n'ont pas seulement des ées pratiques et ingénieuses. Et si un homme part 'une idée fausse, ou baroque, ou absurde, il met à la réaliser la même passion appliquée, logique, méthodique. C'est le cas de celui qui organisa cet été l'exposition mortuaire d'Alexanderplatz.

Oui, des cercueils par centaines, envoyés de tous les coins de l'Allemagne, en tous les bois, en tous les métaux, en sapin, en chêne, en noyer, en ébène, en palissandre, en cuivre, en zinc, en plomb, pour les pauvres et pour les riches, et pour les très riches, et pour les princes et pour les rois. Il y en a de polis, cirés et travaillés comme des buffets; d'autres ornés de poignées et de pieds argentés ou dorés, de croix, d'applications compliquées et symboliques, d'un fouillis de ciselures ainsi que des coffrets de la Renaissance; l'un a 1 m. 20 de hauteur, en laqué blanc et doré à la façon d'un clavecin rococo; à côté, en voilà recouverts de crêpe et de dentelles noires mêlées d'épis de seigle noirs, de bouillonnés, de plissés, de floritures en jais; sur un socle est écrit : « Le chêne de ce cercueil a six cents ans ». Les stalles gothiques ne sont pas plus sculptées.

Qui veut des cercueils d'enfants? Il y en a de toutes sortes, comme pour les grandes personnes, d'une décoration plus ingénieuse encore. En voici incrustés de coquillages; le bois resté visible est peint en imitation de marbre vert; on dirait qu'on l'a laissé cent ans au fond de la mer et que mille coquilles nacrées, jaunes, noires, blanches et pointues sont venues capitonner la pauvre petite boîte. Une large conque marine surmonte le couvercle; sur les côtés se voient des cœurs en mosaïque de bigorneaux; les pieds sont faits de coquilles saint-jacques.

⁂

Mais l'imagination de l'organisateur ne se borna pas aux cercueils. Il se dit que tout le monde ne se fait pas enterrer. Il y a la crémation. Le problème consiste à tenir le moins de place possible après sa mort. On a inventé des sortes de tuyaux de poêle, en tôle galvanisée, où s'entassent, les unes par-dessus les autres, les fioles contenant les cendres de toute une famille. Trente centimètres carrés suffisent à une famille nombreuse. Pour vous encourager à la crémation, vous voyez la jolie petite chose propre que vous deviendrez en sortant du four. Sur un tube de verre de 20 centimètres de haut est écrit : « Cendres d'une jeune fille de dix-huit ans incinérée à Gotha. » Il renferme quelques petits fragments de pierre ponce, bien blanche, tout ce qui reste de la vierge.

Chaque pays a ses modes : l'Italien se met dans des urnes d'albâtre, le Danois dans des boîtes de terre cuite rectangulaires.

Il faut savoir comment on sera brûlé. On vous montre des modèles de fours crématoires complets ; chapelle ardente, gazogène, chambre de mélange des gaz, accumulateur de chaleur, chambre d'incinération et enfin, la chambre de collection des cendres.

Nous arrivons à la partie tout à fait gaie. Nous n'avons vu jusqu'à présent que l'extérieur des cercueils, ce qui ne nous apprenait pas comment nous serons couchés dans ces boîtes si ornées. A l'intérieur de cette bière argentée, dorée, flanquée d'anges et de gueules de lions, frangée d'argent, dont les pieds sont des griffes d'or et les poignées s'ornent de glands d'argent, est posée une figure de jeune fille, en cire, fardée comme pour un bal de noce, les yeux ouverts, le front ceint d'un cercle d'or que retient un voile de tulle; elle est décolletée, un collier de perles s'arrondit sur sa poitrine, ses mains tiennent un bouquet de fleurs d'oranger, ses cheveux noirs sont ramenés sur le côté de l'oreiller.

Voici un autre cercueil de jeune fille, tout blanc, laqué blanc, couvert de broderies blanches, de tulles joliment drapés, de festons, de glands de soie blanche, de fleurs blanches en guirlande, avec une couronne de roses blanches sur le couvercle. Ne voudrait-on pas mourir à dix-huit ans pour reposer dans une telle bonbonnière?

A côté, en contraste, un cercueil tout noir, bois noir, draperies noires, fleurs, feuilles, gui, houx, palmes en acier noirci.

⁂

Ce n'est pas tout de mourir et d'avoir son cercueil. Il faut encore savoir quelle parure on portera pour l'éternel sommeil. Vous voyez l'enchaînement logique et rigoureux des idées du libitinaire! Et c'est ainsi qu'on offre à votre choix une cinquantaine de toilettes mortuaires pour vous, votre femme, vos enfants. Rien n'y manque : suaires, chemises, blouses de mousseline, peignoirs à ruches, bonnets tuyautés, couronnes, bas, pantoufles même. Les jeunes filles auront des faveurs et des nœuds de satin bleu de ciel et des couronnes de fleurs blanches, les enfants porteront de gentilles petites robes de tarlatane à rubans roses.

Tout ceci n'est pas cher d'ailleurs. Les prix sont indiqués : à partir de 1 mark 75, on trouve des costumes d'enfants.

Il y a aussi des couvertures de satin brodé, ornées de mille dessins et fanfreluches pour poser les mains des petits morts et des grands.

Nous avons vu jusqu'ici le spectacle ordinaire de la mort. Nous approchons à présent du grand luxe et de l'aimable fantaisie...

D'abord les chapelles ardentes en noir et blanc. De chaque côté d'une haute croix d'argent qui se détache sur un fond noir, de grands candélabres allumés encadrent le lit de parade avec des sapins dont les caisses sont enveloppées de velours noir. Une couche somptueuse préparée avec les draps, le linceul, les couvertures de satin, les oreillers brodés à volants de dentelle n'attend que vous... La toilette complète est étendue sur le lit, même la chemise, entourée d'une guirlande de lierre. C'est bien tentant...

Tout ceci n'est rien encore à côté de ce que vous ménage le génie déductif et pratique de l'organisateur.

Un cercueil posé sur un tréteau, ressemble extérieurement aux trois ou quatre cents autres que vous venez de voir. Mais le gardien vous appelle avec un sourire invitant, il fait glisser une planchette mobile insérée à la tête du cercueil et sous laquelle apparaît une petite vitre dont la place correspond exactement à celle où se trouve le visage du mort. Il tourne un bouton et aussitôt une lampe électrique minuscule s'allume à l'intérieur de la caisse. L'accumulateur se trouve au dehors.

Un autre genre de bière vitrée est moins commode.

Il faut enlever le couvercle de bois pour voir à l'intérieur, mais alors le corps entier apparaît sous la plaque de verre biseauté qui recouvre la boîte dans toute sa longueur.

Enfin, il y a le cercueil de parade, dont l'une des parois latérales est de verre et par où s'aperçoit le corps, posé sur un capiton de satin bleu.

Pour finir, on passe dans une série de salles remplies des accessoires de la mort : griffes de chimères argentées, dorées, noircies, bronzées, mordorées, oxydées, pour les pieds de cercueils; appliques de métal, anges, bouquets, mains unies, cœurs, rosaces, nœuds, clous, poignées d'argent. Vous trouvez aussi des modèles variés de lettres de faire part, des spécimens de wagons mortuaires avec compartiments voisins pour la famille; des brancards, des courroies, des bretelles de croquemorts pour vous descendre dans la fosse, des corbillards, des arbres entiers, des tas de planches non dégrossies qui serviront à faire votre cercueil (car la pédagogie réaliste allemande exige que tout ceci soit en même temps une leçon de choses).

Éparpillées sur les murs, des réclames répétées pour le café du rez-de-chaussée « où l'on boit d'excellente bière à 10 centimes le verre ».

Le jour où je fis cette partie de plaisir, les gardiens, que la philosophie ne touchait pas, se disputaient entre eux, hurlaient leur colère, donnant un semblant de vie à ce décor macabre. Guillaume II, casqué de plâtre et blanc comme un mort, les regardait de son air sévère.

⁂

Je ne vois une telle exposition possible qu'en Allemagne. L'Allemand, peu intuitif, peu doué d'imagination, vient satisfaire ici sa curiosité d'esprit, ce besoin de voir par soi-même, d'interroger, de vérifier, de se renseigner sur toute chose, qui fait en grande partie le succès des expositions de ce pays. Mais plus que la logique démonstrative des organisateurs, plus que la curiosité et le réalisme d'esprit des visiteurs, cette exposition confirme la constatation que je fis à plusieurs reprises, du peu d'émotivité des Allemands. Un tel spectacle ne remue point leurs nerfs robustes, leur sensibilité ne paraît pas s'émouvoir au rappel de douleurs passées et à l'angoisse de celles à venir. Aurait-on chez nous l'idée de ce spectacle lugubre qui, au lieu d'épurer la pensée de la mort et de laisser l'esprit dans la paix sanctifiante du souvenir, ne lui rappelle que l'horreur et la matérialité du dernier jour?

La passivité allemande supporte tout cela. Elle le supporte si bien, qu'en certaines villes comme Munich, on expose les cadavres dans une grande salle vitrée, à l'entrée des cimetières. Les cercueils ouverts laissent voir, au milieu des fleurs, des palmes, des tulles et des dentelles, les défunts habillés de ces vêtements mortuaires dont j'ai parlé. Des enfants mort-nés, comme des Jésus de cire décolorée, des jeunes filles, fiancées sans doute, couronnées de myrtilles, des femmes coiffées de capotes à fleurs et des vieillards à gilets blancs, tous blêmes et cireux, semblent dormir. Des gens viennent là, dans cette morgue verdoyante et glauque comme un aquarium.

Des bambins montrent du doigt ce cadavre-ci ou ce cadavre-là et font tout haut des remarques.

On pourrait, à la rigueur, expliquer par des préoccupations commerciales l'idée d'une exposition comme celle que j'ai décrite plus haut. Mais exposer aux regards et aux réflexions d'un public indifférent ou simplement avide de curiosité ceux qui, peut-être, furent toute votre joie ou toute votre raison de vivre, les abandonner près des autres morts, comme une chose, à la garde d'employés, de telles mœurs éclairent et précisent mille différences de sensibilité qui, dans le courant de la vie, nuancées et subtiles, vous choquent et vous gênent, en vous rappelant à chaque instant que vous êtes au milieu d'étrangers.

L'HOPITAL VIRCHOW

Un hôpital modèle. — Deux mille malades. — Pavillons séparés. — Arbres, fleurs, pelouses, massifs. — Ordre et propreté. — L'isolement. — Les salles de malades. — Organisation pratique. — Les bains. — Les salles d'opération. — Perfection technique. — Les laboratoires. — L'économat. — Les machines. — Les gens riches se font soigner dans les hôpitaux. — Ce que gagne un médecin en chef. — L'ascenseur funèbre. — La morgue.

Lors du Congrès d'hygiène qui se tint à Berlin l'an dernier, les médecins français eurent l'occasion d'y étudier les hôpitaux et, si l'on en croit les récits qui suivirent, en reçurent une forte impression. Pour moi qui venais de visiter quelque temps auparavant quelques-uns de nos plus vieux hôpitaux, je rapportai de ma visite dans les établissements berlinois, l'idée d'une perfection qui faisait honte à mon patriotisme.

Je voudrais transmettre un peu de cette honte aux hommes qui en sont responsables, c'est-à-dire aux fonctionnaires de l'Assistance publique, aux conseillers municipaux et même aux ministres de la République.

Je sais bien ce qu'étaient les hôpitaux il y a cent

ans, je pense aux paludéens qu'on couchait dans le même lit que les typhiques, aux linges sales qui servaient à essuyer les lancettes et les scalpels. Je sais bien qu'aujourd'hui encore, en Espagne, des chirurgiens mettent des tabliers rouges, afin qu'ils puissent servir plusieurs semaines...

On me dira aussi que, si tout est neuf à Berlin, c'est que sans doute autrefois il n'y avait pas grand'chose; il fut un temps, en effet, où les Allemands allaient admirer les hôpitaux de Paris. Tout cela est juste. Cependant, je ne crois pas inutile de répéter que ce temps est passé et que l'heure a sonné où, si nous voulons tenir notre place dans le « concert de la civilisation », il faut nous mettre à regarder ce que les autres ont fait depuis nous.

A peu près tout ce qu'on voit dans les hôpitaux de Berlin se retrouve dans l'hôpital Virchow, le dernier créé, le plus vaste de l'Allemagne avec celui de Hambourg, puisqu'il peut recevoir 2,000 malades. Je me contenterai donc de décrire celui-là.

L'hôpital Virchow est situé à l'une des extrémités de la ville. En 1892, l'emplacement qu'il occupe était une plaine sablonneuse et stérile. Les travaux commencèrent seulement en 1899 et durèrent sept ans; ils s'élevèrent à vingt-cinq millions de francs, dont quatre pour l'installation. Aujourd'hui, l'établissement, ouvert depuis deux ans et demi, se trouve déjà être au centre d'un quartier populaire où abondent les logements ouvriers, les cités et les lignes de tramways.

On a adopté pour l'hôpital, dont la superficie totale est de 27 hectares, le système des pavillons isolés, préconisé par le grand savant Virchow. Du haut de l'édifice central, qui renferme les services administratifs et qui domine l'ensemble, j'ai compté soixante-deux constructions éparpillées parmi les pelouses bordées d'arbres et émaillées de fleurs.

Le grand portail d'entrée franchi, on pénètre dans une vaste cour carrelée, égayée de parterres, entourée de grands bâtiments de trois ou quatre étages d'une architecture simple, mais point du tout froide ni austère. Les façades, percées de très nombreuses fenêtres avec de petites vitres aux traverses blanches, les toits d'un rouge vif, les murs neufs, le vert tendre des gazons bien soignés où s'épanouissent des géraniums rouges, donnent à cette entrée l'aspect d'une cour d'honneur de château. La partie de l'édifice formant façade sur rue est occupée par l'administration; dans l'aile en retour et à droite, les appartements des médecins; à l'aile gauche, l'école et la demeure des infirmières; en face, les cliniques d'accouchement et de gynécologie.

Au delà de cette cour d'entrée, le coup d'œil est celui d'un vaste parc à la française où des villas blanches aux toits rouges s'espacent régulièrement. Sur une longueur de sept cents mètres, s'étale, au centre, une pelouse rectiligne dont la perspective verdoyante est limitée par le clocher d'une chapelle. Coupé, çà et là, de massifs d'hortensias mauves et roses, ce long ruban de velours vert est bordé, de chaque côté, d'une rangée de platanes et de marronniers, d'un étroit chemin de gravier également planté d'arbres et d'une haie très basse qui en précise la ligne, puis d'une voie asphaltée, presque aussi large que la pelouse centrale, et que longent les pavillons : d'un côté, ceux des femmes; de l'autre, ceux des hommes. Ce sont des constructions blanches peu élevées, sans étages, séparées les unes des autres par des allées perpendiculaires à l'allée centrale, également asphaltées, et entourées de tertres gazonnés peignés avec soin. Sur les côtés des pavillons, des terrasses cimentées, que dissimulent des haies taillées et où l'on accède de la salle des malades par une pente douce, permettent aux convalescents de passer au grand air les journées de beau temps. Avec leur perron de quelques marches conduisant à la porte d'entrée, en plein cintre, leurs fenêtres moyennes mais nombreuses, à petites vitres, égayées de géraniums roses et rouges, leurs murs blancs où rampent des vignes vierges, leur toit de tuiles rouges, elles ont, au milieu des arbres, l'aspect de cottages simples et riants.

Et quelle netteté! quel ordre! Pas un papier, pas un débris. Au pied des arbres, on a placé çà et là des corbeilles et, près des bancs laqués de blanc, des crachoirs pleins d'eau antiseptique. Constamment, des jardiniers ramassent les feuilles ou les brindilles tombées des branches, et l'asphalte des allées est si net que l'on croit marcher sur un tapis de linoléum. Les convalescents se promènent librement dans les jardins, vêtus d'un costume uniforme à raies bleues et blanches, chaussés de laine grise et de sandales de cuir noir; des enfants, habillés de même, s'essayent, comme de petits oiseaux blessés, à voleter d'une pelouse à l'autre; des femmes lisent ou tricotent sur des bancs. C'est le spectacle d'un phalanstère tranquille et confortable, et n'était la souffrance que l'on ne peut s'empêcher de s'imaginer derrière ces murs, on se laisserait aller à souhaiter de telles demeures pour la Cité future.

L'isolement prophylactique est strictement observé dans la région des pavillons de malades. Fournisseurs, ouvriers, tous ceux qui n'appartiennent pas au service direct des hospitalisés, n'y pénètrent jamais. Au delà de cette zone, le long d'allées parallèles à la voie centrale, s'élèvent de grandes bâtisses toujours entourées de gazon et d'arbres : blanchisserie, cuisine, laiterie, salle des chaudières et des générateurs, ateliers, pavillon de désinfection, étables d'un côté[1] ; de l'autre, pavillons pour les opérations, les rayons Rœntgen, les maladies contagieuses, les autopsies, les délirants ; au bout de l'allée centrale, l'institut de pathologie. Les bâtiments des syphilitiques, un pour les hommes, un pour les femmes et les enfants, plus vastes d'aspect que les autres, sont tout à fait à l'écart. A l'extrémité nord, une sorte de parc anglais aux allées sinueuses et ombragées de catalpas, sorbiers, tilleuls et saules pleureurs, pourvues de bancs

1. Outre les 30 énormes chaudières de la cuisine, les 26 fours à rôtir, les bains-marie, etc., l'office renferme un local spécial pour le nettoyage des légumes, des machines pour l'épluchage des pommes de terre, un réservoir à poissons en marbre, une charcuterie avec appareils mécaniques pour la fabrication des saucisses, comme dans les fabriques de Chicago, des caves à conserve avec réfrigérateurs, chambres de salaisons et de saurissage, fabrique d'eau gazeuse, etc., etc. L'eau employée dans l'hôpital est tirée de trois puits tubulaires de 40 mètres de profondeur. Grâce à un système très complet de chauffage et de canalisation, il est possible d'avoir de l'eau chaude à une température de 70 degrés, jour et nuit, et ce dans toutes les parties de l'établissement. Je ne parle pas du service de désinfection qui réalise ce qu'on peut rêver de plus complet, ni des buanderies où se lavent et se repassent journellement 9,000 pièces de linge.

à dossier installés devant des pelouses verdoyantes égayées par le sautillement des merles et des pies. Retraite silencieuse et charmante où les malades peuvent se promener jusqu'à six heures en été; de là, ils aperçoivent la forêt prochaine de Jungferheide. Derrière la chapelle, une place à jouer est réservée pour les enfants.

⁂

Partout, à l'intérieur de ces divers établissements, se retrouvent la même propreté idéale, la même perfection dans les moindres détails. Tous les pavillons, ceux des syphilitiques exceptés, sont construits sur le même modèle. Ils se composent de deux grandes salles de chacune vingt-cinq lits. Les murs sont blancs, aux angles arrondis pour empêcher la poussière de séjourner et décorés discrètement de guirlandes de fleurs, de feuillages et d'oiseaux peints à la détrempe. Il y fait très clair, le soleil aussitôt levé apparaît d'un côté ou de l'autre ; l'été, de grands rideaux jaune clair en tamisent les rayons; le soir, des lampes électriques s'allument à la tête du lit pour ne pas incommoder les malades. Ces lits sont laqués de gris clair ainsi que les chaises rangées à leur pied. Un ingénieux système de roulettes de caoutchouc, qu'une seule infirmière peut adapter au pied des couchettes, permet de les faire glisser sans bruit et facilement jusqu'à la terrasse ensoleillée, par la pente douce dont j'ai parlé plus haut.

Au milieu de la salle, se dressent de petits guéridons, surmontés de plantes vertes et de fleurs sans parfum. Grâce à un système de ventilation parfait, on ne sent aucune odeur. L'air qu'on respire, pris dans le parc, au milieu des pelouses, passe dans une première chambre d'épuration où il laisse une partie des poussières qu'il peut contenir, traverse ensuite un filtre d'ouate qui finit de l'assainir, puis est chauffé dans une dernière chambre, d'où il est distribué dans les diverses sections, selon un dosage savant.

Entre ces deux salles de malades situées aux extrémités des pavillons, il existe une série de pièces de petite dimension disposées de chaque côté du couloir central : la salle de réception où l'on baigne les nouveaux arrivés, si leur état le permet; une pharmacie, un petit laboratoire, deux chambres avec deux lits pour les hospitalisés plus gravement atteints, une à un seul lit pour l'isolement complet; une petite salle d'opérations (pour les interventions qui ne nécessitent pas le transport aux salles d'opérations centrales), très nette avec son lavabo blanc, sa table blanche et son stérilisateur nickelé; une cuisine, une lingerie, une chambre de repos pour la samaritaine de service, un réfectoire pour les malades qui commencent à se lever, deux lavabos pour leur toilette, et enfin deux salles de bains avec baignoires nickelées et douches chaudes et froides. J'y ai remarqué aussi un cadre métallique posé sur quatre pieds, et qui permet de plonger dans la baignoire le malade étendu sur une sorte de lit de sangle mobile que l'on peut soulever ou descendre dans l'eau à l'aide de poulies sans qu'il ait à faire aucun mouvement.

Ainsi se présentent les vingt-quatre pavillons séparés de l'hôpital, répartis, comme je l'ai dit, au milieu de ce jardin salubre et gai.

En dehors de ces pavillons, il faut voir la merveilleuse installation des différents services généraux et des spécialités.

Dans les salles de maternité, l'heure de l'accouchement venue, le lit de la patiente se déplie en deux, ce qui donne toute facilité à l'opérateur. Un berceau est attaché parallèlement au lit même de la mère, par un ingénieux système de crochets. Ici, tout n'est que blancheur : les lits, les rideaux, les carreaux de faïence des murs, le plafond, les baignoires, les costumes des samaritaines. Des fleurs sans odeur égayent la salle ; le soleil pénètre partout.

Les femmes enceintes peuvent venir à l'hôpital six semaines avant leurs couches et y demeurer quatorze jours après. On les emploie dans l'établissement à des besognes douces en attendant leur délivrance.

Le service de bains thérapeutiques est sans égal. Pour le critiquer — car ne faut-il pas qu'on critique? — des gens habitués à considérer les hôpitaux comme des endroits de misère, et qui désirent les voir rester tels, lui reprochent même son trop grand luxe.

A l'entrée du pavillon des bains, une succession de salles carrelées ouvrent sur un atrium central, éclairé par un plafond de verre, et où sont disposées de massives et solides chaises longues, couvertes de simple molesquine rouge. Trois salles de bains russes et turcs, à chaleur humide et à chaleur sèche, se succèdent; leurs murs sont de céramique verte, au centre un divan de faïence de même couleur, des bancs à dossier et des fauteuils de bois blanc. A côté, la salle de bains électriques avec les appareils les plus perfectionnés, celle des bains d'acide carbonique, celle des douches, très grande avec, au milieu, une piscine de faïence luisante où coule une eau limpide, et des lances pour jets tièdes, froids, chauds, ou de vapeur; la salle d'arénation, où les rhumatisants prennent dans de basses baignoires de bois des bains de sable chaud. Enfin, une série de petites salles de faïence blanche avec baignoires nickelées, étincelantes, pour le personnel. Tout cela est si net, si luisant, qu'on se demande si ces appareils servent chaque jour. Mais oui, les malades y viennent tous les matins, de neuf heures à midi. En outre des bains ordinaires et des douches médicales, on donne ici des bains de soleil sous une verrière exposée au midi. Les malades sont coiffés d'un bonnet cerclé de minuscules tuyaux métalliques où circule de l'eau fraîche destinée à les préserver de la congestion.

Il y a aussi un pavillon Rœntgen et un pavillon Finsen où l'on applique les dernières découvertes de ces savants; une section de darsonvalisation et une autre de mécanothérapie luxueusement installée dans une vaste salle bien éclairée. J'en ai vu de semblables dans de petites villes comme Mayence, où les pauvres sont soignés gratis. Une cinquantaine d'appareils permettent aux malades d'exécuter les exercices les plus variés : équitation, course et galop, canotage, natation, bicyclette, travail des diverses articulations, mouvements méthodiques pour redresser les membres déviés, pour apprendre à ceux qui ont perdu toute mémoire locomotrice à refaire leurs premiers pas, suivre un chemin dessiné en noir sur un fond de linoléum rouge, ou monter des escaliers à marches très douces.

Enfin, les deux salles centrales d'opérations doivent être données comme modèles d'installation pratique.

Elles sont précédées de laboratoires, de salles de pansements et de préparation, où l'on endort le malade au moyen d'appareils à narcose, automatiques, très délicats, qui indiquent exactement le dosage d'éther ou de chloroforme. Les murs de la salle d'opérations, revêtus du haut en bas de céramique blanche, peuvent être nettoyés rapidement et facilement à pleine eau. Point d'angles ni de coins, point de tablettes où la poussière puisse se poser. On enferme les narcotiques, les antiseptiques, les stérilisateurs dans de petites armoires creusées à même le mur. Dans des vitrines aussi resplendissantes que celles d'un joaillier, des centaines d'instruments de chirurgie; au milieu de la salle, la table d'opérations. Des réservoirs d'eau distillée et de sérum, scellés dans les murs et invisibles, se vident par un jeu de robinets nickelés; et il suffit de pencher légèrement des bocaux mobiles en verre, pour que l'alcool et le sublimé qu'ils contiennent coulent régulièrement. Tout un côté de la salle est occupé par une large verrière en rotonde qui laisse passer une lumière abondante mais douce au travers de vitres dépolies qu'un mécanisme ingénieux permet d'ouvrir dans toute leur hauteur avec la plus grande facilité. Des lampes électriques enfermées au-dessus de cette baie, dans un plafond de verre, et latéralement, dans la paroi des murs, donnent le soir une telle lumière, multipliée encore par des miroirs et des réflecteurs, que les opérations urgentes peuvent se faire la nuit dans des conditions d'éclairage aussi parfaites que le jour.

❧

Je ne vous parlerai pas de tous les services généraux, aussi magnifiquement agencés que les pavillons de malades et les services spéciaux.

Il existe ici des laboratoires très complets d'histologie, de bactériologie, de chimie, d'électricité; un département de la désinfection où tous les vêtements et tout le linge des hospitalisés sont désinfectés à leur entrée et soigneusement mis à l'abri, et un four où l'on brûle tous les restes des opérations et des autopsies.

J'ai parlé plus haut des cuisines où les hygiénistes les plus exigeants ne pourraient découvrir aucune trace de poussière ou de graisse. Les chaudières reluisent comme de monstrueux bijoux de nickel. La laiterie est un modèle d'organisation pratique et de propreté.

L'hôpital fabrique lui-même les forces dont il a besoin pour le chauffage à eau chaude distribuée dans tout l'établissement, pour la ventilation, les machines, la cuisine, les ascenseurs, la fabrique de glace qui peut en produire 2,200 kilos par jour. La force électrique pour l'éclairage est également fournie par une batterie d'accumulateurs qui alimente 9,350 lampes. 95 postes téléphoniques relient entre elles les différentes parties de l'établissement.

Il faut pour cette ville un personnel nombreux. On peut, en effet, y recevoir 2,000 malades; à l'heure actuelle, on n'en compte que 1,200; 95 médecins et internes les soignent, ainsi que 375 infirmiers et infirmières, dont 230 samaritaines. Le nombre des employés à l'administration, dans les bureaux, services techniques, économat, s'élève à 312. Quand l'hôpital sera plein, il abritera plus de 3,000 personnes : la population d'un gros chef-lieu de canton.

Il y a un revers à tant de perfection : les médecins trouvent qu'en raison du peu d'élévation des fenêtres les salles sont bien tristes, par un temps sombre. On se plaint aussi que l'architecture de tous les pavillons ne soit pas pareille : celui des syphilitiques et des maladies de peau, par exemple, ne devrait pas se différencier, pour ménager le respect humain des malades qui se voient ainsi tenus à l'écart par les autres.

L'absence de couloirs ou de galeries couvertes reliant les divers pavillons rend plus difficile ou quelquefois plus dangereux le transport des patients. D'autres détails n'échappent pas aux praticiens, comme la séparation des malades délirants d'avec les autres, excellente en soi, mais insuffisante. C'est l'isolement individuel qu'il leur faudrait, car, réunis, ils s'excitent et s'exaspèrent. Enfin, remarquons que dans les hôpitaux de Berlin, qui sont municipaux, pas un malade n'est reçu gratuitement[1]. Tous les hospitalisés payent 2 marks 50 par jour. Ceux qui occupent des chambres séparées ne payent pas plus cher; on ne les y met que lorsqu'ils ont besoin de plus de repos. Ce sont les communes qui versent pour les indigents une somme de 2 à 3 marks par jour. Les ouvriers tiennent en général à payer leur hospitalisation pour conserver leur droit électoral, car on sait

1. L'hôpital de la Charité, à Berlin, appartient à l'État.

que les assistés en sont privés. Mais l'existence de caisses d'assurances pour les maladies — auxquelles tous les salariés sont affiliés, — facilite aux pauvres le séjour de l'hôpital.

Les domestiques sont considérés comme pouvant donner 2 marks 50 par jour. Une bonne gagnant 25 marks par mois ne peut être admise gratuitement. Pendant les quatre premières semaines, son patron est tenu de payer pour elle. Au delà de ce terme, elle doit payer de sa poche ses frais de séjour. Un interne me racontait que, voyant une malade en pleurs et lui demandant ce qui l'attristait, en obtint cette réponse : « J'ai reçu ce matin une lettre m'apprenant que mes meubles sont mis sous scellés par l'Assistance publique et vont être vendus si je ne paye pas mon séjour ici. » C'était le bureau d'assistance de sa ville natale qui faisait la saisie, l'hôpital lui ayant réclamé le prix de l'hospitalisation. Or elle était considérée comme pouvant le payer elle-même.

Ce traitement paraît assez peu démocratique et nos mœurs actuelles ne l'admettraient guère. Mais c'est grâce à ce régime que les Allemands arrivent justement à bâtir ces admirables hôpitaux et à les entretenir avec ce luxe de propreté et de confort que tous les pays d'Europe peuvent leur envier. Le temps n'est pas loin où l'on admirait la largesse de la municipalité de Charlottenbourg qui dépensait pour ses hôpitaux 3,000 francs par lit. Aujourd'hui, un lit coûte 7 ou 8,000 francs[1].

Aussi, en Allemagne, les gens riches n'hésitent-ils

1. A la Charité de Berlin, le lit revient à 9,300 francs. On dépense à Paris jusqu'à 10,000 francs par lit.

pas à se faire soigner dans les hôpitaux. L'horreur qu'on a en France, et avec si juste raison, pour l'hôpital, n'a pas ici de raison d'être. En cas d'opération, les gens riches paient 12 ou 15 marks par jour pour leur chambre et les soins. Le médecin en chef qui fait l'opération touche le gros prix[1], l'hôpital perçoit seulement un droit minime pour usage de la salle d'opérations.

Je croyais avoir terminé ma longue et fatigante visite. Mais il me restait à voir la morgue, les salles d'autopsie et d'histologie. J'ai l'horreur profonde du spectacle de la mort, surtout de ces cadavres anonymes et délaissés qu'on traite dans les hôpitaux comme des viandes de rebut, avec un irrespect qui me choque et me bouleverse toujours Aussi je n'insistai pas beaucoup près de l'aimable directeur du Virchow-Hospital, le docteur Ohlmüller, qui, dans son zèle complaisant, tenait à me tout montrer. Cependant nous étions arrivés devant un vaste ascenseur où il me fit prendre place avec lui, en me disant : « C'est l'ascenseur des morts. Il sert à descendre les cadavres dans les salles souterraines où on les autopsie... » L'excellent homme m'a infligé là un supplice dont il ne s'est pas douté...

1. Les médecins célèbres de Berlin sont de gros mangeurs. J'en sais un, accoucheur et gynécologue, qui, taxé pour 300,000 marks de revenus, en gagne le double, de l'avis de ses confrères.

NOTES ET CROQUIS

Le supplice du fiacre berlinois. — Pour monter en ascenseur. — Abreviations de langage. — Le professeur et sa petite poulette. — Défense de s'asseoir. — Le banc et le cadenas. — Un million de pourboires. — Cent mille francs de *danke sehr*. — L'élève consul et l'émigré. — Pourquoi on aime Paris. — La châtelaine de l'Oldenbourg. — L'inélégance.

Je ne connais pas de supplice comparable à celui d'une promenade après le repas dans un fiacre berlinois. Est-ce le trot de ces rosses abruties qui vous secoue ainsi? est-ce l'absence de caoutchouc sur les roues? sont-ce les ressorts, ou le pavage? Je crois que c'est le trot, car à chaque pas de la bête on est projeté d'un côté, puis de l'autre, l'abdomen travaillé comme par un brutal massage, et, véritablement, on souffre. Le cocher, avec sa tête de vieux savant, est peut-être encore plus abruti que son cheval : il estime qu'il va toujours assez vite, et on se sent, pour un temps, devenir violemment son ennemi et celui de sa race.

Il faut se rabattre sur les automobiles. Il y a des quantités de fiacres automobiles à Berlin, électriques et à essence. Les électriques, les « Bedag » se paient à raison de 1 franc les 600 premiers mètres, et 10 pfennigs (c'est-à-dire un peu plus de deux sous) tous les 300 mètres. Les autos à benzine font payer 0 fr. 87 centimes les 600 premiers mètres et 12 centimes les 300 mètres suivants, pour une ou deux personnes. Pour trois ou quatre le tarif augmente très sensiblement.

La plupart de ces autos à essence font un bruit de ferraille ridicule, sentent mauvais, trépident exagérément et sont mal tenus, chose étonnante à Berlin, où la propreté est le plus souvent parfaite. On ne rencontre pas encore beaucoup d'autos privées. Mais de temps à autre votre ferraille croise une de ces magnifiques et silencieuses Mercédès, à l'allure puissante et douce, montée soit par une princesse royale, soit par quelque millionnaire de Charlottenbourg ou de Berlin. Alors la fumée de votre « clou » vous paraît encore plus empestée, et c'est ainsi qu'on n'est jamais content.

Même dans les maisons privées, les ascenseurs ne peuvent être, en règle générale, employés que par le portier. Un de mes amis, changeant dernièrement de logement, trouva dans sa nouvelle maison un ascenseur installé. Mais il fallait une clef pour s'en servir, et le portier ne consentit à lui remettre la sienne que lorsqu'un fonctionnaire municipal venu spécialement lui eut enseigné le fonctionnement de l'appareil. Les répétitions durèrent une demi-heure, et ce ne fut qu'après s'être assuré que le locataire avait définitivement compris la manœuvre, qu'il lui remit sa clef.

⁂

L'imitation américaine ne se constate pas seulement dans la coupe de la moustache, taillée en brosse à dents usée, mais aussi dans la mode des abréviations de langage, poussée, comme on sait, très loin en Amérique, et qui se répand chaque jour en Allemagne.

Les autos électriques s'appellent « Bedag », ce qui signifie : *Berliner-Elektrische-Droschken-Aktien-Gesellschaft*. Le Jardin Zoologique : le Zoo; la *Berliner Zeitung* : B. Z.

Deux personnes discutent d'une affaire, ou prennent un rendez-vous, elles sont d'accord; autrefois, elles disaient : *Machen wir*, qui signifie : c'est convenu. Actuellement, on dit : M. W. qu'on prononce M. V.

Une exposition militaire, maritime et coloniale s'appelle *Deutsche Armee Marine und Kolonial Austellung*, les gens disent : « Allons à Damuka ». Et ainsi pour toutes sortes de sociétés dont les noms n'en finissent pas. Ce qu'il faut remarquer, c'est que jadis les Allemands ne se plaignaient pas de la longueur des mots et des titres. Aujourd'hui, le mouvement des affaires entraîne tout dans son tourbillon, chacun éprouve le besoin d'aller vite, et tant pis pour ceux qui s'empêtrent. Le snobisme s'en mêle, naturellement. Et quand un Berlinois revient de la Riviera, il ne dit pas : « J'arrive de Monte-Carlo », — il est trop pressé pour cela — mais, plus simplement : « J'arrive de Monte ».

Vous entendez très bien un grave professeur dire à sa grosse femme, devant tout le monde : *Hühnchen* (poulette).

A Grünewald, lieu de résidence des Berlinois riches, endroit feuillu, champêtre, aéré, délicieusement fait pour la promenade, on a mis des bancs dans certaines allées, où, *le jour*, on peut se reposer. Mais le soir, ces bancs sont relevés et retenus par des cadenas. Impossible de s'asseoir.

Faut-il rire de cette niche sournoise ou s'indigner de cette imagination hypocrite ?

Il y a, dans un hôtel de Berlin, non le mieux fréquenté, mais le plus habité, un portier qui n'a pas encore quarante ans et qui est millionnaire.

Un million de pourboires, cela représente bien des mains à la poche et bien des mains tendues !

On m'assure que le garçon en chef, ou le chef des garçons d'un grand café de Berlin, *paie* au patron de l'établissement 50 ou 60,000 francs par an le monopole des pourboires. Le salaire de ses aides est à sa charge. Cela représente aussi un certain nombre de *Danke sehr !*

Un jeune Français arrive au consulat de France, à B..., grande ville d'Allemagne que je n'indique que par son initiale, pour ne pas désigner trop publiquement les personnages.

Assis devant son bureau, un jeune vice-consul à peu près de son âge, pourri de chic, le fixe, monocle à l'œil, et lui dit :

— Tournez-vous.

L'autre pense avoir mal compris et ne bouge pas.

— Plaît-il ?

— Je vous prie de vous retourner.

Ahuri, il obtempère.

— Bon. A présent, marchez !

Il marche, croyant à une enquête sur quelque signe particulier de son identité.

— Parfait, conclut notre vice-consul. Vous êtes bien habillé.

Le jeune émigré fut ravi, naturellement, de ce certificat. Mais, une fois dehors, il fit quelques réflexions naïves sur l'avenir de notre représentation consulaire.

⁂

J'ai noté déjà l'enthousiasme des Allemands pour les hors-d'œuvre et la persuasion où ils sont qu'il faut vider les plats de « Vorspeisen » comme on doit vider son assiette à soupe. Quand ils vont en Suède, où il est d'usage d'en servir beaucoup, ils en absorbent tant qu'ils ne peuvent plus manger de viande, à leur grand chagrin — mais que faire... Il en est ainsi d'ailleurs pour le reste des menus en Allemagne et je n'ai pas souvent vu, dans les hôtels, retourner à la cuisine des plats encore garnis.

C'est à Berlin que j'ai recueilli le proverbe suivant

qui confirme justement toutes mes remarques à ce propos :

Lieber den Magen verrenkt,
Als dem Wirth was geschenkt.

Ce qui signifie : « Il vaut mieux se fouler l'estomac que de faire un cadeau à l'hôtelier ».

⁂

Un autre proverbe du même genre est non moins significatif :

Der Mensch ist waser isst.

Littéralement : « L'homme est ce qu'il mange », mais plutôt : « L'homme vaut par ce qu'il mange ».

⁂

Au Restaurant de l'Austellungspark, où je me plaignais d'une salade nageant dans l'eau et le vinaigre, sans assaisonnement d'aucune sorte qu'un soupçon de sucre, le maître d'hôtel me répondit :

— Ici, on mange la salade comme c'est qu'on la donne.

Et il jetait un regard circulaire plein de mépris sur la tourbe qui nous entourait.

Véritablement, on en est encore ici à la « nourriture ».

Ou bien ils font des erreurs dans leur zèle qui sont des crimes. Un de mes amis ne m'a-t-il pas raconté que dans un des premiers restaurants d'ici, chez B..., on leur servit du bourgogne dans de la glace.

Vous demandez de quoi écrire dans un café : une feuille, 5 pfennigs; une enveloppe, 5 pfennigs. En revanche, on apporte un verre d'eau avec toutes les consommations, même avec la limonade, et les malins le font renouveler.

— Pourquoi aimez-vous Paris ? demandais-je à un Berlinois.

— J'aime Paris pour la liberté qu'on y respire. Le sergent de ville n'y est pas un homme qui m'empêche de faire ce que je veux, il m'empêche seulement de faire du mal. Ici, le Schutzmann menace perpétuellement ma liberté, il me contraint à agir comme il l'entend. Vous sentez la différence ?

Un autre me répond :

— J'aime Paris pour la grâce souriante et aisée avec laquelle on vous extrait les billets de banque. Nulle part au monde on ne dépense son argent aussi facilement qu'à Paris. Le miracle, c'est qu'on n'a pas envie de se plaindre.

Un troisième me dit :

— J'aime Paris parce que tout y est de bon goût et la culture très ancienne, ce qui se perçoit dans toutes les manifestations de la vie.

Ce mot de « culture » revient constamment dans les jugements des Prussiens de bonne foi quand ils essaient de différencier nos mœurs des leurs.

Les Prussiens, avec leurs airs sérieux, avec leur sentiment du devoir, leur conscience, leur vie religieuse si développée, aimeraient à s'amuser comme tout le monde; mais ils n'ont pas le « don ». Ils organisent leurs plaisirs avec la même méthode, le même ordre que leurs affaires. Pas de spontanéité vraie, pas d'effusion, pas d'exubérance. Leur calme sang du Nord n'a pas besoin de lutter pour rester froid. Nous autres, dans nos heures sérieuses, il nous semble que nous ne sommes pas éloignés d'être tristes. Écoutez parler les jeunes Français s'ils se trouvent dans un endroit où l'on ne fait pas de bruit :

— On s'embête ici !

Au contraire, j'ai pu observer cent fois, en Prusse, des étudiants, de jeunes employés, calicots ou troupiers, pendant des après-midi et des soirées entières, ne pas dire un mot plus haut que l'autre, ni troubler par des éclats de rire la paix de réunions en plein air ou de bals publics. Voyez-les danser dans les bals des corporations et des sociétés d'artistes, à la Sécession révolutionnaire elle-même : les jeunes filles pourraient y demeurer seules, sans qu'un mot déplacé ou un souffle dans leurs cheveux les effarouche. Ou bien, s'ils sont ivres, ils crient avec fureur, et rien au monde, ni la pudeur, ni la présence des gens, ne peuvent retenir leurs mains...

Quand des Prussiens industriels et commerçants se réunissent pour une fête, me disait l'un d'eux, ils parlent pendant une demi-heure de choses indifférentes. Au bout d'une heure, tous discutent affaires.

— Moi, par exemple, je suis ainsi, ajoutait-il.

⁂

J'ai souvent entendu dire par nos compatriotes que tout, en Allemagne, était en façade. Je proteste contre cette trop facile affirmation. Le sérieux, l'application de l'esprit, l'amour du travail, de l'ordre, la discipline, si profondément inscrits dans le sang de la race, vont plus loin que la façade. Mais ce qui est faux si l'on parle des traits fondamentaux du caractère, devient vrai dès que l'on observe les créations de luxe. Comme la richesse est récente, qu'on a voulu éblouir à tout prix et sans attendre, on a, en effet, commencé par la façade. On continua par l'escalier où tout le monde passe, puis par le vestibule où quelques-uns entrent, puis par les pièces de réception, salon, salle à manger où quelques autres pénètrent, enfin, on va s'occuper de la chambre à coucher où aucun étranger n'a accès. Si l'Allemand avait le goût du vrai luxe, au lieu de se laisser conduire par son désir d'éblouir et d'étonner, il eût commencé exactement par l'autre bout. Et l'on pourrait depuis longtemps dormir dans de bons lits garnis de draps de toile, de bons oreillers et de couvertures.

Comment se fait-il que les Allemands, si pressés de paraître égaler le luxe des autres peuples, se montrent si peu choqués, même dans les milieux riches, de l'inélégance presque générale des femmes? Voyez la différence entre les dames du même rang et de fortune égale de France et d'Allemagne. Une châtelaine de l'Oldenbourg, dont le mari vient de dépenser deux millions pour ajouter deux ailes à son château, apparaît, dans ce décor ambitieux, vêtue absolument comme une concierge : pauvre chemisette de toile mal ajustée, jupe courte inélégante, les cheveux lisses et serrés dans une résille. Les filles de cette comtesse, âgées de dix-sept et dix-huit ans, habillées par leur femme de chambre, fraîches et jolies comme on l'est toujours à cet âge, sont fagotées à l'exemple de leur mère. Le père a ordonné des façades de pierres sculptées ou de granit rose et bleu, des escaliers de marbre, des lustres étourdissants; la seule chose à laquelle on n'ait pas pensé, c'est de mettre la toilette féminine en harmonie avec ce décor.

Même dans les magasins, même dans les ateliers de modes, jusque chez Wertheim, le Louvre berlinois, les demoiselles de rayons n'ont aucune espèce de coquetterie. Pas même la robe noire et le col blanc des filles de Londres. Cependant, l'intérieur du magasin est somptueux, les colonnes tout en marbre, les cuivres des balcons et des rampes rutilent, les lustres étincellent et, dehors, des statues sculptées dans la pierre grise ornent la façade.

CONVERSATIONS

Opinion d'un grand financier sur Paris. — Les banques. — Inhospitalité parisienne. — Conversation sur l'Alsace et la Lorraine. — Le bluff de Bismarck. — La politique machiavélique d'Édouard VII. — La guerre possible. — Supputation de l'importance du désastre. — Trente milliards d'indemnité. — Critique de la finance française. — Un chèque de cinq mètres de long. — Quarante millions en pièces de cent sous. — « Comptez-les ».

Je ne voudrais pas découvrir l'intéressant interlocuteur avec qui j'ai eu la conversation suivante. Il ne m'a pas demandé de taire son nom, mais il ne m'a pas non plus autorisé à le donner. La liberté avec laquelle il s'exprime sur les différents sujets qu'il aborde et qui fait toute la saveur de cet entretien, me fait prendre pour lui cette précaution de le laisser dans l'ombre. Qu'il suffise de savoir qu'il est l'un des financiers les plus importants de Berlin — non israélite, ce qui est assez rare — et que sa haute situation le mêle de très près à la politique économique allemande. Souvent consulté en haut lieu, il révèle bien, par la qualité de ses fréquentations, l'état des esprits dans les cercles dirigeants de son pays.

Je lui demandai d'abord, — car il connaît Paris,

comme on le verra, — quelle différence il fait entre les mœurs financières de chez nous et celles des Allemands. Sa réponse fut brutale. Je la donne toute crue, car elle montre l'idée qu'on se fait en Allemagne de Paris et des Parisiens. Et aussi parce qu'elle contient peut-être, dans son exagération, un peu de critique juste, et que la critique est toujours bonne à entendre quand on veut progresser :

— A Paris, dit-il, on ne travaille pas, on s'amuse : voilà toute la question. Voyez les trois plus grands établissements financiers de Paris, par qui sont-ils dirigés? Par des hommes d'origine étrangère : un Suisse, un Hollandais, un Allemand... Cela ne vous frappe-t-il pas, que ce soient des étrangers, et des étrangers du Nord ou de race germanique, les vraies chevilles ouvrières de votre haute finance?

« Et quelle différence de travail entre nos établissements financiers et les vôtres! La *Deutsche Bank*, la *Dresdner Bank*, par exemple, pour ne prendre que ces deux-là, résument chacune le Crédit Lyonnais et la Banque de Paris réunis, non pour l'importance des capitaux, naturellement, mais pour le genre d'affaires qu'on y traite. Le Crédit lyonnais conserve les énormes capitaux de ses déposants, pour ainsi dire stérilement, alors que nous autres considérons comme un devoir patriotique de faire fructifier les nôtres dans les affaires industrielles et commerciales. Et c'est ce qui vous explique, en partie, l'essor économique de l'Empire allemand depuis trente-cinq ans. »

Il regarda sa montre et dit :

— Nous avons une heure à causer avant le déjeuner. Voulez-vous me faire le plaisir ensuite de déjeuner à mon club avec moi?

Comme je ne suis pas libre ce matin-là, je m'excuse :

— Je le regrette, fit-il poliment, mais je vous prie de noter ce fait : c'est la première fois que je vous vois, et votre seule qualité d'envoyé d'un grand journal français fait que je vous invite à déjeuner à mon club. Or, voilà vingt ans que je vais à Paris, j'ai peut-être fait quatre cents voyages en France sans qu'*une seule fois*, vous entendez bien? mes confrères parisiens, des gens avec qui je traite de grosses affaires, m'aient invité à déjeuner soit à leur club, soit chez eux. Dès le jour de mon arrivée, on me bombarde de coupons de loges de théâtre, c'est vrai ; quelquefois, j'en reçois trois pour la même soirée, à ne savoir qu'en faire, je les distribue autour de moi, mais les attentions s'arrêtent là... Notez que je suis en très bons termes avec tous ces messieurs, et que je ne vois pas là un manque de courtoisie qui me soit personnel. Pas du tout. Je suis absolument certain que c'est ma seule qualité d'Allemand qui me vaut cette réserve.

« Et on dit que votre finance est internationaliste... Que serait-ce si elle était patriote !

« Et tout cela parce que nous avons fait la guerre en 1870, et que le sort nous a été favorable.

— Et peut-être aussi parce que vous avez pris deux provinces françaises...

— Deux provinces qui avaient été allemandes pendant des siècles ! L'Alsace était si bien allemande que notre Gœthe a pu faire ses études à Strasbourg. Metz... la Lorraine, je veux bien admettre qu'on a eu tort de vous la prendre, c'est l'épine à notre pied. Mais vous concevez bien qu'il est impossible à un gouvernement de vous la rendre. A notre place, vous ne la rendriez pas davantage. Le roi de Prusse perdrait son trône s'il essayait... Si nos deux pays se trouvaient un jour ensemble en République, oui, peut-être y pourrait-on songer. Toute la question est de savoir si vous y serez encore, quand nous penserons à nous y mettre, ajouta-t-il en riant.

« En attendant, nous sommes en monarchie, c'est un fait, n'est-ce pas? Allons-nous donc toute l'éternité nous menacer ainsi, nous ruiner en armements inutiles, du moins perdre chacun 500 millions par an, que nous pourrions économiser ou faire servir à de belles œuvres humanitaires ou artistiques, entraver par conséquent la vie sociale et je dirai même la marche de la civilisation, parce que le sort de batailles, qui datent bientôt de quarante années, vous a été défavorable?

— Est-ce bien notre faute à nous? Plusieurs fois depuis 1870, votre Bismarck lui-même nous a menacés de la guerre. Votre Empereur, il y a deux ans, n'a-t-il pas encore, à Tanger, déchaîné l'orage quand tout baignait dans l'huile?

— Croyez-moi, Bismarck n'a jamais eu l'intention de refaire la guerre à la France depuis 1870.

— Voyons, fis-je, c'est historique! On a publié partout les entretiens d'ambassadeurs et les rencontres des monarques...

— Je sais, je sais... Bismarck a voulu, en effet, *faire croire à la guerre*, au danger de vos idées de revanche, il a même voulu en persuader son maître l'empereur Guillaume, mais croyez-moi, je sais ce que je dis, sa politique d'alors était de gouverner les partis allemands avec cette crainte et cette menace.

Pour lui les hommes n'étaient que des pièces d'échecs, il se moquait des hommes et des peuples, de la France comme de l'Allemagne, tout devait servir au triomphe de ses vues, et il y sacrifiait tout, en effet.

« Quant à l'Empereur, il est souvent intempestif, c'est vrai. Mais il est allé au Maroc pour parer un soufflet qu'on voulait donner à l'Allemagne; l'Angleterre, en prétendant traiter avec vous derrière notre dos, cet imbécile de Delcassé affectant de nous ignorer, n'y avait-il pas là une imprudence? au moins quelque exagération dans le dédain? L'Angleterre vous a soutenus à Algésiras parce que vous lui avez donné l'Égypte... Et Suez, qu'elle vous a filouté? Ah! elle est spirituelle l'idée du roi Édouard de nous jeter l'un sur l'autre, et de vouloir ruiner, en même temps, notre marine! Pourtant son calcul peut pécher par la base. La guerre ne sera pas navale... Comment, en France, ne voit-on pas le jeu si clair de l'Angleterre? Les Anglais, c'est historique, n'ont jamais eu qu'un mobile : leur intérêt personnel, immédiat ou lointain. En ce moment, ils tâtent le terrain pour savoir jusqu'où ils peuvent aller avec vous, jusqu'où ils pourront vous engager à leur suite... Car eux, qu'est-ce qu'ils risquent, à être belliqueux? Ils n'ont pas de service obligatoire, et leur marine est la plus forte. La France, elle, risque tout. Il nous paraît, à nous, que nous ne risquons pas autant. L'Allemagne a une confiance souriante en son armée. Elle est sûre de la victoire. Et nous sommes 62 millions d'hommes. Si nous voulons la paix, ce n'est donc pas par crainte, mais bien pour pouvoir continuer notre pacifique labeur de commerçants et d'industriels. Quel effroyable malheur si la guerre éclatait... Même si on veut ignorer quel sera le vainqueur. Cinquante milliards de perdus, plus peut-être, des centaines de milliers d'hommes tués de chaque côté, et, quoi qu'il arrive, la ruine... Des millions d'efforts à reprendre, comme si un cheval avait, en passant, écrasé de son sabot stupide un travail de fourmilière qui durerait depuis cinquante ans...

« Tandis que si vous vouliez être des réalistes précis et raisonnables, comme votre bon sens natif vous le permet, attendre des temps propices pour nous redemander la Lorraine, oublier, d'ici là, que nous nous sommes battus, comme les preux chevaliers du moyen âge après leurs tournois, et décider de travailler ensemble! Nous avons tant à nous apprendre l'un à l'autre! Vous nous enseignerez le goût, l'art, l'art de vivre même, et nous vous montrerons à travailler et à entreprendre. Nous sommes en retard sur bien des points. Notre malheureux pays fut pendant plus de trois siècles le champ de bataille de l'Europe. Rappelez-vous : si les Français pensaient à la succession d'Autriche, si Gustave-Adolphe voulait devenir le chef du parti protestant, si Louis XIV avait des difficultés avec l'Empereur, c'était chez nous que l'on se battait. Notre sol fut ravagé sans cesse. Nous étions pauvres. Pendant ce temps, vous prospériez.

— Quel intérêt aurait donc l'Allemagne à faire la guerre?

— Aucun, je vous l'ai dit, autrement il y a longtemps qu'elle aurait éclaté, vous le pensez bien...

Cette rude franchise me plut.

— Alors, que se passerait-il en cas de guerre

et de nouvelle défaite de la France? Entre nous, je ne crois pas tant que cela à notre défaite, fis-je... Vous avez le nombre, c'est vrai, mais nous sommes meilleurs soldats que vous, plus vites et plus résistants et plus ardents; vos troupiers sont mous et sans initiative, et notre armement est au moins égal au vôtre, — s'il n'est supérieur.

— Vous avez tort, répondit M. X..., car non seulement nous sommes plus nombreux que vous, et de beaucoup, — mais notre organisation vaut dix fois la vôtre. Il y a chez nous un ordre, une régularité que vous ne connaissez pas, dont vous n'avez sans doute pas l'idée. Tout est prévu, et tout sera exécuté selon des prévisions mathématiques, à l'heure et à la minute. Notre mobilisation sera terminée et nos troupes à la frontière avant que votre armée soit en mouvement.

« Nous sommes donc sûrs de la victoire en cas de guerre. Et cette fois nous ne commettrons pas la faute de vous prendre un territoire, une Champagne ou une Franche-Comté... Nous avons assez de provinces réfractaires avec l'Alsace-Lorraine à l'ouest, la Pologne à l'est, le Holstein au nord. Et surtout nous avons assez de catholiques comme cela !

— Que ferez-vous donc, alors?

— Puisque vous avez si facilement payé 5 milliards en 1870, nous vous demanderons cette fois 30 milliards, ce qui vous appauvrira peut-être pour quelques années... Car enfin, malgré votre revenu annuel de 22 milliards, ce sera une saignée sérieuse... Et, comme on dit en France, cela mettra du beurre dans nos épinards.

— Charmante perspective ! Nous retournons aux

guerres des hordes! on se battra pour se nourrir, chassé de son pays par la famine. Heureusement que nous n'avons pas peur...

— J'ai dit que ce sera vous qui nous chercherez querelle.

« Et puis, continua-t-il, nous mettrons aux prises chez vous des prétendants ennemis : l'un au nord, l'autre au sud, ce qui entretiendra en France la guerre civile, et donnera la paix au reste de l'Europe. »

Puis il reprit :

— Ce sont là des cauchemars. Il ne faut pas que tout cela arrive. L'Allemagne et la France unies pourraient gouverner le monde. Nous avons l'esprit d'entreprise, vous avez le goût de l'épargne. Chez nous l'industrie s'est développée si vite qu'elle n'a pas assez de capitaux pour vivre, elle vit de son crédit; chez vous elle est forcée de se restreindre dès que ses capitaux sont épuisés, parce que le crédit n'existe pas, et que l'argent reste dans les coffres.

— N'est-il pas vrai que votre situation financière ne peut qu'empirer? Les économistes, même les vôtres, prétendent que la seule richesse durable des nations ne peut leur venir que de leur sol... Or, celui de l'Allemagne est pauvre... Et si vous êtes destinés à recevoir des autres plus que que vous ne leur donnerez, ne devez-vous pas forcément vous appauvrir?

— Dites tout de suite que l'Angleterre est à la veille de la faillite... Elle n'est riche que de son industrie et de son sous-sol, — comme nous. L'Allemagne a vu ses importations dépasser, en effet, ses exportations de 1 milliard 666 millions; mais les

Turcs nous doivent beaucoup d'argent. De même nous avons prêté de l'argent à la Russie, à la République Argentine, au Chili, au Pérou, au Mexique, à la Chine, au Japon, l'intérêt nous en est servi chaque année. En dix ans, nous avons reçu de l'étranger 1,704 millions d'or, *en solde*.

« Et puis, nous sommes décidés à pousser nos exportations le plus loin possible. En attendant, nous sommes un fabricant qui balance ses affaires et vit sur sa fortune personnelle. »

Un grand banquier de Francfort, ami intime du financier berlinois, fit son entrée dans le bureau où nous causions.

— Tenez, dit M. X..., demandez-lui son opinion.

Mis au courant de la conversation, le nouveau venu dit :

— Je ne comprends pas votre façon de faire, à vous Français. Vous avez deux milliards d'or en circulation, et vous en êtes fiers. Prêté à 6 0/0 à l'Amérique ou à l'Allemagne, cet or vous rapporterait 120 millions par an. Pourquoi perdre ces 120 millions? Il y a là un abus inconcevable ! Vous avez tant d'or en circulation que si vous jetiez à la mer votre argent, vous seriez encore aussi riches en numéraire que l'Allemagne. Je suis sûr que dans cent ans on trouvera barbare notre système de circulation monétaire d'aujourd'hui. »

M. X... fut appelé au téléphone et me laissa avec son ami de Francfort. Il se trouvait qu'il était le chef de la grande banque francfortoise qui avait servi en 1871 d'intermédiaire entre la Prusse et la France pour le paiement d'une partie de l'indemnité de guerre.

— J'avais reçu, me raconta-t-il, un chèque de quarante millions du gouvernement français. Un papier de cette valeur ne se voit pas tous les jours, et nous le conservons à la Banque comme un document historique. Il fallut mettre tant de timbres, tant de timbres, que, de rallonge en rallonge, le chèque finalement atteignit la longueur de cinq à six mètres. Je vous le montrerai. La banque n'avait pas de métal en quantité suffisante pour payer une telle somme, et j'avais envoyé des voitures à la Frankfurter Bank pour en chercher. Puis j'allai à la poste prussienne, et je dis à l'employé que je venais lui verser quarante millions d'argent.

« — Bien, fit-il, donnez. Il faut que je compte.

« — Comptez les sacs, lui conseillai-je.

« — Oh ! non, il faut que je compte chaque sac.

« — Soit, je vais attendre, fis-je sans broncher.

« Or, il y en avait dix voitures pleines. Quand il eut compté plusieurs sacs, il comprit qu'il lui faudrait plusieurs jours et plusieurs nuits, sans interruption, et il me dit :

« — Je crois que je me contenterai tout de même de compter les sacs... Qu'en pensez-vous ?

« Je me mis à rire, et il fit comme moi. »

Quand M. X... fut de retour, je lui demandai :

— Voudriez-vous, en quelques mots, me mettre au courant de la situation de fortune de l'Allemagne ?

— Je vais vous adresser à un homme mieux qualifié que moi pour cela, me répondit-il.

LA SITUATION DE FORTUNE DE L'ALLEMAGNE

Après Iéna. — Bagues de fiançailles en fer. — La France et ses cinq cents ans de bas de laine. — L'Allemand dépense. — Le Français économise. — Pourtant il y a plus d'argent dans les Caisses d'épargne d'Allemagne que dans celles de France. — Crise de croissance. — Réforme projetée des Caisses d'épargne. — Valeurs industrielles et valeurs d'État. — Pourquoi l'Allemagne n'est pas plus riche. — Elle a réalisé de grandes réformes sociales qui coûtent cher. — La consommation individuelle augmente. — Les impôts projetés. — Leur justification.

L'Allemagne vient de traverser une crise qui finit à peine. La prospérité de son industrie subit un temps d'arrêt, son commerce s'est ralenti ; dans les banques, le taux de l'intérêt s'est élevé jusqu'à 7 1/2 p. 100 l'hiver dernier; elles cherchent de l'argent, paient encore 4 p. 100 aujourd'hui et même davantage; le bâtiment subit le contre-coup de ce malaise; les entrepreneurs en profitent pour imposer à leur tour, aux syndicats ouvriers, leurs conditions : on n'a jamais vu une telle obéissance sur les chantiers, les patrons se croient revenus à l'âge d'or.

15.

Et tout cela parce qu'il y a eu, l'année dernière, une crise monétaire en Amérique.

Quelle est donc au juste la situation de fortune de l'Allemagne, pour qu'une telle solidarité soit sensible?

Il ne se passe pas de jour, que je n'entende quelqu'un me dire :

— Ah! vous autres, en France, vous êtes riches! L'Allemagne est pauvre...

Et toujours reviennent ces deux souvenirs restés si vivaces, de l'affreuse Guerre de Trente ans, après laquelle la population était réduite de moitié, dans presque tous les villages détruits; puis des guerres de Napoléon, qui endettèrent les villes pour un siècle, ruinèrent des milliers de grandes familles. J'entends encore le prince de Bülow me racontant ce fait :

— Après Iéna, les fiancés ne portaient plus d'alliances d'or, mais des alliances de fer où était gravée cette phrase : « J'ai donné l'or pour avoir du fer ».

— La France, au contraire, a cinq cents ans de bas de laine derrière elle, me disait le docteur Rathenau. Il faut cinquante ans encore de prospérité à l'Allemagne pour s'équilibrer.

« Oui, la France est riche, mais sa richesse ne se voit pas. L'argent dort dans les coffres-forts des banques. On ne le dépense ni pour se loger confortablement, ni pour s'habiller de vêtements neufs, ni pour boire, ni pour être bien administrés, avoir de belles villes propres, des promenades feuillues et fleuries, des établissements de bains luxueux, ni pour donner des retraites aux vieillards, ni pour encourager l'agriculture, ni... ni..... On le conserve pour qu'il rapporte 3 p. 100 d'intérêt et vivre à ne rien faire.

« L'Allemand, au contraire, vit largement, mange beaucoup, se loge très bien, l'ouvrier s'habille mieux qu'un rentier français, prend des bains chaque semaine au minimum; les villes donnent à leurs magistrats municipaux des appointements de ministres, et partout fonctionnent des caisses d'assurances pour les malades, les infirmes et les vieillards, des asiles de convalescents, et dix autres institutions semblables. Il n'y a pas de mendiants dans les rues, les pauvres sont recueillis, hospitalisés, ou employés, ou pourvus d'une façon quelconque. »

Tout cela est vrai. Et il est vrai aussi que les gens achètent souvent à crédit, que beaucoup de ménages ont de jolis meubles qu'ils n'ont pas payés, que les villes empruntent des millions pour se faire bâtir de superbes théâtres. J'ai même noté à Leipzig deux petits faits assez topiques. On y élève un monument colossal pour commémorer la bataille des Nations et la défaite de Napoléon. Mais on n'a pas le sou pour le terminer, tellement on l'a voulu grand. Et des loteries sont organisées pour trouver l'argent qui manque. Le Musée de la même ville a acheté une belle statue de Beethoven, par Klinger, en marbres de différentes couleurs, ornée de bronzes dorés, de mosaïques, d'une somptuosité un peu barbare. Elle a coûté 125,000 francs, me dit-on. Aussi le public, qui a déjà payé son entrée au Musée, paie-t-il encore un supplément pour admirer la coûteuse statue, cachée derrière un rideau.

Ce sont là des faits symboliques, je ne dirai pas de

la mauvaise gestion — car, au contraire, les villes sont bien administrées, — mais de la hâte des Allemands à jouir et de leur instinct de faire imposant et colossal.

Je me souviens de la protestation indignée d'un jeune et laborieux compatriote bordelais fixé à Hambourg dans le commerce.

— Je trouve dégoûtantes et immorales, disait-il avec une colère non jouée, ces mœurs qui leur font gaspiller tout ce qu'ils gagnent, pour leur jouissance immédiate, sans penser à l'avenir.

Et il me racontait que, le dimanche, il voyait dépenser à des employés, en mangeaille, en beuveries, en chemin de fer, en bateau, en divertissements, pour eux et leur bonne amie, tout ce qu'ils pouvaient gagner dans une semaine. Son indignation était grande. Je me suis souvent demandé depuis s'il ne se mêlait pas un peu d'envie à cette rancune? Peut-être un instinct le poussait-il à prendre sa part de ces réjouissances, pendant qu'une autre passion plus forte l'empêchait de sortir l'argent de sa poche? Qui a raison des économes ou des prodigues? Les uns élargissent leur vie dans le plaisir et la fantaisie, les autres l'étriquent par la privation et le calcul. Mais les premiers jouissent souvent mal et sans choix, et souffrent plus tard de leur imprévoyance; les seconds se sèvrent de toutes les délices avec l'idée d'une sécurité éternelle, et meurent sans avoir rien goûté des joies spontanées de la vie.

Quoi qu'il en soit de ce difficile problème, et sachant d'autre part que les Caisses d'épargne allemandes étaient fort bien garnies, j'ai voulu vérifier si l'Allemand est oui ou non économe, et savoir l'état de son portefeuille. Je m'informai près de deux des plus grandes banques de Berlin, la *Deutsche Bank* et la *Dresdner Bank*.

La première à qui je m'adressai eut un argument auquel je ne m'attendais pas :

— Il est vrai que l'Allemand dépense facilement son argent. Mais à quoi l'homme du peuple le dépense-t-il surtout? A la bière. Eh bien! les deux milliards de francs de bière qu'il absorbe, restent en Allemagne! Ils engraissent les buveurs, mais ils enrichissent aussi un grand nombre d'intermédiaires et de producteurs. Ce n'est pas de l'argent perdu...

« Et si le peuple allemand est moins économe que le peuple français, il économise tout de même. Voyez ces chiffres :

« En Bavière, la progression de l'épargne est saisissante. En 1901, le solde dû aux déposants des Caisses d'épargne était de 430 millions de francs; en 1905, de 592 millions de francs, soit une augmentation de 166 millions de francs en cinq ans. La proportion est à peu près la même en Alsace-Lorraine. En 1900, dans les Caisses d'épargne l'argent déposé se montait à 140 millions de francs; en 1905, à 187 millions, soit 41 millions de plus en cinq ans.

« En Prusse, on comptait, en 1874, dans les Caisses d'épargne, un milliard un quart de francs de dépôts; en 1898, ce chiffre s'élevait à six milliards de francs; à la fin de 1906, à près de onze milliards un quart, c'est-à-dire neuf fois plus qu'en 1874. Et dans toutes les Caisses d'épargne allemandes — excepté le Brunswick — il y avait, en 1905, d'après la statistique officielle, plus de seize milliards de francs en dépôts, contre 10 milliards en 1900.

« Or, on ne trouve que cinq milliards dans les Caisses d'épargne françaises. »

L'orgueil du bas de laine national, en moi se révolta.

— Comment, comment, protestai-je.

— Ce chiffre est pris dans *L'Économiste européen*, c'est-à-dire à la meilleure source française.

A la réflexion, on trouve une raison à cela ; en France, les petites bourses achètent des fonds d'État, des rentes 3 p. 100.

— C'est vrai, me dit mon interlocuteur, et c'est ce qui fait monter les fonds d'État français, comme les fonds publics anglais, tandis que les nôtres restent stationnaires. Chez nous, les valeurs industrielles font une concurrence énorme aux fonds d'État. Nos Caisses d'épargne servent un intérêt de 3 1/2 p. 100 à leurs déposants ; les rentes rapportent 4 p. 100, c'est-à-dire plus que chez vous ; mais l'argent placé dans les affaires rapporte davantage encore, du 5 p. 100, du 6 p. 100, du 7 p. 100, ce n'est pas rare. Je ne parle pas des affaires exceptionnelles, que je pourrais citer, qui dépassent ce chiffre, et montent même au delà. Mais on peut dire que la moyenne des valeurs rapportent de 5 à 7 p. 100.

« Malgré le gros chiffre que je vous ai dit, les Allemands mettent donc *relativement* peu d'argent dans les Caisses d'épargne et achètent peu de fonds d'État. A la fin de l'année dernière, en pleine crise, quand l'argent se faisait si rare, l'intérêt de l'argent était si élevé dans les banques (on payait 4 1/2 p. 100 et on escomptait les papiers de commerce à 7 1/2 p. 100) que le peuple retira son argent des Caisses d'épargne pour le prêter aux banques.

— D'où venait donc cette crise d'or ?

— Elle venait de la crise américaine qui rendit méfiants les possesseurs allemands de valeurs américaines, — car nous en avons beaucoup ! — elle venait aussi du fait que nous envoyâmes 150 millions d'or à l'Amérique en octobre et en novembre ; mais la cause principale, je viens de vous la dire : les capitaux, au lieu de dormir dans les banques et dans les coffres de l'État, comme chez vous, circulent dans l'industrie et le commerce. Cet argent, employé en constructions, en achats de produits, en avances de toutes sortes et qui doit donner plus tard la richesse, se trouve provisoirement immobilisé de cette façon. Ajoutez à ceci que tout l'argent gagné dans les affaires — ou presque tout — y reste engagé pour produire davantage. Chez vous, au contraire, l'argent gagné est, en général, retiré des affaires et « mis de côté », comme vous dites, en rentes, toujours. Arrive chez nous une crise, ce qui reste du numéraire circulant se cache et un arrêt se produit. L'activité productrice de l'Allemagne est telle que, chaque mois, l'argent gagné est absorbé par de nouvelles entreprises. L'Allemagne ressemble en ce moment à une famille dont plusieurs enfants seraient en croissance à la fois ; tous les mois, il faut des habillements nouveaux ! Cela coûte cher aux parents, et, dame ! il y a des moments où l'habillement se fait attendre... C'est l'histoire de notre crise d'aujourd'hui, de celles du passé, ce sera encore celle de l'avenir... Mais il viendra un moment, qui n'est pas très éloigné, où l'Allemagne aura fini sa croissance, et nous serons riches alors comme l'Angleterre et comme la France.

— Quel serait, provisoirement, le remède à un tel état de choses et comment espérez-vous faire monter le cours de vos fonds publics?

— Il faudrait arriver à réformer le régime de nos Caisses d'épargne[1]. En France, quand l'administration de vos Caisses d'épargne a trop d'argent et qu'elle ne sait qu'en faire, elle achète des fonds d'État; je crois même que c'est l'emploi obligatoire des fonds de Caisses d'épargne. Votre Caisse des Dépôts et Consignations procède de même. De sorte qu'on peut dire, tout le pays s'y mettant, le public et l'État, que la fortune publique française est constituée par de la rente.

« Chez nous, il en va autrement. Les Caisses d'épargne allemandes ne sont pas tenues d'acheter des fonds publics, et si elles en achètent, ce n'est jamais que pour une faible partie du total de leurs opérations[2].

« Aussi le ministre des finances de Prusse songe-t-il depuis longtemps à faire voter une loi qui obligera les Caisses d'épargne, comme chez vous, à employer

1. En 1905 les fonds déposés aux Caisses d'épargne prussiennes s'élevaient à 10 milliards 867 millions de francs et ont été placés ainsi :

6 milliards 375 millions (soit 58,60 p. 100) en hypothèques.

2 milliards 855 millions (soit 20,27 p. 100) en valeurs au porteur.

1 milliard 115 millions (soit 10,26 p. 100) en prêts aux communes.

1 milliard 60 millions (soit 0,07 p. 100) en lettres de change.

2. Sur les 2 milliards 855 millions ci-dessus, placés en valeurs au porteur, les placements en emprunts de l'Empire et de la Prusse ne comptent que pour 1 milliard 64 millions, soit moins de 10 p. 100 du total des fonds de Caisses d'épargne.

leurs fonds en achats de rentes. Mais c'est très difficile. Il se produit des résistances du côté des municipalités.

« Cependant, tout l'argent de l'Allemagne n'est pas dans les valeurs industrielles. Il faut tenir compte également de la concurrence faite aux fonds d'État par les banques hypothécaires soumises, d'après une loi d'Empire, au contrôle gouvernemental — ce qui augmente la sécurité de ces institutions — et qui servent, elles aussi, un intérêt supérieur à celui de nos fonds d'État.

« Ajoutez encore la concurrence faite par les emprunts des villes, qui pèsent sur les valeurs de Bourse, encombrent le marché et font monter le taux de l'argent, parce que ces émissions se trouvent coïncider avec l'abondance des valeurs industrielles. En trois ans, de 1904 à 1906, vingt-trois grandes villes de l'Empire ont emprunté, seules, 650 millions de francs destinés à des œuvres sociales utiles et productives : création de tramways, exploitation de l'électricité, des eaux, du gaz, fondation d'hôpitaux, de sanatoria, de bains publics, etc., etc.

« Tous ces chiffres vous montrent comment, sans être pauvres, il nous arrive parfois d'être gênés. C'est qu'aussi nous dépensons plus d'argent que vous. Songez que depuis 1885, soit depuis vingt-trois ans, nos lois ouvrières sur les assurances en cas de maladies et d'invalidité sont votées et fonctionnent. Celle sur les accidents est appliquée depuis 1886 et celle sur la vieillesse depuis 1891. Savez-vous que cela fait par an une moyenne de 461 millions de francs, soit plus de 10 milliards de francs jusqu'à 1906? Or, la France n'a aucune dépense à mettre en regard de celle-là.

Donc, si d'un côté l'argent est employé dans les affaires et dépensé, de l'autre, dans les œuvres sociales, il nous reste peu de possibilité d'économiser.

« Et pourtant, nous économisons! La meilleure preuve, c'est qu'au cours du premier semestre de 1908, des emprunts de l'Empire et des États allemands de 1 milliard et demi de francs furent couverts sans difficultés! Et nous étions en pleine crise monétaire.

« Ajoutez à cela 975 millions de francs d'obligations communales, de gages hypothécaires et d'obligations industrielles, et vous arrivez à près de 2 milliards et demi de valeurs nouvelles introduites à la Bourse de Berlin et couvertes, surtout en Allemagne, pendant le premier semestre de cette année de terrible crise.

« Pensez aussi à l'augmentation des dépôts dans les banques qui ont un capital-actions d'un million de marks au minimum. Ces dépôts s'élevaient, en 1883, à 355 millions de francs et sont montés en 1907, à 3 milliards 303 millions de francs. Les comptes-courants créditeurs dans toutes les banques dont je viens de parler se montaient, en 1883, à 601 millions de francs, et, en 1907, à 5 milliards 509 millions. On pourrait dire que dans ces comptes-courants figurent des sommes dont l'étranger est le créancier, mais à l'égard des dépôts, cette supposition est impossible.

« N'oubliez pas non plus, dans le compte de nos épargnes, les sommes confiées aux sociétés coopératives système Schulze-Delitzsch qui avancent des fonds. En 1896, le chiffre des dépôts s'élevait à 645 millions, en 1906 à 1 milliard 140 millions. En outre,

1 milliard 528 millions sont confiés, comme dépôts, aux caisses coopératives agricoles du système Raiffeisen.

« Vous avez, par ces chiffres, une idée de ce qu'est notre système d'épargne, et vous touchez du doigt la raison pour laquelle nos fonds publics ne montent pas aussi haut que les vôtres. »

Ébloui par ce défilé de milliards, je ne pus m'empêcher de dire :

— Mais alors, qu'est-ce qu'on raconte? Vous êtes riches!

— Je vous ai comparé la situation de l'Allemagne à celle d'une famille en croissance. Notre population augmente, en effet, tous les jours, et l'amour du bien-être croît en même temps. Depuis une génération, l'aisance de toutes les classes de la population allemande s'est développée. La consommation dans tous les produits d'un usage quotidien a grandi. Depuis vingt ou trente ans, elle a augmenté dans des proportions considérables.

« Ainsi, la consommation du froment a passé de 60 à 96 kilogrammes par tête d'habitant, soit 60 p. 100 d'augmentation.

« La viande, de 35 à 46 kilogr., soit 32 p. 100 d'augmentation.

« Le sucre, de 6 kilogr. 3, à 15 kilogr. 1/2, soit 146 p. 100 d'augmentation.

« Le tabac, de 1 kilogr. 2, à 1 kilogr. 6, soit 30 p. 100 d'augmentation.

« Le café, de 2 kilogr. 3, à 3 kilogrammes, soit 30 p. 100 d'augmentation.

« Les fruits du Midi, de 0 kilogr. 6, à 2 kilogr. 7, soit 344 p. 100 d'augmentation.

« Le coton, de 2 kilogr. 38, à 5 kilogr. 0, soit 148 p. 100.

— Et dites-moi pourquoi le gouvernement va vous demander 500 millions d'impôts nouveaux?

— C'est que l'importation en Allemagne n'ayant pas suivi la même marche ascendante que la population, les revenus de douane sont restés en arrière. On produit aujourd'hui chez nous mille objets que nous étions autrefois forcés d'aller chercher à l'étranger. Il en résulte que l'Empire est forcé de suppléer à ce manque de recettes en frappant des produits qui sont, d'ailleurs, bien plus imposés à l'étranger qu'en Allemagne. Ainsi, en Angleterre, les boissons sont imposées de 17 marks 75 d'impôt par tête d'habitant, en France de 9 marks 58; en Allemagne de 4 marks 48 seulement. Le tabac, qu'il est question de taxer aussi, paie en Angleterre 6 marks 32 par tête d'habitant, en France 7 marks 75, et ici 1 mark 43!

« Comparez ces chiffres, et rapprochez-les de ceux que je vous ai donnés tout à l'heure sur la force d'épargne de nos populations, et dites-vous qu'elles pourront supporter de nouvelles charges sans que notre force économique en soit trop diminuée. »

LA SPREEWALD

Les Wendes, race vaincue. — Ils se cantonnent dans la Spreewald. — Lübbenau. — Pas de routes, des canaux. — Voyage nocturne. — Le dimanche à Burg. — Défilé des Spreewalderinnen. — Le baptême, la messe. — Spectacle champêtre.

Les Wendes, tribu slave des Marches de Brandebourg, furent les ennemis acharnés des Germains. C'est dix fois, je crois, qu'ils prirent, perdirent et reprirent Berlin. Finalement les Wendes, vaincus et réduits en esclavage par les chevaliers teutoniques, demeurèrent pendant des siècles à l'écart de la population conquérante qui les méprisait. Aujourd'hui encore, le Germain reconnait fort bien le type wende, à la tête courte et carrée, au poil roux, trapu, au parler rude, qui fait le fond de la population orientale de la Prusse. Les Bavarois et les habitants des autres provinces du Sud revendiquent pour eux le pur sang germanique, prétendant que la Prusse de l'Est n'est pas allemande, mais slave. Le nom de Berlin (qu'on prononce Berline) a la consonance slave, et non la consonance germanique, comme d'ailleurs Ruppin, Plozin, Custrin, etc., villes prussiennes. De là un dédain qui s'étend en effet à tout ce qui est prussien. La langue slave se parlait autrefois jusqu'à Magdebourg, ce qui sert à la fois à justifier l'orgueil historique des Polonais et le mépris de l' « Alt Deutsch » pour les bâtards de l'Est.

Or il paraît que quelques débris de la race wende perdurent à l'est de Berlin avec ses costumes, ses usages et même sa langue. L'endroit s'appelle la Spreewald, la forêt de la Sprée.

C'est, à deux heures à peine de Berlin, une plaine marécageuse où la Sprée, indolente et capricieuse, s'égare en quelques larges voies et en une infinité de canaux naturels. On y vient de la capitale, non pas tant pour s'intéresser aux costumes et mœurs pittoresques, qu'en partie de campagne, pour jouir des belles forêts d'aulnes et de hêtres où les Wendes, jadis, trouvèrent un refuge contre l'invasion des Germains.

Il faut deux jours pour faire l'excursion. En partant de Berlin un samedi après midi, on arrive vers quatre heures et demie à Lübbenau. Là, une barque vous prend et vous conduit, à travers le labyrinthe de canaux, jusqu'à Burg, où il faut assister le dimanche au défilé des femmes de la Spreewald sortant de la messe.

Dans ce pays dépourvu de routes terriennes, la longue barque plate et l'aviron tiennent lieu de diligence, de bicyclette, d'automobile. Les femmes manient la perche ferrée à deux dents avec autant d'adresse et de force que les hommes. Les fournitures se font en barque; le facteur a son canot qu'il pousse lui-même, et l'hiver — l'eau étant gelée — il chausse des patins à longs bouts recourbés, s'arme d'un bâton ferré haut comme lui, pour arpenter, rapide, les ruelles glacées.

Nous suivîmes le programme classique de point en point. Nous nous embarquâmes sur un long canot plat garni de hauts bancs treillagés, mobiles, posés librement sur le bordage. Le batelier se tenait à l'arrière et nous ne le voyions pas.

Alors commença par les forêts et la plaine une longue traversée qui devait durer jusque loin dans la nuit. Des champs de fèves, de pommes de terre, de raves, d'orge et de seigle s'étendaient de chaque côté de la rivière assez large en cet endroit. Les rives étaient bordées d'aulnes bas et de saules. Entre les branches, l'horizon de la plaine apparaissait, découpé par quelques bouquets d'arbres lointains. Pas autre chose; de très loin en très loin, on voyait un homme ou une femme penchés vers la terre. Aucune autre trace de vie.

Pas de bruit non plus. On n'entend que le sifflement des roseaux sous le frôlement du bateau et le « ploc! » argentin de la perche plongeant dans l'eau endormie.

Le ciel gris nacré de nuages cachant le soleil, la monotonie des couleurs, l'absence de fleurs, l'eau immobile où les herbes ondulaient à notre passage comme des anguilles, ce silence absolu, faisaient la solitude étrange et presque inquiétante.

De temps en temps, s'ouvraient, à droite et à gauche de la voie où nous naviguions, des sortes de ruelles d'eau désertes, entièrement couvertes de nénufars barrant pour ainsi dire la route. Le long des rives, s'entrevoyait la perspective des grands arbres aux fûts droits, tandis qu'à un mètre au-dessus de l'eau et des fleurs blanches de nénufars, une buée mouvante, couleur de pâle azur, ondulait lentement comme une écharpe ininterrompue de gaze bleuâtre qu'une main invisible aurait remuée.

Pendant une heure, notre bateau glissa sur ces canaux et nous pouvions nous imaginer transportés vers quelque delta lointain, dans le dédale de ses arroyos. Le crépuscule approchait lentement. Tout à coup, une barque semblable à la nôtre se montra au bout de la perspective. Droite, une forme blanche et fantomatique semblait faucher l'eau d'un mouvement cadencé. L'apparition se précisa, échangea même avec nous un guttural *Guten Abend*. C'était le facteur de Burg rentrant de sa tournée et qui, pour mieux manier la perche, s'était débarrassé de sa tunique.

Une chaleur suffocante alourdissait l'atmosphère saturée d'humidité, les libellules bleues dormaient sur les roseaux, un oiseau traversa le ciel d'un vol silencieux, une brise fit frissonner les orges qui saluèrent avec grâce, et aussitôt de larges gouttes de pluie s'aplatirent sur nos banquettes.

— C'est l'orage, fit tranquillement le batelier. Et il nous passa de grosses couvertures de laine dont nous nous enveloppâmes sous le parapluie tendu.

Les nuages crevaient, les hauts peupliers balancés par le vent nous aspergeaient au passage. Il fallut songer à une retraite. Par une voie transversale, l'homme nous conduisit à l'auberge du prochain village, une maisonnette de bois où des touristes se trouvaient déjà installés. Une douzaine de servantes accortes distribuaient avec prestesse de la bière blanche et du lait mousseux. C'étaient des filles wendes aux mines fraîches et éveillées, vêtues du costume traditionnel : jupe ample et très courte, corselet de velours noir ouvert sur une chemise décolletée et sans manches qui laisse nus les gros bras rouges; coiffe pentagonale de mousseline blanche empesée. Elles allaient et venaient, rapides et rieuses, ce qui suffirait à trahir leur origine non germanique, égayant de leur jovialité la déception des touristes retardés. Ceux-ci finissaient par accepter leur mésaventure avec gaieté et, ragaillardis, s'émoustillaient en suivant, d'un œil patient et averti, la gorge à peine voilée et les hanches des filles wendes qui, je l'affirme, ne trahissaient aucune dégénérescence. Ces femmes n'ont pas la placidité bonasse et passive, d'ailleurs sympathique, des Allemandes; on les sent plus rudes, moins sensibles, plus âpres. Leur brutalité est celle que j'ai remarquée chez les Prussiens de l'Est, à Berlin surtout, dans toutes les classes. Les Bavarois auraient-ils raison? Et les dominateurs actuels de l'Allemagne ne seraient-ils que des Slaves?

L'orage continuait. Des voyageurs arrivaient, les femmes retroussées, les jupons rabattus sur la tête. Trois paysannes, couvertes de serpillières et coiffées de larges chapeaux noirs, s'embarquèrent sous la pluie battante. Nous nous décidâmes à suivre leur exemple pour ne pas arriver à Burg trop tard dans la nuit.

Bientôt après, la pluie cessait. Le soir tomba. L'obscurité s'ajoutant au silence recréa le charme de la première heure. Nous entrions dans des allées mystérieuses, perspectives aveugles d'eau glauque bordée d'arbres noirs. C'était la fière forêt cimmérienne. Les fûts droits s'élevant dans le ciel semblaient les colonnes d'une salle hypostyle gigantesque. Elles se resserraient parfois en un couloir étroit. Nous entrions dans l'île de la Mort...

Qu'on se représente : pendant des kilomètres, le ciel, constamment caché en haut par les ogives closes des aulnes sur les deux rives, n'était visible que par les côtés de cette nef ténébreuse ; l'eau plus sombre encore que le plafond de feuilles, et le silence. Plus nous avancions dans l'allée funèbre, plus s'affirmait la sensation qu'elle ne devait pas finir. Si des chants s'étaient fait entendre dans un village riverain, ou des cris d'oiseaux effrayés, ou le pas d'un daim sur les chaumes fanés, ou même le bruit du vent dans le feuillage... Si quelque chose bougeait au milieu de cette immobilité, si ces fantômes rigides faisaient un geste... Mais pas un tressaillement, pas une palpitation de vie, la barque noire, le batelier noir, le ciel noir, l'eau noire, et nous, blottis au fond de la barque, sous des couvertures noires, qui n'osions parler haut, qui même ne parlions pas du tout pour ne pas briser le silence redoutable. Il nous semblait que notre passage troublait un mystère dont les acteurs se cachaient et se taisaient à notre approche.

Enfin l'ogive des arbres en partie écroulée laissa filtrer une lueur très pâle. Un rayon de lune transforma en grisaille bleutée ce paysage de suie. Des nuages de velours gris où se mêlaient des reflets de satin blanc ne laissaient glisser que des rayons d'argent très doux qui, arrivant à nous à travers l'écran des grands hêtres, venaient se jouer sur l'eau redevenue vivante. L'horreur de tout à l'heure s'était évanouie, le charme nocturne nous saisit, nous enveloppa, nous berça, et il ne subsista du cauchemar que la sensation austère de ce paysage inconnu et lointain.

De nouveau nous traversâmes un village endormi par places, de faibles lueurs scintillaient aux minuscules fenêtres des chaumières dont la plupart avaient l'air mortes. L'écho de voix d'hommes nous arriva. Elles chantaient en chœur l'Hymne national prussien. Puis ce fut une voix de femme blanche, insupportable, vomissant une valse sentimentale du *Baron Tzigane*.

Le charme était rompu, nous arrivions à Burg, — il était onze heures ; nous passâmes une très mauvaise nuit dans une affreuse auberge.

Le lendemain, à l'aube, nous attendions dans le verger la barque qui devait nous conduire à l'église. Nous nous mîmes en route aussitôt pour y arriver avant huit heures.

Quelle douceur que de revoir sous ce soleil joyeux du dimanche le paysage de deuil de la nuit précédente. L'eau verte a des rides de lumière ; les arbres s'y mirent, notre bateau trouble en passant leur reflet ; les fantômes de la nuit sont des arbustes aux fûts sveltes dont les branches s'inclinent ; des oiseaux se poursuivent d'arbre en arbre, au-dessus de nos têtes en piaillant, tout est vert et bleu et doré. On se prend à sourire à la nature comme à un visage ami.

Dans les champs, des paysannes endimanchées allaient d'un pas agile. Je fus frappé de nouveau par leur démarche vive si différente du pas lourd des Allemandes. Coupant au plus court, elles suivaient d'étroits sentiers au bord des ruisseaux, gravissaient les ponts faits de planches légères posées sur quatre pieux qui à intervalles réunissent les rives, et leurs amples jupes semblaient sur le bord des sentiers de gros pavots se dandinant. Sous les robes de toutes les couleurs, rouges, violettes, vertes, jaunes, ornées d'un biais de velours ou d'un ruban de couleur, se voyait fort bien la jambe rebondie jusqu'à la jarretière. Un corselet de velours, un tablier de soie, la coiffe aux longues antennes complètent cette toilette dominicale.

Il faut, paraît-il, à une fille, une dizaine de toilettes pour se marier. Dès qu'elle travaille, la jeune fille épargne en vue de son trousseau. Elle file la laine de ses robes et la toile de ses draps qu'elle enferme, en attendant le mari, dans d'énormes coffres de chêne. Quelques-unes, filles de grands maraîchers qui fournissent Berlin de choux rouges et de raves, sont riches. Les autres s'engagent comme nourrices dès qu'elles ont un enfant; ce sont celles que l'on rencontre au Tiergarten, soignant les riches bébés berlinois. Puis elles reviennent au pays et se marient comme font nos Bretonnes. Une industrie est née de là. Les jeunes filles ambitieuses de s'enrichir n'en ont guère l'occasion au milieu de ces marécages. Elles subissent donc toutes l'attrait de la capitale voisine où depuis longtemps les nourrices de la Spreewald sont haut cotées, autant pour leur réputation de laitières que pour le pittoresque de leur costume. Mais il faut avoir un enfant... Et c'est généralement à l'époque des manœuvres, qui s'étendent jusqu'à Lübbenau, que se décident les futures nourrices. Les parents surveillent leurs filles très étroitement jusqu'au jour où c'est un grenadier poméranien sain et fort qui les poursuit de ses vœux. Alors la surveillance se relâche, et les familles rapidement s'augmentent.

Sur la place de l'église, nous rencontrâmes un baptême. La marraine, revêtue d'un riche costume, le cou engoncé dans une fraise de dentelle large de quarante centimètres, coiffée d'un bonnet aux longues antennes, portait le nouveau-né sous une épaisse couverture qui devait lui permettre à peine de respirer.

A l'église, la messe se lit en allemand et en wende. Les hommes et les femmes séparés, les femmes en bas, serrées sur des bancs comme des fleurs rouges et blanches largement épanouies, les hommes réunis dans une galerie supérieure qui fait le tour de l'église. Tous chantent durant l'office. Les femmes ont des voix affreusement criardes qu'on ne peut entendre sans souffrance.

Après le service religieux et quand les paysannes se sont dispersées à travers les sentiers, poursuivies par les photographes amateurs, les barques de touristes se dirigent vers les deux ou trois auberges espacées sur les rives. Dans les vergers qui les entourent, c'est le spectacle ordinaire de la banlieue berlinoise : des familles, des sociétés s'installent autour de petites tables à nappes blanches et rouges, de gros hommes en manches de chemises de couleur s'éventent de leurs chapeaux ornés de petits bouquets de fleurs, de grosses mères couronnées de boutons d'or, grasses Charlottes de quarante ou cinquante ans, distribuent à manger aux vieilles grand'mères et aux enfants presque encore au biberon.

Les servantes wendes, vives pourtant, ne savent comment répondre aux clameurs; les femmes se décident à se servir elles-mêmes et reviennent de la cuisine chargées de portions de rôtis d'oie et de porc; les hommes, avec des appels furieux d'ogres affamés et les yeux hors de la tête, poursuivent les filles, la fourchette et le couteau à la main, comme s'ils voulaient les manger elles-mêmes, mais se contentent de confirmer une commande qui se fait attendre; des groupes de sous-officiers sanglés dans leurs tuniques bleues aux galons d'or neuf qui viennent de demander — de quel ton! — du poisson, commencent à manger passionnément des fraises qu'ils ont apportées dans du papier; des jeunes filles habillées de mousseline écrivent au coin des tables des cartes postales. Tout se passe le plus simplement du monde. Certains se sont déchaussés complètement pour être plus à l'aise, et marchent pieds nus dans l'herbe; on suspend aux arbres du verger les havresacs, les ceinturons, les vestons et les chapeaux qui gênent. A la fin du repas, un phonographe se met à jouer des marches militaires et des valses, et tous ceux qui ont fini de manger esquissent un pas de danse en fredonnant.

Puis on se rembarque. Le ciel est idéalement pur, un après-midi magnifique s'annonce. J'allume un cigare et je me promets d'être optimiste jusqu'à la fin du jour.

Nous voici de nouveau solitaires au milieu de la forêt qui passe.

Notre bateau est accompagné à présent par le vol silencieux d'essaims de libellules qui glissent comme des dards d'acier bleu et d'or vert et qui s'accouplent bizarrement tête à ventre, sans arrêter leur vol. Une grenouille dort béatement au soleil sur une motte de terre de la rive, une autre vient respirer à la surface de l'eau et à l'approche du bateau plonge en manœuvrant instantanément on ne sait quelle soupape, avec un borborygme qui crève en bulles d'air.

Toutes les heures, qui paraissent longues, on voit apparaître avec joie les cabanes de bois couvertes de chaume, aux façades fleuries de roses blanches, d'un pauvre hameau où des enfants blonds comme du chanvre, pieds nus, en bretelles, jouent au milieu des poules et des coqs sans crier et sans rire; sur le bord, un vieux bonhomme goudronne son bachot, la coque en l'air; une saine odeur d'étable nous arrive et se mêle au parfum des meules de foin; des petites filles nous lancent leurs bouquets sauvages dont on leur jette le prix en nickel dans leur barquette.

Les moindres bruits de la forêt sont des événements, le moindre vol d'oiseau prend une importance. Une cigogne au bec rouge s'est posée sur une meule, une grosse pie blanche et noire sautille dans les roseaux coupés. Une femme en bateau, jeune et de figure jolie, plonge dans l'eau sa perche à deux dents de fer, d'un beau geste ample et aisé; on voit ses jambes chaussées de bottes de cuir, les larges ailes de son bonnet palpitent, elle passe en nous regardant. De place en place, il faut atterrir pour éviter de trop longs détours, alors le bateau est transporté, d'un bras de canal à l'autre, sur des rouleaux de bois. Plusieurs fois aussi nous nous arrêtons aux écluses, près de rustiques moulins couronnés de nids de cigognes échevelés et épineux.

Sur les bords, il reste d'énormes chicots de très vieux arbres qu'on vient de couper et dont le corps débité est là, en grume; les racines dénudées par les pluies et le passage du fleuve se mêlent en inextricables réseaux, comme des paquets de grosses vipères enchevêtrées. Le soleil frappe sur la cime des arbres, mais il fait frais comme dans une cathédrale sur cette large avenue où nous glissons depuis trois heures, car les ramures, lourdes de feuilles, se rejoignent en pavillon au-dessus de nos têtes. Un loriot chante, en haut d'un hêtre; un merle lui répond — si je ne me trompe — et leur dialogue est gracieux et doux. Au lointain, un coucou se parle à lui-même. Une odeur enivrante de feuilles humides, celles dont nous revenions saturés après une journée de cueillette dans les bois de noisetiers, monte aux narines.

Mais bientôt — c'est dimanche — nous croisons des bateaux remplis de promeneurs venus des environs. Les uns, frappés sans doute par la majesté du silence, se taisent; d'autres, plus grossiers, chantent des lieder bachiques, conduits par le plus gros d'entre eux, qui a retiré sa veste et bat la mesure, debout, au milieu de la barque. Un vieux mendiant, à longue barbe comme tous les vieux mendiants, est assis dans un bachot amarré à la rive et moud des airs désuets sur un orgue dont la voix tremblote. Quand un air est fini, il met le zinc perforé de sa machine sur sa tête, pour faire rire les touristes.

D'autres groupes se montrent encore : voici des couples serrés à la taille, les garçons avec des airs naïvement ravis, les filles passives, indolentes, la tête appuyée sur l'épaule du fiancé. Ils sifflent à la tierce un air des *Maîtres chanteurs*. Des « sociétés » ont mis des cerises doubles à leurs oreilles et mangent goulûment des fraises; des familles entières, jeunes filles, gosses en marin bleu, jeunes gens à la moustache rasée; des mères d'un certain âge, la face un peu rouge d'avoir bien déjeuné, se sont couronnées de bluets tressés et de nénufars blancs et jaunes, et font peine à voir. Voici un bateau où ne se trouvent que des jeunes filles en toilette blanche ornée de rubans bleus; elles sont huit toutes pareilles, et le tableau est charmant; elles sourient avec grâce en passant. Cette vision s'harmonise avec l'atmosphère de mystère, de poésie qui nous environne, si nous pensons aux fleurs nouvelles et à ces bouches fraîches de jeunes filles. Mais comme cela devient triste si l'on songe à l'âge de la forêt et à ces mille symboles qui accompagnent notre course lente mais sans arrêt sur ce fleuve, à ce bateau chargé de grâces qui fuit le nôtre sans retour, à ces arbres coupés, à ces vieilles feuilles qui tombent dans l'eau, chassées par les jeunes sèves, et à mille banales fichaises de cet ordre qui vous viennent malgr' ous à l'esprit.

LES « JUNKERS »
VISITE D'UN « RITTERGUT »

Une ligue agricole. — Protection et libre échange. — Deux jours au château de X..., en Silésie. — Gentilhomme campagnard intelligent. — Son bureau, sa bibliothèque. — Quatre mille hectares de terre. — Activité agricole et industrielle. — Condition des paysans. — Une famille d'aristocrates. — Le majorat. — Les vaches et le lait. — Comment se règle le cours des céréales. — Produits de la propriété. — Pommes de terre, betteraves, amidon, alcool. — Des inspecteurs du travail qui inspectent. — Tourbières transformées en champ de betteraves. — Méthode et progrès. — La force de la solidarité.

Les *Junkers* sont les hobereaux de la Prusse orientale, parti puissant, caste fermée et fière qui se vante avec orgueil d'avoir fondé la Prusse et qui reconnaît dans le Roi le chef qu'elle a choisi, à qui elle a promis fidélité, mais non un maître souverain pouvant gouverner selon son bon plaisir. La Chambre des seigneurs de Prusse le lui a montré quelquefois.

Mais le mot « Junker » est un péjoratif qu'il n'est pas poli d'employer quand on n'a pas de raison de dénigrer. Au fond, il signifie gentilhomme campagnard, par opposition aux grands seigneurs des villes et de la Cour.

Je me figurais ces barons terriens d'après les vieilles estampes et la tradition un peu hostile, comme des reîtres robustes et roux de poils, grands chasseurs, grands buveurs, parfaitement ignorants et brutaux, des sortes de Bismarck sans culture, faisant exploiter leurs terres par des intendants à moitié esclaves et des ouvriers complètement serviles.

Or, un soir, dans une grande ville de l'Est, invité à dîner chez un haut fonctionnaire, pour le jour de sa fête, je me trouvai réuni à une douzaine de féodaux posnaniens, silésiens, brandebourgeois et mecklembourgeois, tous en habit ou en smoking, aimables, cultivés, polis, parlant couramment le français, sablant avec désinvolture le Heidsieck-Monopole, mais actifs, sérieux et discutant affaires avec la compétence d'usiniers de Westphalie. A table, je dis mon désir de visiter un *Rittergut*, et de voir de quoi était faite la vie de ces seigneurs de la terre. Aussitôt, l'un d'eux, très aimablement, me donna rendez-vous pour le surlendemain à son château, m'invitant à y passer le temps qui me serait nécessaire pour m'instruire.

La question agraire est provisoirement résolue en Allemagne depuis quatre ans, c'est-à-dire depuis le vote des tarifs protecteurs de l'agriculture.

Durant vingt-cinq ans, le parti conservateur, composé surtout des gros agriculteurs, guerroya pour obtenir cette protection. L'industrie, qui, grâce aux traités de commerce Caprivi, avait pris un essor merveilleux et une puissance réelle dans le pays, luttait dans le parti national libéral contre l'influence des Junkers, exclusivement conservateurs. Mais ceux-ci, se voyant à la veille d'être forcés de vendre leurs biens, comprirent que le salut était dans l'union; ils s'unirent en une ligue d'intérêt (*Bund der Landwirte*), qui prit rapidement une importance politique et eurent un journal à eux. Finalement, les industriels ayant eu tout le loisir, sous le régime des traités de commerce, de se développer à leur aise et de s'armer contre les concurrents étrangers, les agrariens, par un jeu de bascule qui est la politique habile et sage des Hohenzollern, obtinrent à leur tour satisfaction. Pour dix ans, les voilà assurés de vivre.

— Belle victoire! protestent les industriels. On dit que l'Allemagne est un pays agricole, ce n'est pas vrai : elle le fut, elle ne l'est plus. Depuis que sa population a augmenté en de telles proportions, elle ne produit pas plus de 40 0/0 de ce qu'il lui faut pour subsister, en céréales, et en viande comestible. Aujourd'hui, la richesse et la prospérité de notre pays viennent de l'industrie. En tout cas, un fait est indiscutable : tant que l'Allemagne demeura agricole, elle fut pauvre. Voyez aujourd'hui la seule industrie textile qui compte dans le total de notre production annuelle pour trois milliards!

— A quoi sert, disent les libre-échangistes, de faire gagner de l'argent à quelques gros propriétaires de l'Est, de créer ainsi une prospérité factice qui n'enrichit qu'un petit nombre de privilégiés? En France, une telle politique peut encore se comprendre parce que beaucoup de paysans sont propriétaires. Un tiers seulement de la population française habite les villes au-dessus de quatre mille habitants, les deux autres tiers habitent les campagnes. En Allemagne, les trois quarts de la population sont dans les villes, un quart seulement vit aux champs et le paysan n'y est que rarement propriétaire, surtout dans l'Allemagne du Nord où pullulent les grands domaines. Le travail des champs n'a donc pas d'attrait pour l'ouvrier qui voit avec raison la vie plus commode et plus agréable dans les cités peuplées. Et une fois qu'il a goûté à l'existence urbaine, le paysan ne veut plus retourner à sa charrue, il fera plutôt n'importe quoi... Malgré cela, on manque encore de bras dans l'industrie, les chantiers de constructions navales de Blum et Voss à Hambourg demandent trois mille ouvriers; il en faut deux mille de plus à Thyssen pour ses mines de Westphalie.

Je fus exact au rendez-vous donné par le baron de X... Un domestique m'attendait à la gare avec une charrette anglaise. J'arrivai à travers champs et prairies au castel de X..., habitation mi-ancienne, mi-moderne. Une tour blanche, carrée, surmontée d'un toit pointu de tuiles rouges et flanquée de quatre tourelles, en occupe le centre. De chaque côté, un pavillon au toit en mansarde, de deux étages régulièrement percés de fenêtres, avec terrasse au rez-de-chaussée, ayant vue sur un lac qui longe en partie le parc et appartient au domaine. Des arbres gigantesques abritent de leur ombre les tourelles du château. A l'intérieur, deux ou trois salons en enfilade, d'un luxe moderne et simple; une salle à manger lambrissée de bois clair, des corridors et des escaliers ornés de ramures nombreuses de cerfs et de chevreuils.

Voici le bureau du gentilhomme campagnard, sa machine à écrire, ses classeurs, ses dossiers, ses téléphones, un fil direct avec chacun de ses domaines, ses cartons, celui des quittances, celui de la correspondance, celui des statistiques. Voici sa bibliothèque : *L'Alternance des cultures, Soins nouveaux à donner aux terres, Nourriture des bestiaux, Engrais*, etc. Il a fait imprimer des « états », des tableaux avec des colonnes pour enregistrer les récoltes, leur teneur, leur qualité, les moyens de culture des terres, leur rendement, le produit de chaque vente de céréales ou d'animaux. Il lui suffit d'ouvrir un registre pour savoir à un centime près ce qu'il a dépensé de semences, d'engrais, de frais de labourage et de moisson, de battage, d'engrangement pour chacune de ses terres, le prix de vente de ses récoltes, par conséquent le bénéfice net réalisé. Voici une balance pour mesurer le poids spécifique du blé et du seigle qui doivent peser un certain poids, c'est-à-dire être secs, avant d'être envoyés à la meunerie. A côté, un instrument pour couper les grains d'orge et juger de leur qualité, un autre instrument ressemblant à un alambic, pour vérifier si la terre contient assez de chaux. Dans une cour, un pluviomètre et un baromètre destinés à comparer le temps et la hauteur d'eau moyenne tombée ici dans l'année avec les indications analogues d'autres contrées, et voir si ces phénomènes sont en rapport avec l'abondance des récoltes. Des tableaux indiquent jour par jour l'état météorologique du lieu depuis des années. Comme on est très éloigné de la ville, il faut fabriquer son gaz soi-même. Le baron de X... a donc fait installer un petit gazomètre dans un hangar voisin de l'habitation, qui est ainsi tout entière éclairée à l'acétylène.

⁂

Ses propriétés se composent de 2,000 hectares de céréales, blé, avoine, seigle, orge et de betteraves; 800 hectares de forêts, 500 hectares de prairies, 500 hectares de lacs, 500 hectares encore en friche, soit plus de 4,000 hectares. Un joli lot à parcourir en voiture.

Après le déjeuner et une rapide promenade dans les allées ombreuses du parc, un break nous emmène, mon hôte et moi, à travers champs.

— Vous allez voir, me dit-il, en riant, que l'oisiveté n'est pas notre vice. Ma besogne est aussi compliquée que celle d'un ministre d'État. Sans parler des innovations que je risque, l'administration seule du domaine exige une activité continue. Chaque semaine je reçois les rapports des différentes fermes : tant de pommes de terre de telle sorte ont été envoyées à l'amidonnerie, tant de betteraves dosant telle quantité de sucre partiront demain pour la sucrerie; une nouvelle machine agricole a été essayée sur ce domaine et l'on me communique le résultat des expériences. Il me faut vérifier les comptes des exploitations, suivre les cours, etc., etc., bref être commerçant autant que cultivateur et industriel, car je tire moi-même parti de certaines récoltes, celles des pommes de terre, par exemple.

— Pourtant, vous ne pouvez pas être universel...

— Certes, non. Aussi avons-nous des inspecteurs compétents pour chaque partie de l'agriculture. Les uns sont nommés par l'État ou la province, d'autres payés par les syndicats de propriétaires, d'autres à la solde du domaine. Ainsi mes moutons sont inspectés par un fonctionnaire qui surveille des troupeaux dans tout l'Empire; c'est lui qui, en même temps, procure aux propriétaires tous les boucs qu'il leur faut, et qui doivent être différents suivant la race des brebis. J'ai un inspecteur pour mes forêts, qui appartient à la Chambre d'agriculture de la province, un autre pour les laiteries, qui prélève du lait dans toutes mes étables et de toutes mes vaches et qui mesure sa teneur en graisse. Ce contrôle est très utile, car si le lait d'une vache ne fournit pas assez de beurre, on engraisse l'animal et on s'en débarrasse. L'inspecteur des irrigations examine si les canaux d'irrigation, les fossés sont en ordre, si les herbages sont bons, si les mauvaises herbes ne les envahissent pas. Il y a aussi une commission de contrôle des taureaux et des vaches de race, dont le but est d'authentifier les produits, d'empêcher les croisements et de garder les races pures. Un registre est tenu, le « Herdbuch », comme pour les chevaux de sang.

Nous longions d'immenses champs parsemés de blocs énormes de granit et de pierres erratiques.

— Il ne suffit pas ici d'égratigner le sol, il faut le défoncer avec une puissante charrue à vapeur qui ramène à la surface toutes ces mauvaises pierres. On en pave les routes. Le règlement exige que les pavés aient 18 centimètres. Vous voyez qu'on en peut tailler.

Le chemin était en effet de place en place bordé de tas de granit rose, dont les parcelles de mica scintillaient au soleil.

— Quant aux engrais, on les renouvelle tous les ans, sauf la potasse qui dure deux ou trois ans. Je dépense 50 à 60,000 francs d'engrais chimiques annuellement. Les engrais calcaires me coûtent 50 centimes les 50 kilos, plus 30 centimes pour le transport, soit 80 centimes, et il m'en faut 2,000 kilos par hectare. Calculez. L'ammoniaque, que nous employons beaucoup, est encore plus cher.

De chaque côté de la route s'étendaient de vastes champs de lupin, de saratella petite et blanche comme l'aspérule, de moutarde et de sarrasin. Ici, comme dans le Mecklembourg, les champs sont infinis.

— Voyez, me dit mon guide en me montrant du doigt une ferme dans le lointain, voici le type du « Rittergut » normal : 150 hectares de bonne terre autour d'une ferme, le tout cultivé, une petite forêt sur la colline; au bas, quelques maisons de paysans, des champs de céréales, de pommes de terre et de betteraves.

Dans le voisinage d'un grand Rittergut comme celui que possède le baron de X... vivent comme des champignons à l'ombre d'un chêne, des paysans libres, plus ou moins propriétaires. Ceux qui possèdent de dix à vingt hectares de terres travaillent pour leur propre compte, aidés de leur famille, ceux qui n'ont qu'un hectare ou deux vendent leurs journées au seigneur.

Il y a des « Rittergutbesitzer » pauvres. Tant d'années furent mauvaises pour l'agriculture que certains biens sont grevés de plus de dettes qu'ils n'ont de revenus. Mais les Junkers ont la passion de la terre. J'en connais qui pourraient faire rapporter facilement à leur fortune 6 ou 7 pour 100 d'intérêt dans l'industrie ou les affaires, et mener par conséquent une vie facile et libre à la ville, et qui préfèrent exploiter eux-mêmes leurs biens dont ils tirent péniblement

2 1/2 p. 100. Entrés en possession de leur héritage, ils vont suivre pendant deux ans les cours d'un institut agronomique, comme des étudiants, régulièrement, assidûment, et se vouent ensuite à la culture et à l'élevage. Quand le père meurt l'aîné hérite des biens.

En général, on ne les partage pas, car ils se composent d'une ferme, d'étables, de granges et de hangars inséparables. L'aîné doit donc servir à ses frères et sœurs l'équivalent de leur part en argent; s'il n'a pas cet argent, il prend des hypothèques sur son bien. S'il n'en trouve pas, il lui faut vendre. A moins qu'il n'y ait un majorat, car, en Allemagne, l'institution des majorats existe encore dans beaucoup de familles qui possèdent de grands biens. Dans le cas de majorat, le bien demeure tout entier à l'aîné de la famille, de sorte que si le père n'a pas fait d'économies de son vivant, les autres enfants restent sans un sou. En général, les terres de majorats sont riches, car ils ne sont autorisés que sur les grands domaines dont le revenu est assez considérable, de sorte que les autres enfants reçoivent à la mort du père une certaine somme qui ne suffit pourtant pas toujours à leur existence. De là ces œuvres, ces fondations, si nombreuses en Allemagne, destinées à recueillir les vieilles filles nobles ainsi déshéritées et se trouvant, du jour au lendemain, après une vie d'abondance, réduites à un complet dénuement. On parle en ce moment de transformer ce régime abusif : une loi obligerait le fidéicommis, c'est-à-dire le bénéficiaire du majorat, à économiser chaque année sur les profits de son bien une somme suffisante pour l'entretien de ses frères et sœurs.

⁂

Dans un terrain couvert de chaumes, devant lequel nous passions, errait un troupeau de moutons. Le berger distrait laissait son chien s'ébattre parmi les guérets à la poursuite des lièvres. Alors, cessant subitement toute conversation, le baron se leva, furieux, fit arrêter la voiture et, le visage congestionné, les yeux hors de la tête, les deux mains en entonnoir autour de sa bouche pour accroître la portée de sa voix, il poussa trois formidables hurlements qui atteignirent au loin l'oreille du berger. Celui-ci comprit. Il accourut rasant les mottes de terre desséchée de sa jambe boiteuse et, hors d'haleine, sa casquette en main, la figure humble et terrifiée, balbutia des excuses... Dans quel moyen âge vivons-nous encore ici...

Les chevaux reprirent leur trot et mon hôte retrouva son calme.

— Oh! ce n'est pas que les lièvres manquent, fit-il en riant. Pendant la chasse, on en tue cinq cents par jour!

Plus loin, des petites filles, gardeuses d'oies, bergères, blondes comme des chaumes, nous faisaient des révérences, des garçons grimpés sur des tertres, des hommes saluaient bien bas; aux arrêts, des ouvriers slaves venaient baiser la main du maître.

Celui-ci ajouta :

— Les moutons diminuent. Cela coûte trop cher. On ne peut rien faire dans les champs après leur passage. Sitôt le blé coupé, il faut retourner la terre le plus vite possible afin que l'humidité la pénètre mieux. Si je laisse des moutons dans un champ, je ne peux pas retourner le sol et la récolte de l'année suivante n'est pas si bonne. De plus, la viande de mouton ne rapporte guère. Les droits que l'on a mis en France sur le mouton, il y a longtemps déjà, ont diminué chez nous le prix de cette viande devenue commune parce qu'on ne peut plus l'exporter. Et puis l'Allemand ne l'aime guère, le goût lui déplait et ce n'est pas une nourriture profitable aux pauvres gens, dit-on. Quant à la laine, elle nous arrive en si grande quantité d'Australie, avec entrée libre, qu'il nous est impossible de lutter.

« Aussi, je préfère les vaches, les vaches de Suisse et d'Oldenbourg, les chevaux, les génisses, les bœufs excellents pour le travail et l'engraissage.

— Et que faites-vous de tout votre lait ?

— Je l'envoie à Lissa, car nos paysans ont maintenant oublié l'art de faire beurre et fromage. Il y a plusieurs années, tous les propriétaires de la région créèrent une société pour la vente du lait et sa transformation en beurre, fromage et tourteaux. Depuis, les baratles ont disparu de nos fermes. Moi-même, j'achète mon beurre à la ville.

« Toutes les bêtes que vous voyez, reprit mon hôte, sont vaccinées annuellement. J'ai essayé sur les veaux, il y a deux ans, le bovo-vaccin de Behring contre la tuberculose, tous sont restés saufs. Depuis cinq ou six ans je vaccine les porcs et je n'ai plus d'épidémie, tandis que mes ouvriers qui se refusent à cette innovation perdent leurs porcs comme autrefois. »

Il fallut visiter les granges où séchaient les récoltes de seigle, de froment, d'orge et d'avoine.

— Voilà la provision pour la vente et voici la réserve pour les semailles. Maintenant je vais échantillonner mon orge, mon blé, les envoyer à de nombreux marchands et me décider pour celui qui paie le mieux. De l'orge, j'espère tirer 20 fr. 50 au moins les 100 kilogs et 17 fr. 50 du blé.

— Et qui règle les cours?

— Il existe une commission de contrôle du prix des céréales, créée par les cultivateurs et reconnue par l'État. Elle veille à ce que les prix qui paraissent dans les journaux soient bien les chiffres vrais. La ligue des cultivateurs a persuadé le gouvernement de la nécessité de créer cette commission. Il s'y refusa d'abord, voulant laisser toute liberté au commerce; puis il céda. Le gouvernement nomme donc, pour surveiller le marché, des contrôleurs bénévoles parmi les propriétaires et parmi les marchands; il en existe à Lissa, Posen, Breslau, dans tous les marchés de céréales.

Nous longeons des champs infinis de pommes de terre.

— A l'automne, me dit mon hôte, je dépense près de 3,000 francs de salaires supplémentaires par semaine, simplement pour l'arrachage des pommes de terre, avec des salaires de un franc par jour. Ma récolte se monte à 5 millions de kilogrammes.

— Qu'en faites-vous?

— Trois millions de kilogrammes sont employés à la fabrication de l'amidon, le reste sert à la nourriture des ouvriers, des bestiaux, et à la semence. Ma récolte de betteraves se monte à deux millions de kilos. J'ai en moyenne 700,000 kilos de seigle et 300,000 kilos de blé, d'avoine et d'orge. Tout cela est vendu.

— Pourquoi faites-vous de l'amidon plutôt que de l'alcool, avec vos pommes de terre?

— Voici. Si on a beaucoup de prairies avec ses champs de pommes de terre, il est plus avantageux de fabriquer de l'amidon parce que les eaux résiduaires de la fabrique d'amidon sont très riches en engrais, tandis que les eaux d'une fabrique d'alcool ne sont guère utilisables.

« Et puis la fabrication de l'alcool n'est pas assez avantageuse pour les grands propriétaires, on la charge d'impôts énormes qui augmentent proportionnellement à la production, afin de la restreindre probablement. Je préfère fabriquer l'amidon. Je vous montrerai tout à l'heure l'amidonnerie que j'ai installée sur un de mes « ritterguter ».

— Et des betteraves, qu'en faites-vous?

— Je n'ai pas à m'en occuper. Un syndicat de betteraviers de l'Est dont je fais partie a fondé une sucrerie, l'une des plus grandes d'Allemagne. Quand ma récolte est prête, j'envoie à cette fabrique quelques échantillons de mes différents produits. Le lendemain, une lettre m'annonce que les betteraves de telle propriété contiennent tant pour cent de sucre, celles de ce domaine telle proportion. Avec l'estimation totale des wagons que je me propose d'expédier, je suis tout de suite renseigné sur la valeur de ma récolte. De plus, l'analyse m'indique si mes terres ont été engraissées suffisamment pour m'assurer le maximum de rendement en sucre. C'est là un précieux renseignement pour la récolte suivante.

Au bout d'un vaste étang s'élève l'amidonnerie.

— C'est ici que je transforme mes récoltes de pommes de terre, me dit le baron de X... Organisation très simple, comme vous pouvez voir.

25,000 kilos de pommes de terre arrivent chaque jour en temps de fabrication, car l'usine est petite. Les voitures sont déchargées et les pommes de terre descendent par une rigole dans une vaste passoire où elles sont lavées à la machine, puis portées automatiquement dans un broyeur et dans une série de grandes cuves à l'intérieur desquelles se trouve une meule qui achève de les écraser. L'amidon tombe au fond; on le nettoie, puis on le sèche. Tout ce qui n'est pas fécule monte à la surface, est entraîné par l'eau; on conserve ces résidus pour les bestiaux. Quant à l'amidon, l'agronome l'envoie, comme ses betteraves, à un *verein* qui le vend, ainsi que celui de quantité d'autres fabriques. Le meilleur va en Angleterre.

Nous nous promenions au bord d'un lac aux rives plates où ondulaient des roseaux.

— Cette eau actionne la fabrique, m'explique mon guide, mais, comme nous ne laissons rien perdre, les poissons des trois lacs sont envoyés à Lissa ou à Breslau.

Tout près de l'amidonnerie se trouvaient des maisonnettes d'ouvriers nouvellement construites et encore inhabitées, bâties de briques et contenant deux petites pièces au rez-de-chaussée, une cave pour le lait et les légumes, une pièce au premier étage et un grenier commun à plusieurs familles où chacune d'elles dispose d'un compartiment pour sécher le linge. En face, une étable pour le porc et la chèvre.

Presque toute la colonie est polonaise; seul le maréchal ferrant et quelques employés sont Allemands.

— N'est-ce pas très bien installé? fit mon compagnon. Oh! je sais bien que dans dix ans, ces gens-là demanderont davantage... Pour l'instant, ils sont très contents. Mais le gouvernement les gâte. Voyez les expositions d'habitations ouvrières et de mobiliers... C'est d'un luxe!...

Et pourtant, comme elles étaient tristes, les pauvres maisonnettes, perdues dans cette grande plaine, près de l'étang solitaire, sans verdure.

Plus loin, quelques hameaux d'ouvriers s'échelonnaient sur notre route, groupement de masures sordides, aux murs faits de moellons empilés, au toit couvert de lichens et de mousse, au sol de terre battue. Des femmes enceintes, pieds nus, un marmot sur le bras, se tenaient debout au seuil des chaumières. Près d'elles, des bambins vêtus de loques ou de vêtements trop grands pour eux grouillaient pêle-mêle avec les poules familières et les porcs, qui envahissaient librement les maisons.

Le personnel d'exploitation courante des différents domaines du baron de X... se compose de 2 à 300 personnes comprises dans 125 familles environ. Au moment de la moisson, il fait venir des ouvriers supplémentaires en grand nombre.

De quoi vivent ces gens? Comment sont-ils payés? Nous sommes ici en pleine Prusse féodale et agricole. Le lieu est bien trouvé pour se renseigner sur l'existence moyenne du vrai paysan de l'Est.

Les ouvriers agricoles sont payés, en argent, cent marks par an (125 francs), versés par trimestre. Ils doivent être mariés et la femme doit aider l'été à la moisson, l'automne à la récolte des pommes de terre, l'hiver au battage du blé. Si l'ouvrier n'a pas de femme, il lui faut un enfant en âge de travailler comme aide, un fils ou un neveu. Quand la femme travaille, elle est payée 75 centimes par jour l'hiver et 1 fr. 25 l'été, les jours étant plus longs. En outre, les ouvriers reçoivent annuellement pour leur subsistance 1,250 kilos de céréales mélangées, orge, blé, seigle, 3,000 kilos de pommes de terre, du bois et du charbon pour une valeur de 60 marks. Ils ont la jouissance de 1,250 mètres carrés de terrain pour cultiver leurs légumes, choux, betteraves, et la nourriture de leurs animaux, généralement une chèvre et une vache. Parfois le seigneur leur nourrit deux chèvres et une vache, ou bien leur fournit une quantité de lait égale à ce que peuvent donner journellement une vache ou deux chèvres. De plus, dans leur étable, ils engraissent deux porcs ; généralement, ils en vendent un et salent l'autre pour leur consommation.

Ils ont aussi le droit d'avoir des poulets, qu'ils logent chez eux parce que les poules pondent plus à la chaleur. En cas de maladie, les médecins et les médicaments sont gratuits.

— S'ils meurent, ou quelqu'un de leur famille, me dit mon hôte, le menuisier du hameau fait généralement le cercueil avec nos planches ; nous laissons faire... et la famille n'a qu'à payer le pasteur.

— Et ils se contentent de cela ?

— Mais certainement ! Remarquez que ce que je

leur sers en produits suffit à leur subsistance. Ils mangent surtout des pommes de terre et de la graisse, par goût. Les ouvriers polonais ne mangent même jamais de viande chez eux, mais si nous les prenons comme domestiques dans nos fermes, ils en exigent, surtout quand ils reviennent de l'armée où ils furent habitués à un ordinaire plus copieux. Je crois pourtant que si les cours des céréales continuent à être bons, les salaires ouvriers augmenteront un peu. Car beaucoup s'en vont en Westphalie ou aux mines de Silésie pour gagner trois ou quatre marks par jour, ce qui leur paraît une fortune. Mais ils nous reviennent... J'en ai déjà trois ou quatre qui n'ont pas voulu rester là-bas. Ils ne savaient pas que le travail des forges et des mines était si fatigant. Ils voulaient bien gagner quatre marks par jour, mais travailler comme ici... Finalement ils préfèrent la sécurité du labeur des champs qui leur supprime le souci. Aux mines, si l'ouvrage diminue, au bout de quinze jours on les renvoie, il faut qu'ils aillent chercher ailleurs du travail continuellement. Ici je les engage le premier octobre pour le premier janvier par un contrat d'un an. Ils viennent trouver l'inspecteur, demandent à voir l'habitation qu'ils occuperont. Le contrat signé, on va les chercher à la gare prochaine, eux, leurs femmes, leurs enfants, leur chèvre, leur poêle et leurs meubles. S'ils sont contents, ils restent : 3 p. 100 s'en vont, leur engagement fini. Quand ils deviennent vieux, nous les conservons, nous les nourissons, les logeons.

« Je dois payer pour chaque ouvrier que j'emploie 10 pfennigs par semaine, et l'ouvrier lui-même verse autant à la Caisse des retraites, soit 5 marks par an. En fin d'année, je lui rembourse ses 5 marks que je place en son nom à la Caisse d'épargne.

— Et quelles sont vos autres obligations? fis-je.

— Oh! j'en ai, croyez-le : d'abord l'impôt sur le revenu, puis l'impôt de district, puis les impôts communaux, puis les contributions pour les écoles et celle pour l'église dont le 1/3 est payé par les habitants et les 2/3 par moi.

« Nous sommes en butte à une surveillance et à une critique permanentes de la part des inspecteurs du travail. Pour éviter les accidents à la fabrique, dans les fermes et jusque dans les champs, nous sommes tenus de fixer les échelles aux murs, d'avoir des échelles aux pieds pointus, les voitures de foin doivent être liées d'une certaine façon, que sais-je encore!

— Vous ne trouvez pas cela vexatoire?

— Non, fit-il, en souriant. C'est un peu méticuleux, si vous voulez, mais nous savons bien que le principe est bon, que la loi est la loi, et qu'il faut y obéir.

Nous quittâmes l'amidonnerie pour un rittergut voisin, acheté il y a douze ans et environné de tourbières. Des topinambours en fleurs dressaient leurs tiges hautes et serrées, traçant des raies d'or dans les champs dénudés.

— C'est un petit luxe que je m'accorde pour la chasse, fit mon hôte. L'hiver, les faisans s'y abritent et mangent les graines. Au moment de la chasse on rase leur refuge et les tiges servent de nourriture aux bestiaux.

Bientôt, nous fûmes au milieu des *moorkultur*, c'est-à-dire des cultures en tourbières.

— Quand j'achetai cette propriété, continua-t-il, la plupart des champs qui l'entouraient étaient incultes. Aujourd'hui, ils me donnent mes plus belles récoltes. L'amélioration des terrains, il est vrai, m'a coûté plus cher que l'achat, mais les résultats obtenus valent bien ce sacrifice. Pour rendre ces terres fertiles, il suffit de protéger contre les intempéries la tourbe, qui en elle-même est très riche en principes nourriciers. Quand il gèle, la tourbe fait éponge, elle se gonfle, et les racines des plantes s'arrachent. L'été, elle s'échauffe trop aux rayons du soleil. Mais si on la recouvre de sable, tous ces inconvénients disparaissent. Voyez-vous cette colline, là-bas? Je l'ai achetée à un paysan. C'est de là et de cette forêt voisine que fut extrait tout le sable nécessaire pour recouvrir ces vastes champs, qui, il y a quelques années, étaient des tourbières. Des wagonnets courant sur des rails installés exprès emportèrent le sable à toutes les extrémités. Quinze centimètres d'épaisseur suffisent pour protéger la tourbe; la charrue, en labourant, ne va pas plus loin.

Nous traversions des champs de colza nouvellement semés :

— Venez voir, fit le propriétaire.

Et, du bout de son fouet, il se mit à creuser le sol. A quinze centimètres, sous la couverture de sable, la tourbe apparaissait.

— Ce champ a vingt-cinq hectares, c'est ici que j'ai récolté l'an dernier mes plus belles betteraves, et là-bas, dans ce champ de cent hectares, d'un seul tenant, un froment superbe.

— Et qui vous donna l'idée de cette amélioration?

— Oh! elle n'est pas nouvelle. On l'a découverte en Saxe, il y a quarante ans. Depuis, beaucoup de pays adoptèrent cette méthode. L'an dernier, un propriétaire de Hollande vint visiter mes *moorkultur* afin de les essayer sur ses terres marécageuses.

Je commençai à me convaincre que l'agriculteur allemand n'est pas le propriétaire paysan ou l'aristocrate oisif que j'avais imaginé. Je le voyais maintenant passionné de progrès, éleveur, agronome, météorologiste et géologue, fabricant, pisciculteur, chasseur, et commerçant fort avisé. Je me rendai compte non seulement de l'amour du Prussien pour sa terre, mais aussi des efforts admirables, parfois héroïques, qui transformèrent les sables poméraniens et les tourbières brandebourgeoises en forêts superbes et en champs fertiles. J'appréciai l'intelligence des méthodes, le sens du progrès, le goût de l'innovation, l'esprit de solidarité qui triomphèrent de crises redoutables et surtout l'énergie patiente et soutenue qui force une nature avare à livrer les quelques éléments de richesse qu'elle recèle.

Je ne pus cacher à mon hôte ma vive admiration.

— Oui, fit-il, modeste, j'ai beaucoup à faire et tant à innover encore! Chaque jour amène une occupation nouvelle. Ainsi demain, je reviendrai dans ces forêts que nous allons traverser; j'y reviendrai en compagnie d'un inspecteur afin de savoir quels lots doivent être coupés, et pour m'assurer aussi que l'économie est bonne. La chambre d'agriculture du district met à la disposition des propriétaires ces hommes compétents qui visitent nos forêts et nous donnent pour leur exploitation rationnelle d'excellents conseils, ou bien les propriétaires s'entendent pour rétribuer un inspecteur non officiel, choisi par eux, et qui est chargé de l'administration des forêts de plusieurs domaines. Pour ma part, j'ai 750 hectares de forêts en exploitation. Par lui je vais savoir si mes arbres n'ont point de maladie, quelles sont les coupes les plus urgentes à faire. Si les lapins ont mangé beaucoup de petits sapins, il faudra en planter à nouveau. L'an dernier j'en ai fait repiquer 550,000. Partout où la terre est impropre à la culture je la transforme en forêt. J'ai acheté à un propriétaire polonais qui avait tout coupé une plaine de sable que j'ai couverte de sapins. Mon fils en profitera.

« Je borde d'arbres toutes les routes. J'essaie de faire croître ici une espèce canadienne qui donne un bois léger, utilisé en menuiserie pour l'intérieur des armoires. Là-bas, où la terre est plus pauvre, je plante des acacias qui s'accommodent d'un sol léger, tandis que le peuplier refuse de pousser en terrain sablonneux. Mais, sous prétexte de faire leur provision de bois pour l'hiver, les paysans volent les tuteurs et mes efforts sont souvent vains !

Le soir tombait. Dans les sapinières, des lièvres et des lapins folâtraient ; quelques biches hardies, venues à la lisière du bois, risquaient deux ou trois bonds dans les champs en bordure, puis disparaissaient, rapides, à notre approche. La grande plaine s'étendit à nouveau, déserte, silencieuse. Depuis six heures d'horloge, nous nous promenions en voiture, et nous n'avions vu qu'une partie du domaine.

La nuit maintenant était presque venue, une brume légère montait du sol. Là-bas, parmi les arbres aux formes indécises, le castel blanc m'apparut imposant et sévère. L'étang calme s'avivait du reflet rose des nuages qui moutonnaient au ciel, et, voilés de nuées noires, les grands peupliers élevaient sur ses bords une sombre muraille. Nous pénétrâmes dans le parc rempli d'ombre et de silence que rompit un instant le grincement de la grille se refermant sur nous et le craquement des roues sur le gravier des allées.

La soirée se passa à parler politique. Au cours de la conversation, je fus amené à dire à mon hôte :

— Comment légitimez-vous, à vos propres yeux, que vos compatriotes paient la vie plus cher, le pain, la viande, les légumes, le sucre, parce que votre parti, plus fort, les oblige à vous acheter, à vous, ces produits indispensables, alors qu'ils pourraient vivre à bien meilleur compte s'il leur était permis de faire entrer en Allemagne les viandes et les céréales d'autres pays?

— Le gouvernement, me répondit-il, a bien compris que continuer à sacrifier l'agriculture à l'industrie, c'était tarir follement l'une des grandes sources de la fortune nationale, peut-être la plus importante. Une nation doit vivre d'abord de son sol, si elle le peut. Qu'arriverait-il le jour où l'agriculture abandonnée, sacrifiée, ne nourrirait plus le pays, ou si une guerre ou une coalition lui fermait ses centres de ravitaillement étrangers? Ou encore, ce qui est plus à craindre, si l'étranger, souffrant lui-même d'une crise, vendait ses produits à des prix trop élevés? Imagine-t-on un pays laissant ses champs en friche? Nous sommes heureusement loin de cette démence.

— En attendant, le prix de toutes les choses nécessaires à la vie augmente.

— La vérité, c'est que la population mange plus de viande par tête qu'il y a dix ans. Les statistiques le prouvent. De plus, cette population croît chaque année de 900.000 habitants.

. . . .

« Or, si la demande de viande augmente, le bétail ne se multiplie pas en proportion. D'où pénurie, d'où élévation des prix. Mais nous, agriculteurs, nous ne gagnons pas plus que l'an dernier. Les bouchers surtout profitent de cette crise. Et comme il y a trop de bouchers en Allemagne, chacun d'eux ne peut pas vendre assez de viande pour s'enrichir avec un bénéfice normal, et il augmente ses prix pour gagner davantage sur chaque client. Ajoutez à cela les très gros impôts mis par l'administration sur les abattoirs.

« Pour le seigle, qui sert en Allemagne à faire le pain, nous ne le vendons pas plus cher qu'il y a quelques années. Longtemps, avant le vote de la loi de protection douanière, les spéculateurs en avaient fait monter les prix. Nous ne sommes donc pas responsables de ces majorations. Il faut chercher ailleurs les responsabilités. »

Je passai la nuit au château, frappé une fois de plus de la tradition généreuse de l'hospitalité prussienne, bien plus ouverte et surtout plus spontanée que dans n'importe quel pays d'Europe, la Russie exceptée.

NOTES ET CROQUIS

La force de l'illusion. — La Gemütlichkeit. — La petite fille et le passant. — L'esprit pratique. — Téléphones automatiques. — La forme des chapeaux. — Caporalisme prussien. — Sociabilité. — Cartes postales incongrues. — Sentimentalisme et brutalité. — Le Sanatorium de Belitz. — Caisses ouvrières cent fois millionnaires. — Un pavillon hydrothérapique d'un million. — Convalescents récalcitrants. — Prolétaires neurasthéniques.

Les Allemands aiment la nature.

On a des surprises comiques. Sur les *Linden*, à la face riche d'un restaurant, vous voyez écrit : *Garten*. Vous entrez, vous figurant trouver un jardin ou tout au moins de l'air, de l'ombre, de la verdure. Au bout des salles fermées du restaurant, se trouve une petite cour enclose entre les quatre murs des immeubles voisins qui en font une sorte de puits. Là, on a posé un plancher, quelques tables, des chaises de bois brut peintes au ripolin, et, tout autour, une demi-douzaine de petits sapins et de fusains en caisse, un treillage avec du lierre : c'est l'oasis.

La « Gemütlichkeit ! ».

Elle est indéfinissable et il y a longtemps que les

langues non germaniques ont renoncé à lui trouver un équivalent. Des exemples multipliés seuls parviendront à nous en donner une idée.

Dès que les gens quittent leur ville, il faut qu'ils envoient des cartes postales à leur famille et à leurs amis. Ils choisissent généralement les sujets les plus comiques, pour faire rire, ajoutent le plus de signatures possible. Il est de mode de demander, même à des étrangers, même à des gens que le seul hasard du voyage a rapprochés, de les signer. Vous voyez la joie brûlante qui va accueillir ces cartes couvertes de noms inconnus... C'est la sociabilité, la Gemütlichkeit.

Les femmes de chambre, les domestiques, les enfants du concierge en envoient à leurs maîtres.

J'ai vu de mes yeux un honnête père de famille qui, s'étant mis à converser avec une jeune femme aux mœurs intéressées, la pria de signer une carte postale destinée à sa brave femme. Elle le fit, et, ma foi, gratuitement.

Je liai conversation avec lui, et lui demandai pourquoi il faisait cela. Je revois le bon sourire avec lequel il me répondit :

— Das ist gemütlich.

En Prusse, il est interdit aux journaux de rendre compte en détail des exécutions capitales, qui ont lieu à l'intérieur des prisons.

A comparer avec nos lois sur la liberté de la presse, à l'abri desquelles certains journaux sont devenus des manuels pratiques du vol et de l'assassinat.

⁂

Définition des différentes ambitions nationales, recueillie à Berlin :

L'Espagnol rêve d'une tasse de chocolat et d'une cigarette pour tous les jours de sa vie.

Le Français entend jouir de l'existence le plus tôt possible, et il fixe un maximum à ses efforts.

L'Allemand ne s'arrête pas de travailler, et veut s'augmenter toujours, car il s'ennuie à ne rien faire au bout de peu de semaines de repos.

L'Américain veut avoir plus que son voisin.

L'Anglais attend son héritage en travaillant un peu et en faisant beaucoup de sports.

⁂

Un de mes compatriotes établi depuis longtemps en Allemagne, me dit :

— Je suis en admiration devant l'Empereur et devant le peuple allemand ; mais je n'aime pas les individus pris séparément.

Voilà, je crois, un sentiment assez général chez les Latins qui ont à lutter, soit en affaires, soit autrement, avec des Allemands.

⁂

Des petites filles sont en train d'écrire avec un crayon sur le mur d'une maison. Passe un quidam qui, d'un fort coup de parapluie, frappe les doigts de l'une d'elles en la regardant d'un air sévère. L'enfant, surprise, a un sursaut, se frotte les doigts, car le bonhomme a frappé fort. Elle s'arrête et ne dit rien. Elle paraît se demander un instant pourquoi elle fut battue ainsi ? Mais, comprenant bientôt que sans doute elle avait tort, elle s'en va en jetant un regard peureux vers le pédagogue improvisé qui, lui, a continué son chemin après s'être retourné pour juger du résultat de sa leçon.

Une autre fois, j'observai des petits garçons battant des petites filles avec lesquelles ils jouaient quelques minutes auparavant, et les frappant fort. Celles-ci ne disaient rien, ne répondaient pas aux coups, ne pleuraient pas, ne s'éloignaient même pas d'eux. Et leur pâle regard, plutôt étonné, était sans colère.

L'esprit pratique.

Dans toutes les gares françaises, vous trouvez d'immenses affiches collées très haut, qui sont les horaires des trains. Impossible à un simple mortel d'y démêler quelque chose. On peut dire qu'elles ne servent à rien.

Ici, on place ces affiches à la hauteur des yeux. Tous les horaires des trains passant à la station où l'on se trouve sont soulignés au crayon bleu et une étroite plaque de verre qui les recouvre indique aussitôt où l'on doit les chercher.

A Berlin, tous les professeurs de l'Université ont le téléphone.

On trouve une foule de petits bureaux téléphoniques automatiques ouverts à tout venant. Vous mettez le récepteur à l'oreille, et, sans avoir besoin de sonner, un employé vous répond. Vous demandez le numéro de votre correspondant, et quand la communication est établie, il vous suffit de glisser une pièce de dix pfennigs dans une fente pour pouvoir parler deux ou trois minutes. La poussière d'un sablier qui s'écoule vous indique la marche du temps; quand il est vide, la communication s'interrompt automatiquement.

Dans les tramways ou quelque endroit public, si un original paraît, de tenue bizarre ou de figure comique, personne n'y fait attention. Un pochard, dans la rue, est regardé sans dégoût. Mais que se montre une femme élégante — ce qui, d'ailleurs, est rare — aussitôt, on sent le tramway tout entier — hommes et femmes — ligué contre elle. Et cela se voit par des regards hostiles et des sourires de mauvais accueil.

Le prince de Bülow m'avait fait remarquer, à Norderney, la variété étonnante des coiffures masculines. Un Berlinois s'amusa un jour à les compter avec moi au cours d'une promenade dans la Friedrichstrasse : à cent il s'arrêta.

— Quelle différence, me dit-il, avec Paris, où les modes nouvelles sont si vite suivies par le peuple, avec Londres surtout où tous les Anglais se coiffent en même temps de la même coiffure !

Et on dit que ce sont les Allemands qui manquent de personnalité !

Un jeune médecin bavarois qui demeure en Prusse depuis plusieurs années et qui a beaucoup voyagé, s'indigne devant moi du caporalisme prussien. Il me cite des villes comme Halle et Kiel, où, étant étudiant, il fréquenta les bals publics, et où les salles n'étant pas assez grandes pour que cent couples y puissent danser tout à l'aise, on les numérote de 1 à 50 et de 50 à 100. Le percepteur des dix pfennigs (car chaque danse coûte 10 pfennigs) frappe dans sa main en appelant les 50 premiers couples ; cinq minutes après il claque encore des mains pour les renvoyer et appeler ceux qui attendaient.

— Mais si ma petite bonne amie a encore envie de danser, elle n'en a pas le droit, même s'il y a de la place.

Les Allemands sont sociables.

Saprelotte, oui, ils le sont, il suffit de regarder autour de soi pour le voir !

Dans un restaurant de plein air, un client a réussi

à trouver une table de petite dimension où il prend tranquillement son repas. Des gens arrivent, à trois d'abord; ils le saluent poliment et lui demandent, pour la forme, la permission de s'asseoir à sa table. Il leur rend leur salut et se mettant en devoir de leur donner le plus de place possible, attire vers lui ses assiettes, ses plats, ses verres. Eux prennent possession et se font servir. Mais voici qu'ils aperçoivent des gens de connaissance qui viennent s'installer à leur tour. Le premier occupant leur a souri, salué chaque nouveau venu. Les intrus sont cinq, à présent, autour de la table. Le légitime possesseur ne sait plus où mettre ses plats, son pain, sa bouteille. Il sourit à nouveau avec l'air de s'excuser. Les cinq causent entre eux, rient fort. Bientôt, on ne fait plus attention à lui, les envahisseurs se carrent les coudes sur la table, lui envoient dans le nez la fumée de leurs cigares, et maintenant, c'est vraiment lui qui a l'air de l'intrus. Son plus proche voisin, l'avant-bras presque collé sur son pain, finit, à la suite d'une série de mouvements à coup sûr inconscients, par mettre son coude devant lui, littéralement, lui tournant le dos. Le malheureux, réduit à se reculer de la table et à grouper son assiette, son verre et son pain sur le bord, comprit bientôt que décidément il devenait importun, acheva rapidement son repas, paya, se leva, salua toute la compagnie et partit, n'ayant donné aucun signe d'impatience.

Devant ce spectacle incroyable, qu'on peut voir se renouveler chaque jour dans les endroits publics, on a envie de se lever et d'aller dire énergiquement aux envahisseurs :

— Dites donc, est-ce que vous vous fichez du

monde? Voulez-vous bien laisser dîner monsieur tranquillement?

J'ai remarqué pourtant que lorsqu'on paraît ne pas vouloir se laisser faire, les gens y mettent plus de discrétion. Même un certain air désagréable réussit souvent à les éloigner. Et un jour, un coup de coude bien appliqué m'a permis de passer à mon tour devant un guichet.

Je livre cette observation aux diplomates.

En me promenant, je m'arrête devant un étalage de cartes postales. Je suis frappé de l'incongruité, de la grossièreté de la plupart des sujets. Enfants qui se soulagent dans les bottines d'un quidam qui s'est déchaussé, ou le long des murs, ou dans des bocks; enfants qui lancent des flèches sur le derrière de leurs camarades occupés à ce que je viens de dire; grosses femmes nues, vues de dos, effrayantes, et vingt autres imaginations de cet ordre que ma plume se refuse à décrire...

Rabelais n'a rien inventé de plus trivial.

A côté de cela, des couples bêlant au clair de lune, des Tyroliens offrant d'un air bête des fleurs à des Tyroliennes, et des colombes, et des vergissmeinnicht, et le prince Eitel et sa femme, et toute la famille impériale...

Et c'est nous qui serions les grossiers réalistes, les Gaulois sans pudeur? Et les Germains seraient des sentimentaux?

— Pas plus que d'autres, me répond quelqu'un d'ici. Nous sommes plus froids, et vis-à-vis de la femme, sans passion violente et fougueuse ; nos lenteurs passent pour du sentiment et notre relative indifférence pour du respect. Moins cultivés, jusqu'ici, que les Français et les Anglais, nous ne savons pas parler aux femmes, tourner un compliment qui voile l'insolence des prétentions sous des prévenances et des phrases. Car, que leur dire quand nous sommes seuls avec elles, sinon que le ciel est pur et que cet oiseau chante bien? Impossible de leur parler d'un livre qu'elles n'ont sûrement pas lu, nos femmes lisent peu, ni de leur chapeau... Alors, on est « sentimental », c'est-à-dire qu'on emploie le temps à lui baiser la main, en attendant qu'elle laisse baiser ses joues, puis sa bouche.

« Ou bien, sous l'empire d'une grande excitation, nous oublions tout ménagement et nous nous précipitons brutalement sur notre proie. Oui, quand notre passion est excitée, nous montrons trop vite où nous voulons en venir. Vous autres, affectez de n'y pas penser, de sorte que la femme allemande serait sans méfiance avec vous alors qu'elle se tiendrait sur la défensive vis-à-vis de nous.

— Mais Gœthe...

— Gœthe n'est pas si sentimental! Il pense beaucoup à la réalité... Charlotte échappe à Werther, c'est vrai, mais parce qu'il n'a pas su s'y prendre. Quant à Marguerite, c'est une grasse fille pleine de sensualité qui accepte des bijoux d'un étranger, fait tuer son frère et trompe tout le monde pour un beau seigneur.

— Vos lieder...

— Nos lieder sont sentimentaux, parce qu'il est plus facile d'écrire de petites choses banales et chastes, et que c'est bon pour l'éducation des masses. Croyez-moi, nous passons pour des rêveurs depuis votre Mme de Staël, parce que nous n'avons pas encore eu de vrais psychologues à la Flaubert ou à la Stendahl, qui nous aient montrés tels que nous sommes : froids, positifs, réalistes, sensuels, car notre froideur, vous l'imaginez bien, connaît quand même tous les chemins de la sensualité.

Il existe à deux heures de Berlin, à Beelitz, en pleine forêt de sapins, un sanatorium pour convalescents[1], fondé par l'administration de la Caisse d'assurances ouvrières contre les maladies et les infirmités, alimentée par moitié, comme on sait, par les cotisations personnelles et obligatoires des ouvriers eux-mêmes, et par les patrons. Celle du district de Berlin, une des plus riches d'Allemagne a, m'assure-t-on, un capital de 100 millions de francs ! Elle a donc pu, sans se ruiner, édifier ce merveilleux établissement de convalescence gratuit qui coûta près de 25 millions de francs. Pour le pavillon de bains seul, on dépensa un million de francs. Je vous ai parlé l'autre jour du service hydrothérapique de l'hôpital Virchow comme d'un modèle de luxe et de confort. Or celui-ci est bien plus luxueux et plus confortable encore. Tout ce que les stations thermales ont

1. A côté du sanatorium des convalescents, il en existe un autre pour les ouvriers tuberculeux, qui reçoit 1,000 malades.

inventé pour le traitement de l'arthritisme, par exemple, fut apporté ici. Les bains ordinaires, les bains de vapeur, à chaleur sèche et à chaleur humide, les bains locaux pour un bras, pour une jambe, pour les deux bras, pour les deux jambes, la mécanothérapie, les bains d'acide carbonique, de sable, d'électricité, à la lumière rouge ou blanche, les bains salins, tout cela a ici sa place. On fait venir des marais de Lünebourg des wagons de tourbe pour les bains de boue, qui sont donnés exactement comme à Marienbad. Et la propreté n'a rien à envier aux stations les plus renommées.

Notez que tout ici est gratuit et qu'on n'y admet que des ouvriers sortant de l'hôpital. Ils y restent un mois ou six semaines, quelquefois deux mois.

— Car il est difficile de les faire partir, me dit-on. Après avoir goûté de Beelitz, ils ne veulent plus retourner au travail, se déclarant neurasthéniques, et comment leur prouver qu'ils sont guéris, s'ils n'y consentent pas ?

La vie qu'ils mènent est bien faite pour retenir les 230 hommes et les 100 femmes qu'on y reçoit.

Les chambres à deux, à quatre et à huit lits, très simples, au parquet luisant, aux murs blancs; le réfectoire collectif en bois ciré, haut de plafond comme une nef de cathédrale, avec son grand orgue et sa rosace de verre de couleur; et surtout le parc immense dont les cent hectares sont pris sur la forêt même, leur font une existence de rentiers intelligents qui auraient admirablement réglé leur fin de carrière. Ils se lèvent à leur gré, généralement entre sept et huit heures du matin, prennent leurs quatre ou cinq repas par jour, et pour ne pas obliger tout le monde à manger la même chose, on dresse deux menus différents où chacun peut choisir les plats de son goût.

Chaque lit de convalescent revient à 20,000 francs environ. Aujourd'hui, tout pensionnaire admis coûte par jour 9 fr. 50, payés, naturellement, par la Caisse d'assurances ouvrières.

J'ai demandé comment se fait le choix des favorisés admis à Beelitz. Puisque le sanatorium ne contient que 230 places pour les hommes, que deviennent tous les autres malades sortant des hôpitaux de Berlin?

— Tous n'ont pas besoin de Beelitz, et tous ne prennent pas non plus un congé de convalescence. Cependant, on a reconnu que Beelitz devenait, en effet, insuffisant, et il est question de créer d'autres stations analogues. En attendant, ceux qui s'y font admettre sont, en majorité, des typographes, des cordonniers, des ébénistes, c'est-à-dire les ouvriers dont la dépense musculaire est la moins grande et dont le cerveau peut, par conséquent, travailler davantage. C'est parmi eux que se recrutent principalement les prolétaires neurasthéniques. Mais, en fait, les places sont surtout accordées aux social-démocrates, mieux organisés, plus puissants, qui savent se plaindre et se faire écouter.

CONVERSATIONS PATRONALES ET OUVRIÈRES

La guerre des classes n'est pas un vain mot. — Hygiène industrielle. — Une fabrique. — Pour éviter les grèves. — Autorité des inspecteurs du travail. — Payez mieux vos ouvriers. — Caisses de maladie et de vieillesse. — Fonctionnement pratique. — Quelques budgets d'ouvriers et d'ouvrières. — Le régime alimentaire. — Tous socialistes. — Les bals de midinettes. — Dur jugement sur les Junkers. — Caractère de l'opposition politique. — Le couvreur et sa femme. — Le programme de la social-démocratie. — Républicains et internationalistes. — Opinions sur les idées de Karl Marx. — L'Empereur est inutile. — Cotisations syndicales. — Discipline des syndiqués.

J'avais le dessein, en arrivant en Allemagne, d'étudier le socialisme marxiste, son organisation, ses mœurs, ses hommes, ses progrès, son avenir. Après m'être un peu orienté, j'y ai renoncé pour l'instant, ayant vu que, si je voulais y mettre de la conscience, une année entière me serait à peine suffisante pour arriver à un résultat convenable. La question est vaste et complexe[1]. Et la difficulté se complique ici d'un phénomène local assez particulier : c'est l'hostilité franche, avouée, des dirigeants de la social-démocratie contre tous ceux qui ne sont pas de leur bord, reconnus et baptisés. Une méfiance, pour ainsi dire policière, accueille l'étranger dans les organisations syndicales ou socialistes; regards en dessous, chuchotements, impolitesse, voilà le lot de l'enquêteur impartial dans les milieux ouvriers allemands. J'ai essayé un jour de faire comprendre à l'un des principaux meneurs syndicalistes de Berlin que ceux qu'il faudrait convaincre, pour arriver à la révolution sociale, ce ne sont pas seulement les ouvriers qui ne demandent qu'à être persuadés, mais aussi les bourgeois et cette classe calomniée des intellectuels.

— Le succès de la révolution de 1789, lui dis-je, ne fut assuré que le jour où la noblesse et la bourgeoisie y adhérèrent.

Mais il me répondit que tous les bourgeois étaient de mauvaise foi et que la seule tactique efficace était la guerre des classes, etc., etc. Fermeture complète d'esprit.

Je dois ajouter que les grands chefs du parti n'ont pas cette étroitesse qui distingue leurs sous-ordres. Mais ce qui m'intéresse plus que l'opinion et la mentalité des chefs — connues, d'ailleurs — ce sont celles des soldats et des sous-officiers de cette armée socialiste. Malheureusement, je le répète, il m'eût fallu une année entière, et je voulais terminer l'itinéraire que je m'étais tracé.

1. M. Edgar Milhaud, dans son livre si intéressant sur *La Démocratie allemande* (F. Alcan, éditeur), en a fait, il y a quelques années, l'historique, étudié les moyens d'action, la tactique, etc.

Je me suis donc contenté de m'enquérir de la vie intérieure d'une fabrique, au point de vue social, et de causer avec des ouvriers.

Un fabricant de cartonnages du plein centre industriel berlinois m'ouvrit sa manufacture toute grande, me promena à travers l'immeuble, m'installa devant ses livres, appela les ouvriers, les ouvrières et les contremaîtres avec qui je désirais parler, et me fournit lui-même toutes les explications dont j'avais besoin.

Il y a en Allemagne des lois sur l'hygiène industrielle comme en France, plus encore que chez nous. Les applique-t-on? Dans quelle proportion? Quels sont les rapports entre ouvriers et patrons? Que font ces derniers pour faciliter la vie de travail des salariés?

— Jamais de grèves, me dit le patron. Comme ici les ouvriers n'en font pas par plaisir, ils prennent toutes les précautions en vue de les éviter. De mon côté, je n'ai aucun intérêt à arrêter ma production et je mets tout mon bon vouloir à les prévenir. Nous employons à cet effet un procédé excellent, que je recommande toujours. Chaque mois, en général, les ouvriers se réunissent dans la grande salle d'une brasserie voisine pour discuter de leurs intérêts en buvant un verre de bière. Rien des réunions politiques, pas de discours socialistes — et pourtant, ils sont tous socialistes, — pas d'appels à la haine ou à la révolte. *Ils discutent de leurs intérêts*, sans acrimonie, sans idée de me vexer ni même de m'ennuyer. Ainsi, dernièrement, j'avais édicté un règlement ordonnant que chaque ouvrier balayerait sa place à la fin de la journée afin de permettre un nettoyage général après leur départ. Ils s'y étaient pliés. Cependant, peu de temps après, ils ne voulaient plus. Ils se réunirent et discutèrent là-dessus. Mais ils s'interdirent de rien décider sans que j'aie pu donner mon avis. Ils m'appelèrent. J'allai avec eux à leur brasserie, et je n'eus pas de peine à les ramener à leur première résolution. D'autres fois ils discutent sur les amendes, se défendent quand ils ont raison. Généralement, s'ils ont tort, ils les acceptent sans mot dire, car ils savent qu'elles ne rentrent pas dans ma poche puisque le produit en est employé à des parties de campagne collectives et à fournir la bibliothèque de livres nouveaux. Voilà le genre de rapports que nous avons. Je vous dirai, d'ailleurs, que, le plus souvent, quand ils demandent quelque chose, ils ont raison, ce qui fait que je les écoute volontiers et que nous nous entendons toujours.

« Pour faciliter notre bonne entente, les ouvriers ont nommé une sorte de petit conseil de fabrique, composé de quatre délégués hommes et de quatre femmes, qui se réunissent toutes les semaines ou deux fois par semaine, je ne sais, à la fabrique même, dans une salle du réfectoire, où ils discutent en prenant leur café. Hier, ils décidèrent qu'il fallait changer les dimensions des pots à café devenus trop petits, je ne sais pourquoi. L'autre jour, il s'agissait de placer des ventilateurs supplémentaires. Vous voyez que nous sommes loin du terrorisme et de la lutte des classes.

« Il faudrait rendre obligatoires ces conseils de fabrique jusqu'à présent facultatifs et que le gouvernement se contente de conseiller. Ils préviendraient bien des conflits ruineux et bien des guerres de mauvais sentiment.

« Ces conseils de fabrique ne sont pas que des tampons bénévoles, mais aussi des organes de sociabilité. Ils prennent les initiatives de parties de campagne en corps, de bals, de concerts, etc. »

⁂

Je dis :

— Les lois sur l'hygiène industrielle sont-elles appliquées vraiment?

— Nos lois d'hygiène, me répondit M. X..., sont très sévères. Ainsi, j'avais autrefois ici des ateliers dans mes sous-sols, de trois mètres de haut, très propres, bien aérés, très sains. Un beau jour, un inspecteur du travail arriva qui me donna huit jours pour déguerpir. De même pour mon cinquième étage, où des ateliers fonctionnaient fort bien. Supprimés du même coup. Et vous savez, il n'y a pas à discuter. Le monsieur arrive, très correct dans son uniforme, accompagné d'un homme de la police, jamais à jour fixe, mais une fois par mois environ. On lui montre d'abord les livrets d'assurances des ouvriers. Il en prend dix au hasard, vérifie s'ils sont bien en ordre et à jour, s'il ne manque pas une signature, une date. Puis il fait le tour de la fabrique; les moindres manquements sont relevés, note en est prise, et si, à sa prochaine visite, les modifications indiquées par lui n'ont pas été faites, un procès-verbal est dressé, avec amendes, etc., etc. Aujourd'hui, c'est un ventilateur qu'il faut installer, une porte qu'il faut murer pour éviter des courants d'air, hier c'était un grillage de protection, un poêle à reculer du mur; demain il remarquera que la propreté n'est pas absolue, qu'on a oublié de laver un carreau ou un coin du plancher, et il me dira froidement : « Il faut nettoyer tout cela ». Et puis tous mes livres lui sont ouverts. S'il voit qu'une ouvrière, une débutante, ne gagne qu'une dizaine de francs par semaine, il me dit :

« — Vraiment, vous pourriez bien la payer un peu mieux.

« Je peux lui répondre :

« — Ceci n'est pas votre affaire.

« Mais alors je m'en fais un ennemi qui me cherche mille querelles. De sorte que je suis bien forcé de tenir compte de ses observations, même étrangères à la loi. Il faut que je justifie de l'emploi des amendes infligées aux ouvriers. S'il vient un jour d'été et que le thermomètre marque 27 degrés, il s'assure que les ateliers fermeront à cinq heures : c'est la loi ! Si, à cinq heures cinq minutes, tout n'est pas fermé, amende immédiate. Dans les réfectoires que j'ai installés pour la commodité du personnel, je dois veiller à ce que les hommes et les femmes mangent séparément. »

Il me montre son grand livre des salaires. D'un seul coup d'œil on s'y rend compte du nombre d'heures qu'un ouvrier a faites dans l'année et de la somme exacte qu'il a touchée.

— Ce registre permet à l'administration des finances de dresser la feuille des impôts sur le revenu; il sert aussi, en cas d'accidents, à donner à l'ouvrier le secours mensuel auquel il a droit... Savez-vous que je paye pour mes trois cents ouvriers 9,000 francs par an d'assurance contre l'invalidité? Deux de mes employés sont occupés d'un bout de l'année à l'autre à tenir la comptabilité des livrets d'assurance, à coller les timbres hebdomadaires, etc.

« Vous vous plaignez, en France, des exigences ouvrières... Vous ne connaissez pas votre bonheur!

« Aujourd'hui, je suis sûr que la dixième partie des maisons de commerce et d'industrie payent aux ouvriers leurs salaires les jours de fêtes non légales, c'est-à-dire en dehors des dimanches, des lundis de Pâques et de Pentecôte, et de Noël. Et je vous réponds qu'avant peu ces mesures, aujourd'hui facultatives, deviendront obligatoires. Déjà nous sommes tenus de payer les heures que nos ouvriers vont passer dans les bureaux de l'État ou les tribunaux, pour le recrutement, par exemple, les témoignages en justice, etc... Toutes les grandes maisons ont créé des caisses spéciales, alimentées par les seuls capitaux de l'entreprise, pour augmenter les assurances légales contre l'invalidité de leurs ouvriers.

« Les vacances aussi sont obligatoires. Nos employés ou contremaîtres ont quinze jours de congé, quelquefois trois semaines, par an, ou au moins une demi-journée par semaine en dehors du dimanche. Si un employé tombe malade, nous lui devons son traitement pendant six semaines.

« Les caisses légales pour la vieillesse ou la maladie sont pourtant parfaitement administrées. Pour la maladie l'ouvrier, ou l'ouvrière, paye 40 centimes par semaine si son salaire varie entre 13 fr. 75 et 20 francs. De 21 fr. 25 à 25 francs, il paye 55 centimes; au-dessus de 25 francs, il paye 75 centimes. S'il tombe malade, il reçoit de la Caisse pendant treize semaines, selon sa classe, 5 fr. 60, 9 francs ou 15 francs en argent. Sitôt malade, il fait signer un imprimé au patron le légitimant comme salarié par lui, puis il va chez un des médecins de la Caisse dont il a la liste. Celui-ci l'examine, lui donne un certificat de maladie et se rendra à son domicile autant que besoin sera. Le service du médecin et la pharmacie sont gratuits. Si le médecin lui ordonne un régime spécial, laitage, œufs, etc., la Caisse lui fournit gratuitement la nourriture. Si l'ouvrier ou l'ouvrière ne peuvent couvrir leurs dépenses avec leurs 5 fr. 60 ou leurs 9 francs par semaine, le médecin les envoie à l'hôpital, et c'est alors la Caisse qui paye pour eux les frais d'hospitalisation.

« Quand un ouvrier croit avoir à se plaindre de son patron, en France il doit aller, je crois, faire signer par celui-ci une feuille où il reconnaît l'exactitude des conditions du conflit. Puis ce sont des formalités à remplir au Conseil des prud'hommes, des dérangements successifs, et souvent décourageants. Ici, en quarante-huit heures, le patron est convoqué avec l'ouvrier, dont la cause est défendue gratuitement par un avocat désigné d'office, et qui a étudié parfaitement le litige. Et toujours, vous entendez, toujours le jugement est favorable aux ouvriers... D'ailleurs, le gouvernement lui-même a cette tendance, vous le savez, je parle du gouvernement royal de Prusse. Dans tous les grands différends de l'industrie ou du commerce, c'est toujours du côté ouvrier que penche la balance du pouvoir... Ah! décidément, vous avez bien tort de vous plaindre, en France... »

⁂

Lorsque le fabricant m'eut bien fait visiter ses ateliers, admirer la propreté méticuleuse de la fabrique (chacun a son essuie-main, que l'on change tous les huit jours, le savon à discrétion, un balai pour balayer sa place), le vestiaire divisé par compartiments, l'ambulance avec son lit de camp et sa pharmacie (n'oublions pas qu'il s'agit d'une petite fabrique de cartonnages de trois cents ouvriers); après qu'il m'eut fait toucher du doigt l'ordre pratique, la parfaite organisation des choses (dix-huit kilomètres de fils téléphoniques relient tous les ateliers entre eux), nous retournâmes dans son bureau.

M. X... fit alors venir quelques hommes et quelques femmes, au hasard, et nous nous mîmes à causer. Je leur demandai d'abord quel était leur budget. Il me semble qu'on voit vivre les gens simples à travers les chiffres de leurs dépenses.

Le premier, un homme de trente-cinq ans, gagnait 46 fr. 90 par semaine, soit près de 8 francs par jour, soit 187 fr. 50 par mois. Son logement, composé de trois chambres, d'une cuisine et d'un corridor, lui coûte 48 francs par mois; seulement, il sous-loue la petite chambre à un employé célibataire pour 20 fr., ce qui réduit son loyer à 28 francs par mois, soit 7 francs par semaine. Il vit donc avec sa femme et trois enfants (10 ans, 8 ans et 6 ans) pour 38 francs par semaine, soit 5 fr. 45 par jour.

Il donne 22 fr. 50 à sa femme pour la nourriture hebdomadaire, met de côté les 7 francs du loyer. Il paye 50 centimes par semaine à l'État pour son assurance contre l'invalidité et la maladie, plus 75 centimes à la caisse corporative des relieurs qui lui garantit un salaire personnel de 3 fr. 75 par jour en cas de grève, une indemnité de 1 fr. 25 par tête d'enfant et par jour pour toute la durée de la grève, qui l'assure en plus, en cas de décès, de funérailles gratuites, et versera à sa veuve 65 fr. par mois pendant le trimestre qui suivra sa mort.

Je résume ses dépenses pour une semaine :

Loyer	Fr.	7 »
Nourriture (5 personnes)		22 50
Assurance		» 50
Cotisation corporative		» 75
		30 75
Il gagne	Fr.	46 90
Il lui reste donc	Fr.	16 15

— Que faites-vous de cette somme? lui demandai-je.

— Il faut s'habiller à cinq...

— C'est juste...

— Et se promener le dimanche.

— Bien sûr, bien sûr... Connaissez-vous quelqu'un qui ne se promène pas le dimanche à Berlin?

— Non, personne, dit-il en souriant après avoir réfléchi un instant.

— Que mangez-vous, vous et vos enfants, pour 3 fr. 20 par jour?

— Voilà : le matin, à six heures et demie, en se levant, on prend une grande tasse de café au lait et une tartine beurrée. Je viens au travail apportant deux grosses tartines, une avec un peu de viande ou une saucisse ou du fromage, que je mange à neuf heures. Je bois une bouteille de bière de 10 centimes. A midi, je rentre chez moi pour le dîner : pois, choux, lentilles, et porc, avec café au lait (le dimanche, il y a un rôti qui dure deux jours, de l'oie le plus souvent). A cinq heures un quart, ma journée est finie. Je retourne de nouveau à la maison, je lis le journal, avale une soupe, une tartine, un peu de viande et de fromage, et une tasse de café. Puis je sors, je vais à la brasserie boire un verre de bière ou deux, en compagnie d'amis. Ou bien je reste à la maison, et quand les enfants sont couchés je lis un peu.

— Que lisez-vous?

— Cela dépend de mon humeur ou des occasions. J'ai lu les œuvres de Gœthe, de Schiller, d'Alexandre Dumas : *Les Trois Mousquetaires*, *Monte-Christo*, et de Maxime Gorki.

(Il ne faut pas oublier que nous parlons à un ouvrier relieur. On sait que les relieurs sont, avec les typographes, les ébénistes et les mécaniciens, les ouvriers les plus cultivés dans tous les pays.)

— Quand vous sortez, en semaine, vous sortez seul?

— Oui, oui, ma femme reste à la maison avec les enfants.

— De quoi parlez-vous, à la brasserie?

— On parle politique, et surtout des affaires de la corporation, revenus, revendications, statuts. Notre caisse est riche de 625,000 francs. En ce moment, nous nous occupons beaucoup de nos assurances pour la vieillesse. Vous savez qu'à partir de soixante-dix ans les vieillards touchent 18 fr. 75 par mois. Nous trouvons que c'est trop peu. Et toutes les corporations ouvrières collaborent actuellement à la préparation d'un projet d'assurances pour la vieillesse qui viendrait compléter la pension assurée par l'État. Déjà les typographes qui, en Allemagne, tiennent la tête du mouvement syndical pratique et dont l'organisation est un modèle d'union, d'entente et de sagesse, ont institué une caisse de vieillesse assurant 1 fr. 50 par jour à tous leurs membres participants qui ont versé 1 fr. 90 par semaine pendant leurs années de travail. Nous aussi voulons arriver à cela. »

Je remarquai :

— Deux francs par semaine, tous les ouvriers ne peuvent pas les prendre sur leurs salaires. A vous, qui gagnez 8 francs par jour, c'est possible, mais à vos camarades qui ne gagnent que 4 ou 5 francs?...

— Ah bien! les patrons les augmenteront, ou nous ferons la grève...

J'ai oublié de dire que le patron de la fabrique assistait à cet entretien.

— Voilà, fit-il en riant, la douce perspective qui nous attend...

L'ouvrier riait aussi.

Je l'interrogeai sur ses plaisirs.

Le dimanche, avec toute sa smala, il va en forêt, toujours, hiver comme été. De temps en temps des amis se mêlent au ménage, et on fait caravane. On emporte son café en poudre, un gâteau, des tartines beurrées, chacun a sa charge. Les parents font des cueillettes de champignons quand c'est la saison, puis s'asseoient au pied d'un arbre, jouent aux cartes ou s'allongent et somnolent. Les petits jouent à la balle ou à courir. Ces journées ne lui coûtent pas bien cher. Le trajet aller et retour pour les cinq personnes revient à 1 fr. 25. (J'ai déjà noté ce scandale que pour aller de Paris à Asnières en tramway, on paye 55 centimes, soit 1 fr. 10 aller et retour, soit, pour cinq personnes, 5 fr. 50! Et Asnières n'est pas la campagne; mes gens vont en pleine forêt.) Son gâteau, son café, un litre de lait, le droit de bouillir le café et la location des tasses lui coûtent à peu près 1 mark. Puis il vide quelques verres de bière excellente à deux ou trois sous, les enfants vont aux chevaux de bois et croquent quelques bonbons ou du chocolat. On revient le soir, tard, très content de sa journée.

— Et comment vous habillez-vous?

— Ma femme, avec sa machine à coudre, fait elle-même les vêtements des enfants, et quelquefois une blouse pour elle. Mais elle et moi achetons nos vêtements tout faits. En moyenne, j'use trois habillements tous les deux ans, à 37 fr. 50 chacun, et deux paires de bottines par an, à 12 fr. 50. Il y en a qui achètent des vêtements de seconde main, pas très portés et qu'ils payent moitié prix.

Je mis la conversation sur la politique et lui demandai son opinion.

— Socialiste. Nous sommes tous socialistes, fit-il du ton le plus naturel du monde, et sans avoir l'air de se vanter, ni de braver le patron qui l'écoutait, ni de vouloir nous étonner. Notre journal est le *Vorwaërts*.

— Moi aussi, je le lis, d'ailleurs, interrompit le fabricant, ce qui fait que je suis bien au courant des désirs de mes ouvriers.

L'ouvrier continua. Il m'expliqua que deux courants circulent dans les milieux socialistes au sujet des pensions de retraite. Certains d'entre eux — la majorité — poussent de toutes leurs forces à les augmenter, pensant que c'est dans le bien-être que l[illegible]availleur puise ses idées d'émancipation; les autres, au contraire, prétendent que l'abondance amollit les énergies et que bientôt il n'en restera plus pour lutter contre les patrons. On jouira tellement de la sécurité qu'on aura peur de la perdre. Et alors l'adversaire, le patron, connaissant cette faiblesse, reprendra l'offensive, en abusera. Lui est partisan du plus grand bien-être possible.

Puis vint une ouvrière, maîtresse femme d'une quarantaine d'années, qui m'est désignée pour une des plus habiles de la fabrique. Elle gagne 5 fr. 60 par jour, 33 fr. 75 par semaine. Veuve, elle a élevé ses deux enfants, un garçon de dix-sept ans et une fille de dix-huit. Quand ils étaient petits, elle prélevait sur son salaire 9 francs par semaine pour les faire garder. Aujourd'hui, ils commencent à se suffire. La fille gagne 17 francs par semaine et le fils 12 fr. 50 comme apprenti sellier, ce qui leur fait un budget hebdomadaire de 63 francs, car les enfants apportent tout leur gain à leur mère[1], qui leur donne à chacun 1 mark le dimanche, pour faire les fous. On dépense 22 fr. 50 de nourriture. Le reste est mis à la Caisse

1. Ceci est exceptionnel. En général, les enfants qui habitent avec leurs parents leur versent 10 francs par semaine pour la nourriture et le logement et conservent le reste pour leur toilette et leurs plaisirs.

d'épargne, déduction faite des 6 francs de loyer hebdomadaire et des frais d'habillement.

Je la questionne :

— Les femmes ne s'occupent pas encore de politique en Allemagne?

— Pas encore, vous dites bien, parce qu'elles n'en ont pas le droit. Vous savez qu'il nous est interdit de parler dans les réunions publiques et même de faire partie de la *Social-democratie?* Mais cela ne durera pas toujours, j'espère. Nous réclamons le droit de nous organiser, comme les hommes. Je fais partie d'une société *Bildungs Verein für Frauen und Mädchen*, où, tous les quinze jours, des écrivains, des médecins, des avocats viennent faire des conférences pour nous instruire. Elles ont beaucoup de succès. C'est un commencement...

Les filles étrangères à Berlin ou qui ont quitté leurs parents (il y en a beaucoup) vivent dans les mêmes conditions que les hommes célibataires : elles gagnent 20 francs par semaine, logent souvent à deux, quand ce n'est pas à trois, dans une petite chambre de 12 francs par mois, louée à une famille d'ouvriers qui leur donne en même temps la tasse de café au lait et le petit pain du matin. Pour leur repas de neuf heures, elles achètent cinq sous de café au lait, de pain et de saucisson; à midi, dix sous de café au lait (toujours!) et de charcuterie, ou un morceau de bœuf avec des légumes, sans pain. A cinq heures, certaines mangent, dans les réfectoires des ateliers et des usines, deux ou trois saucisses avec un bout de pain et une tasse de café, ou bien elles s'en vont chez elles, se faire cuire un peu de viande qui leur coûte huit ou dix sous, une tasse de café ou un verre de bière. Après cela, elles s'habillent et s'en vont au bal. Car il y a à Berlin des bals tous les jours. Les jeudis sont réservés aux grands bals, c'est le « Jour de l'Élite », l'*Elite-Tag*. Aussi le vendredi matin pleuvent les amendes, parce que les midinettes arrivent en retard...

Elles lavent elles-mêmes leur linge personnel et le repassent le dimanche matin. C'est ce qui explique qu'on voit tant de blouses et de jupons blancs pendant l'été à Berlin, le dimanche surtout, malgré le prix élevé du blanchissage.

Les filles dépensent donc pour leur nourriture 1 fr. 45 par jour, soit 8 fr. 70 par semaine, plus 3 francs de loyer, = 11 fr. 70. Ajoutez quelques sous de savon et quelques courses en tramway (les plus longues courses coûtent deux sous), nous arrivons à un total qui dépasse un peu 12 francs. Il leur reste 32 francs à dépenser chaque mois pour leur toilette. Je ne fais figurer dans ce compte aucun frais pour le dimanche. Ce jour-là, c'est l'amoureux qui paye tout, tramways, bateaux, nourriture, boisson, friandises, amusements. Règle absolue, aussi sacrée que celles de la chevalerie.

Puis ce fut le tour d'un célibataire. Il a vingt-six ans, a fait son service militaire et gagne 32 à 40 francs par semaine. Il paye de 15 à 20 francs par mois pour sa chambre et le café du matin; son repas de neuf heures consiste en deux tranches de pain qu'il mange avec quatre ou cinq sous de saucisses ou de fromage; son dîner de midi lui revient à quinze sous y compris son verre de bière. Le soir, il soupe d'une tasse de café au lait de deux sous, d'une omelette de cinq sous et d'un bout de pain. Puis il joue aux cartes avec des amis et va se coucher.

Mais les ouvriers se marient très jeunes; ces garçons calmes, méthodiques et rangés ont vite assez de la vie de célibataire, et généralement entre vingt-deux et vingt-six ans, dès qu'ils gagnent une trentaine de francs par semaine, ils prennent une femme qui continue à aller à l'atelier; sitôt qu'ils arrivent à 40 ou 50 francs, la femme ne travaille plus.

— Je vais bientôt me marier, me dit-il. Il me faut des enfants.

— Pourquoi voulez-vous des enfants?

Il me sourit gauchement, parut chercher un instant ce qu'il devait répondre à cette question que peut-être il ne s'était jamais catégoriquement posée, et répondit :

— C'est le devoir, n'est-ce pas ?

Une fois de plus, je fus étonné de ce mot de « devoir » dans la bouche d'un homme si simple. On l'entend ici souvent !

Je parlais du socialisme avec le directeur d'une des premières banques industrielles et commerciales de Berlin, qui contrôle en même temps une foule d'industries, l'un des hommes les plus en vue du monde des affaires en Allemagne.

— Je ne crains pas du tout, me dit-il, le mouvement socialiste, et j'en nie absolument le danger. La question sociale se réduit chez nous à la discussion tout à fait terre à terre des intérêts matériels. On se dispute entre patrons et ouvriers sur de simples questions de salaire. Ce sont des soucis grossiers, sans aucune élévation. Quoi qu'en disent leurs chefs, les ouvriers n'apportent aucun sentimentalisme de solidarité dans leur union, ils s'unissent parce qu'ils ont le bon sens de comprendre qu'ils peuvent davantage en s'unissant, voilà tout. Même dans les sphères plus hautes, les querelles ont ce caractère d'âpreté : voyez celle des agrariens et des industriels.

« Y a-t-il quelque chose de comparable en France et en Angleterre? En Angleterre tous les partis sont d'accord sur les questions essentielles. En France, on se bat bien plus réellement pour la conquête de la suprématie politique que pour des gros sous. Aussi chez vous quelle vie politique intense ! L'Allemand, au contraire, ne s'intéresse pas à la politique. Voyez qui sont nos représentants au Landtag : des paysans sans culture...

— Vous êtes dur pour les Junkers... J'en connais de très cultivés.

Il répéta :

— Des paysans sans culture ou des spécialistes de l'agriculture incapables de discuter les hautes questions nationales ou internationales. A côté de ces paysans, quelques journalistes socialistes sans autorité. Les hommes de valeur restent dans les affaires ou dans la science. Nous n'avons pas comme chez vous tout un monde d'avocats, de médecins, de professeurs qui entrent dans la politique par goût. Et voilà pourquoi la vie parlementaire n'existe pas en Allemagne. Le Reichstag n'a aucune importance, aucune autorité.

— Cela ne tiendrait-il pas à ce que le véritable esprit d'opposition est inconnu chez vous? N'ayant pas le goût de vous gouverner vous-mêmes, vous vous laissez gouverner. Pourquoi, dès lors, feriez-vous de l'opposition à ceux qui vous dirigent? C'est ainsi que vous conservez l'habitude du servage...

Mon interlocuteur se redressa :

— Nous ne sommes pas pour cela des esclaves. Nous savons ce que nous voulons, et nous manifestons, le cas échéant, notre vouloir. Mais nous ne comprenons pas, en effet, ce que vous appelez l'esprit d'opposition. En France quel mérite avez-vous à faire de l'opposition? La fronde y fut toujours bien portée, c'est la caractéristique de l'esprit et du tempérament français. En Allemagne, au contraire, l'opposant fut toujours le galeux que chacun évitait avec soin, qu'on mettait littéralement au ban de la société. De sorte que les rares héros qui se permettent de manifester contre la majorité se découragent vite et n'ont pas d'imitateurs. L'Allemand peut avoir son opinion à lui, mais il ne la manifeste pas si elle est trop en désaccord avec l'opinion générale. Il ne faut pas choquer ouvertement son prochain. Vous voyez même la persistance de cet instinct dans l'attitude de Bebel à propos de l'antimilitarisme : ayant au fond les mêmes convictions que ses camarades socialistes français, il n'ose pas les formuler tout haut devant ses électeurs. Lui aussi manque de bravoure quand il sent qu'il ne sera pas suivi. Il se dit internationaliste, c'est vrai, mais les capitalistes de tous les pays, moi-même, sommes aussi des internationalistes par définition.

Cela n'engage à rien. Quant aux soldats, aux électeurs de la Social-Democratie, ils sont aussi patriotes que les autres. Vous n'avez qu'à voir défiler un régiment dans un faubourg ouvrier...

Je voulus vérifier le point de vue du puissant homme d'affaires, en causant en confiance avec un ouvrier prussien, *pris au hasard*, selon ma méthode. Et le hasard, en effet, me servit comme toujours.

Un de mes amis berlinois a pour concierge une femme dont le mari est ouvrier couvreur. Un soir que je l'entretenais de mon projet, il le fit prier de monter à son cabinet.

Il arriva, sa journée de travail finie, très confortablement vêtu d'un complet veston grisâtre, presque gentleman, avec son haut col d'une impeccable blancheur et sa cravate de soie rouge. Le visage jeune, aux pommettes saillantes, au menton énergique qu'allongeait une barbe en pointe fort bien soignée, le regard net, le geste sobre, vous l'eussiez aussi bien pris pour un ingénieur ou pour un architecte sans ses mains calleuses qui disaient son labeur de chaque jour.

Il nous raconta comment, né d'une famille de petits paysans des environs de Posen, dans une bourgade à demi peuplée de maçons socialistes qui partent l'été pour la grande ville et reviennent l'hiver répandre chez eux la bonne doctrine, il arriva à Berlin, vers l'âge de dix-neuf ans, comme ouvrier couvreur. Il y connut des ouvriers socialistes qui lui mirent en mains le *Vorwaerts* et l'engagèrent à s'y abonner.

Lui-même les interrogeait en travaillant sur les toits, assistait aux réunions socialistes et lisait les journaux de toutes nuances.

Je reproduis textuellement notre conversation, en conservant l'ordre et le désordre de ses idées :

— Déjà à l'école, je n'avais « pas d'ouïe » pour la religion, m'avoua-t-il, et ma conversion ne fut pas longue. Je devins socialiste et me décidai à rester à Berlin, où je vis depuis treize années. J'ai trente-deux ans, je suis marié, sans enfants. Je gagne 6 marks 80 par journée de neuf heures...

— Vous n'avez donc pas trop à vous plaindre?

— Oh non! fit-il. Je suis très content de mon sort. Mais il y a des camarades qui ne gagnent que 3 et 4 marks et qui ont six et huit enfants. C'est pour ceux-là surtout qu'il faut agir.

— Pour quelles raisons êtes-vous socialiste?

— C'est le devoir du travailleur. Dans l'état actuel des choses, l'ouvrier doit lutter contre le gouvernement. Celui-ci prélève sur l'ouvrier d'énormes impôts qui servent à entretenir l'armée. Nous ne voulons plus cela.

— Mais si demain les impôts étaient diminués?...

— Oh! il faudrait lutter encore. Jusqu'à ce que la religion soit abolie. Il y a dans notre programme six réformes principales que nous voulons réaliser :

1° La laïcisation de l'école. Il faut que la religion soit chose purement privée ;

2° La destruction de l'armée;

3° La liberté complète du suffrage politique;

4° La journée de huit heures;

5° L'augmentation des salaires et l'amélioration des maisons ouvrières ;

6° L'abolition des impôts qui pèsent sur l'ouvrier, car si l'impôt sur le revenu existe pour la Prusse, il n'existe pas pour toute l'Allemagne.

« Nous voulons aussi la destruction de tous les impôts indirects sur la viande, le pain, le sel, etc., et le libre-échange absolu.

— Pourquoi voulez-vous détruire l'armée ?

— Parce que nous ne voulons plus de guerre.

— Et si demain vous êtes attaqués?

— Il m'est tout à fait indifférent de devenir Français, Autrichien ou Italien — seulement, nous ne voulons pas devenir Russes ! Il y a longtemps que nous disons, les camarades et moi, que la Prusse aurait bien fait de laisser l'Alsace-Lorraine à ceux qui l'avaient.

— Avez-vous l'espoir de réaliser votre programme?

— Cela peut durer encore, dix ans, quinze ans, vingt ans. Mais pas davantage. Dans deux ou trois ans, nous aurons de nouvelles élections au Reichstag. Le Parti aura plus de députés que le Centre, et nous jouerons le rôle qu'il joue maintenant.

— Mais l'Empereur laissera-t-il faire ?

— Pour cela, nous sommes là !

— Que ferez-vous donc?

— Si l'Empereur ne permet pas de faire les réformes, nous serons l'Empereur, nous, et nous prendrons les armes.

— L'armée, qui est sous les ordres de l'Empereur, vous en empêchera?

— D'ici là, elle sera à nous. Tous les soldats qui sortent des villes industrielles sont socialistes. La garde elle-même en contient déjà beaucoup, excepté les régiments composés de recrues de la Pologne et de la Prusse orientale, qui tireront sur les ouvriers. Mais les régiments du génie, composés de travailleurs de l'industrie, marcheront avec nous contre les autres régiments.

— Ainsi vous feriez la Révolution?

— C'est le devoir de chacun d'être là où il faut, et nous sommes trop enthousiastes pour devenir des lâches.

Il parlait sans geste et d'une voix tranquille.

— S'il y avait une guerre, continua-t-il, le parti socialiste dirait : « C'est la faute de l'Allemagne », et il se rendrait à l'ennemi à la première occasion. D'ailleurs, si les chefs décidaient que les camarades ne doivent pas marcher, personne ne marcherait. Le gouvernement ne doit avoir aucune confiance dans la réserve et la territoriale.

— Et si la police et l'armée plus fortes que vous vous forçaient à partir?

— Alors, nous prendrions les armes, mais pour lutter contre elles. Cela m'est égal, à moi, d'être tué par les balles de la police ou par les balles de soldats étrangers. Si je dois mourir, j'aurai du moins la conscience satisfaite de n'avoir pas tué des gens qui ne m'avaient rien fait.

Je lui demandai ce que lui et ses compagnons pensaient de la propriété privée.

— Là-dessus, répondit-il, les opinions sont bien différentes. Il est tout à fait injuste que l'un possède des millions à n'en savoir que faire et l'autre rien. L'ouvrier doit avoir assez d'argent pour vivre dignement et pour s'élever. Mais je ne crois pas à la victoire de cette opinion socialiste que la propriété sera abolie. Détruire le grand capitalisme, c'est impossible. Ce qu'il faut, c'est le diminuer pour augmenter le salaire des ouvriers. Les idées de Karl Marx sont justes, mais impraticables. Les capitalistes ont tant de force qu'on ne peut les détruire. Nous voudrions être indépendants du capital, en ce sens que le Parti achèterait tous les objets et tous les produits nécessaires à la vie, et les revendrait ensuite aux ouvriers dans les « sociétés de consommation ».

Je voulus le pousser un peu :

— Mais si les socialistes ont la majorité dans quelques années, pourquoi ne supprimeraient-ils pas l'intérêt de l'argent? Et puis l'État exploiterait les mines, les chemins de fer, etc.

L'ouvrier couvreur secoua la tête d'un air de doute et répéta à plusieurs reprises :

— Non, c'est impossible. Cela finirait ainsi : les gens qui ont de l'argent le porteraient à l'étranger.

J'insistai :

— Les bras des ouvriers ne sont-ils pas producteurs de toute richesse? Vous n'auriez pas longtemps besoin de cet argent...

— Non, répéta-t-il. Je ne crois pas à la victoire de telles idées. Le parti socialiste ne sera jamais qu'une fraction de l'humanité et tout ce que je demande c'est la réalisation du programme dont je vous parlais tout à l'heure.

Je ne pus le pousser plus loin dans cette voie.

Nous parlâmes ensuite des lois d'assurances ouvrières, sur l'invalidité et la vieillesse, sur l'hygiène des ateliers, la diminution des heures de travail dans certains ateliers d'État et du gouvernement « paternel » des Hohenzollern.

— N'est-ce pas l'influence du monarque qui a fait

voter ces lois ouvrières qui n'existent même pas encore en France?

— Tout ce qui s'est fait de bien, répliqua-t-il, s'est fait par le socialisme; l'Empereur tient plus à sa couronne qu'aux principes conservateurs, et il n'a fait que suivre, par prudence et par calcul, un mouvement qu'il sentait irrésistible.

— L'Empereur serait donc inutile?

— Complètement. Nous n'avons pas besoin d'un Empereur qui mange par an vingt millions, tandis qu'un président de la République mangerait dix fois moins, d'un Empereur qui se moque du peuple et dont le fils traite les ouvriers de misérables. (Allusion à un discours du kronprinz au moment de la campagne des socialistes contre Alfred Krupp et les mœurs qu'on lui prêtait.)

« Quant à ses ministres, ils ne valent pas mieux que lui. Eux aussi se moquent de nous. Ils s'occupent bien des questions ouvrières, mais ils essaient surtout de canaliser le socialisme et de nous empêcher de crier en nous mettant, de temps en temps, un morceau dans la bouche.

« Ainsi le ministre de l'agriculture en Prusse n'a pas voulu reconnaître qu'il y avait disette de viande. Et qui en supporte les conséquences? La viande coûte à peu près 50 0/0 de plus qu'il y a quelques années, à cause des nouveaux tarifs. Depuis six mois on a diminué le poids des pains, de sorte que pour la même dépense une famille ouvrière a trois livres et demie de pain par semaine de moins que jadis.

— Vous discutez ces questions souvent avec vos camarades?

— On en parle toute la journée, et dans tous les

métiers, même dans les manufactures de l'État, en secret, derrière les contremaîtres. Nous, sur les toits, nous avons toutes les facilités et tout loisir de causer sans crainte.

⁂

Il me raconta comment, une fois par mois, il assistait à une assemblée de son syndicat et à une assemblée socialiste de sa circonscription électorale, et comment ces réunions étaient étroitement surveillées par la police.

— Les réunions électorales doivent toujours être annoncées à la police et chacun de leurs membres est connu d'elle. On ne traite pas ainsi les conservateurs. Eux, on les laisse bien tranquilles. S'ils ont une réunion politique, la police se contente d'envoyer un gardien de la paix. Nous, nous avons l'officier et deux sergents. Si l'orateur dit un mot qui ne plaît pas à ces messieurs, la réunion est dissoute.

— Et vos patrons ne vous ennuient jamais?

— Maintenant, ils ne le peuvent plus. Il y a seulement dix ans, ils étaient nos maîtres; mais tout cela a changé, parce que nos syndicats sont devenus puissants.

— Quels services rendent-ils, vos syndicats?

— Chaque syndiqué paye par mois une somme qui varie suivant les localités. A Berlin, par exemple, où les salaires sont plus élevés, les ouvriers couvreurs donnent 3 marks; dans les petites villes, ils ne versent que 30 ou 40 pfennigs, bien qu'ils aient les mêmes droits que les camarades des grandes villes. Il y a 20,000 couvreurs dans toute l'Allemagne. Cela fait de l'argent... Nous pouvons ainsi organiser des grèves et résister aux lock-out patronaux.

« Sur la totalité des cotisations, il faut payer les employés, entretenir nos bâtiments, imprimer un journal que chaque membre reçoit gratuitement et, s'il y a un accident, un procès, c'est toujours le syndicat qui paie. Il donne aussi 125 francs à la mort d'un membre pour les frais d'enterrement, et 60 francs si c'est la femme qui meurt. De plus, chaque membre, en cas de maladie reçoit du syndicat 7 marks par semaine en plus de ce qu'il touche de la caisse de l'État, et si la maladie dure longtemps, le syndicat paie le loyer.

« Il faut de l'argent pour tout cela. Aussi, on essaie de tous les moyens pour remplir la caisse. Par exemple, moi, chaque samedi, je vais dans les restaurants socialistes et je vends des timbres d'assurances pour nos livrets. Cela rapporte chaque fois quatre ou cinq francs, versés ainsi que d'autres collectes volontaires dans la caisse générale. D'autres camarades font comme moi.

— Tous les ouvriers couvreurs sont-ils forcés d'appartenir à un syndicat?

— Oui, car si un ouvrier couvreur non syndiqué entre dans un chantier, l' « homme de confiance » du parti vient le trouver et lui demande ses papiers. S'il n'est pas « pur », il le persuade d'entrer dans le syndicat dans un délai de trois jours.

— Et s'il refuse?

— Alors, nous demandons son renvoi au patron, ou bien nous menaçons celui-ci de la grève.

— L'ouvrier ne peut-il pas entrer dans le syndicat qui lui plaît? Le vôtre, le syndicat Hirch-Dunker, ou le syndicat chrétien?

— Oui, mais naturellement nous préférons qu'il entre dans le nôtre. En tout cas, il faut qu'il fasse partie d'un syndicat. Autrement, il est considéré comme un faux frère, et poursuivi comme tel. Autrefois, nous vivions en bonne harmonie avec les syndicats chrétiens. Mais là où ils sont en majorité, les chrétiens ont maltraité les nôtres et aujourd'hui nous voulons agir séparément. Les syndicats chrétiens travaillent pour certains patrons et nous pour d'autres. Dans les cas importants, les grandes grèves, par exemple, on s'entend.

L'ÉCOLE DE DANSE DU GRÜNEWALD

Un foyer d'art inattendu. — L'École Isadora Duncan. — Disgrâce frappante du ballet italien. — L'antiquité ressuscitée. — Tanagra. — Éducation des jeunes danseuses. — La forêt, la gymnastique, l'hydrothérapie, la musique. — Pieds nus et jambes nues. — L'Impératrice et les petites danseuses. — Il ne faut pas que la danse meure.

L'éternel ballet italien, insipide et disgracieux, continue à ennuyer les Allemands, comme il ennuie toute l'Europe, car l'Amérique, l'Inde, les pays musulmans et ceux d'Extrême-Orient ont, heureusement, d'autres danses ! Les Américains ont même inventé une danse libre et vivante, qui détrônera un jour ou l'autre le morne ballet, à moins que l'Allemagne ne prenne les devants...

Car, à part sa propreté et ses nouvelles maisons, il est une chose que j'envie à Berlin pour Paris : c'est l'École de danse du Grünewald.

Qu'est-ce donc que cette école ?

Je discutais un jour avec un illustre professeur allemand les raisons qui font que la Prusse n'a pas, en somme, d'art.

— La Prusse a créé le caporalisme, et les qualités

d'ordre et de discipline du Prussien vous l'ont permis, on peut même dire que vous avez fait prospérer tout ce qui peut prospérer par le génie de l'organisation, mais vous manquez et vous manquerez longtemps encore des qualités qui font l'art et les artistes, la fantaisie, le goût, la grâce et la liberté.

Il me répondit :

— Quand une nation manque d'un produit nécessaire, elle l'importe. Nous importerons des artistes. Vous nous prenez nos musiciens, vous imitez notre musique, nous prendrons modèle sur vos sculpteurs et sur vos peintres, nous imiterons vos couturières.

« Nous avons déjà ce dont nulle part au monde vous ne trouverez l'équivalent ou même l'approchant : l'École de danse d'Isadora Duncan. »

Je ne connaissais pas cette danseuse. J'avais vu son nom sur des affiches lorsqu'elle était venue à Paris, mais je m'étais refusé à l'aller voir danser.

On m'avait bien dit : ce qu'elle fait est curieux, ne ressemble à rien. Elle danse sur du Schumann... Et je me figurais des sortes de tableaux vivants, ces poses plastiques si horripilantes à voir. Et quand on me raconta l'enthousiasme de Rodin, de Carrière, de Saint-Marceaux pour l'étrangère, je commençai à penser que j'avais dû me tromper, et je me promis de ne pas laisser passer l'occasion de voir Isadora Duncan.

Et voilà que le hasard me fait un matin, à l'aube, rencontrer à la gare de Silésie, une dame étrange enveloppée de voiles bruns aux plis gracieux, la tête couverte d'un morceau de feutre ramené vers les oreilles par un voile. Elle descendait du train de Francfort et cherchait une voiture. Je vis ses pieds nus dans des sandales à jour. La figure était celle d'une jolie jeune femme aux traits distingués, au regard rêveur et doux. Je l'entendis parler au Schutzmann, d'une voix frêle et caressante. Elle avait l'air d'une jeune sœur de cette admirable miss Booth, qui fonda l'armée du Salut.

Je le sus plus tard, c'était miss Isadora Duncan.

Le lendemain les affiches annoncèrent ses représentations.

J'y allai un soir, puis deux, puis trois. Du premier coup j'avais été pris : elle m'avait révélé la beauté du mouvement. Je savais désormais, par elle, qu'un bras levé, que des jambes remuant des plis de tunique, au rythme d'une belle musique, qu'une main se tendant vers une fleur invisible, qu'un cou incliné, peuvent vous paraître aussi beaux, vous émouvoir aussi profondément que la plus noble symphonie. Deux heures s'écoulèrent, et mes yeux ne se fatiguaient pas de la voir, ni mon esprit de suivre le sien à la recherche des beaux gestes et des lignes pures.

Je songeais, en la regardant, aux ballerines des Opéras. Grâce à elle, je comprenais ce que veulent faire ces pauvres filles quand elles lèvent la jambe, le pied, ou tendent les bras en corbeille. Oui, oui, c'est pour imiter les bas-reliefs de la Grèce, c'est pour réjouir nos yeux par la grâce et la souplesse de leurs gestes, qu'elles se donnent tout ce mal, qu'elles gigotent et tournent comme des totons, qu'elles se dressent sur la pointe de leur orteil comme des pantins de fil de fer, des automates bien articulés..... A cette heure où, avec des gestes de panathénée, Isadora Duncan se meut, libre et forte, gracieuse et variée, les jolies ballerines de Milan, de Paris, de Saint-Pétersbourg, de Berlin et de Londres me font l'effet de moniteurs de l'École de gymnastique militaire de Joinville, s'exerçant en robes de gaze, à devenir des almées ! A la fois bayadère et tanagréenne, tour à tour vierge pudique et bacchante excitée, que danse-t-elle ? Où a-t-elle pris ces pas, ces courses rapides, ces essors d'ange tombé qui s'efforce à remonter au ciel dans une trajectoire eurythmique, ces balancements de fleur pensante ? Quelle cinématique lui a enseigné de se mouvoir ainsi, de donner à tout son corps simultanément les belles lignes des statues en marche, de ne jamais bouger sans une élégance divine, de régler ses moindres déplacements selon une insaisissable cadence ?

C'est dans son simple génie que naquit ce miracle. Car elle a beau passer sa vie à décomposer les gestes des statues grecques, des estampes japonaises, des figures creusées dans les pylônes égyptiens, la seule imitation ne suffirait pas à produire les milliers d'attitudes différentes qu'en une seule danse elle fait vivre aux yeux ravis.

Après avoir vu danser Isadora Duncan, j'allai visiter les musées de Berlin, et je compris soudain ce que recèlent de vie gracieuse et noble les bas-reliefs de l'antiquité. Ces jambes et ces bras de pierre, ces draperies immobiles, sont les secondes admirablement fixées de beaux mouvements humains dont le secret était mort pour nous.

Ainsi, peu à peu, après Athènes, après Rome, l'art de la danse s'était perdu, ou du moins, transmis de travers, comme il arrive toujours quand des choses délicates et achevées sont imitées par des barbares ou des enfants.

Aujourd'hui, qui le croirait? ce sont les danses des statues grecques que nous voyons sur toutes les scènes de l'Europe ! Elles veulent imiter les tanagras, les filles d'opéra qui mettent leurs bras en cerceau au-dessus de leur tête, lèvent leurs jambes comme des tiges d'acier et courent ainsi à rapides petits pas de canard... Mais, par bonheur, c'est dans le même but que danse Isadora Duncan. Elle seule a *compris* dans notre temps, comment marchaient, comment couraient, comment portaient les guirlandes et les amphores les filles de l'Hellade, et c'est cela, avec mille autres grâces, qu'elle ressuscite au son des musiques de notre temps. C'est cela qu'elle veut faire revivre pour la joie des hommes, pour la joie de l'art.

Et voilà pourquoi elle a fondé de ses deniers avec une passion qui fait maintenant le but de sa vie, une école où elle reçoit gratuitement, héberge, habille, instruit, vingt jeunes enfants allemands, hollandais, russes, français, scandinaves.

Elle a loué en pleine forêt du Grünewald, à une demi-heure de Berlin, une grande villa avec un jardin, a installé des dortoirs, des réfectoires, une salle de danse et de gymnastique, une salle d'hydrothérapie, et chaque jour les enfants font des exercices d'assouplissement, selon la méthode suédoise, apprennent à courir, à marcher dans la pleine liberté de mouvement des enfants grecs, tels qu'on les voit sur des bas-reliefs qui demeurent. Une musique accompagne leur gymnastique dansante, car le but à atteindre, c'est que la future danseuse vive les rythmes, les sent et les interprète avec la même facilité qu'elle respire.

Toute la journée, mises à part les heures d'études et d'exercices, les enfants jouent dans la forêt qui s'étend tout autour de l'école. Elles courent pieds nus, dansent des rondes autour des grands arbres, tressent des guirlandes de fleurs et en font des motifs d'exercices en chantant des airs rythmiques. Vêtues d'une sorte de tunique à la grecque, courte et lâche, les jambes nues, les cheveux libres sous un béret souple, ce sont vraiment de petits anges, car la plupart sont jolies, angéliquement jolies. L'Impératrice en promenade les aperçut un jour, fit arrêter sa voiture, les admira, s'informa. Mais quand elle sut que c'étaient les élèves de la danseuse aux jambes nues, elle repartit sans insister davantage.

Je les ai vues danser, un soir, autour d'Isadora Duncan, habillées de bleu, de blanc, de rose, et je crois que jamais spectacle humain ne m'a plus profondément ému. La vue de la pureté, de l'innocence, de la candeur unies à la beauté et à la grâce, procure aux vieux pécheurs une émotion que j'appellerai divine pour en marquer la qualité rare et noble.

Ces corps d'enfants souples et beaux, leurs longs cheveux bouclés et libres, leurs petits bras s'agitant au rythme des jambes et des pieds nus, au son d'une musique suave, la grâce merveilleuse du moindre de leurs gestes débarrassés de cette sorte d'ankylose empruntée et maladroite que donnent chez nous aux petits rats d'opéra les exercices mal compris, surtout leurs yeux, leurs doux yeux candides et tendres d'enfants du Nord, me mirent dans un état d'exaltation pure et religieuse que je ne connaissais pas. Comme elles sautaient très haut, ainsi que des balles, sur le tapis sombre, comme elles étaient vêtues d'étoffes claires et voltigeantes, les petites filles me firent exactement l'effet de petits anges; je lus une infinie bonté dans leur infinie douceur, et leur tendre sourire me rappela celui des images saintes qu'aima mon enfance. La musique aidant, j'eus l'illusion d'une sorte de miracle religieux, d'une Chandeleur improvisée; je baignais dans la blancheur et l'immarcessible, et mon émotion était d'une suavité inconnue.

Je sus un grand gré à miss Isadora Duncan du bonheur que je lui devais doublement dans cette soirée, et j'enviai pour la France la gloire de ressusciter un tel art. Mais elle me dit :

— C'est à Berlin, c'est en Allemagne que mon succès fut toujours le plus grand et le plus constant. C'est à l'Allemagne que ma reconnaissance a voulu rendre ce que je lui devais. Dans vingt-cinq ou trente ans, mes idées auront prévalu, mais en attendant il faut lutter.

Et cette petite créature énergique lutte avec une ardeur, une ténacité héroïques. Elle a dépensé toute sa fortune pour édifier son école, et c'est avec le produit de son labeur qu'elle subvient à son entretien. Déjà un comité de professeurs éminents et de gens du monde s'est fondé pour l'aider à gérer son œuvre de beauté, mais l'appui financier qu'il lui faudrait ne s'est pas encore trouvé. Son école lui coûte 60,000 marks, et les souscriptions ne s'élèvent qu'à 2,000 marks.

La résistance vient du côté des ballerines officielles et de leurs « cavaliers ».

Un jour ou l'autre, il faudra bien que l'État prussien apprenne l'existence de cette école d'esthétique sans pareille au monde, et l'agglomère à son magnifique Conservatoire de Berlin. Ce jour-là, on ne pourra plus dire que la Prusse ne fait pas d'artistes.

Elle s'exténue à lutter, car elle est à peu près seule à avoir la foi, avec sa sœur, miss Élisabeth Duncan, qui est, en fait, la directrice de l'École du Grünewald. Intelligente et fine, adorant sa sœur comme une déesse, elle a sacrifié sa vie à son adoration. Quand miss Isadora s'en va à travers l'Europe chercher, en dansant, les capitaux nécessaires à alimenter l'école gratuite, miss Élisabeth continue son œuvre.

— Il ne faut pas que la danse meure, répète-t-elle avec une énergie attendrie.

Pourtant cette vie de sacrifice ne pourra pas durer toujours. Son rêve, c'est qu'un congrès de sculpteurs et de musiciens s'émeuve à l'idée de voir sombrer son idée et décide de la faire vivre. Souhaitons ardemment qu'il se réalise [1].

1. J'apprends que miss Duncan, actuellement en tournée en Amérique où son succès est prodigieux, n'est pas décidée à continuer son École du Grünewald, et qu'elle songerait à la faire émigrer en France, à Paris. Ce serait tant mieux pour nous, mais tant pis pour Berlin !

OFFICIERS ET SOLDATS

Origine des officiers. — Éducation militaire et culture générale. — Corps aristocratiques. — Régiments chers. — Il faut 20,000 francs de rente aux cuirassiers de la garde. — Budget d'un officier. — Officiers pauvres. — Dépenses somptuaires obligatoires. — Ordre de l'Empereur. — Tenue brillante et tables frugales. — Les dettes et le jeu. — Opinions d'officiers et de professeurs à l'École de Guerre. — Historique de la formation du corps d'officiers prussiens. — Pas de brillants sujets. — Simplicité du caractère. — Un grave défaut : le pédantisme. — Visite de casernes. — Les Mess. — Fraternité. — A propos des mauvais traitements dans l'armée. — *Du bist ein schwein.* — Suicide d'un sous-officier. — Le pas de parade. — Officiers francs-maçons. — L'Empereur approuve la franc-maçonnerie. — Les campagnes antimilitaristes dans l'armée. — Les social-démocrates font les meilleurs soldats. — Éducation et goût militaristes du peuple allemand. — Le siècle des officiers de réserve. — Le colonel von Pluskow. — Critique de l'armée française par des officiers allemands. — L'avancement. — Différence d'origine. — État d'esprit du corps d'officiers vis-à-vis de la guerre. — Deux cloches, deux sons. — La faute de Louis XIV et la faute de Bismarck. — Propos d'un ministre russe au sujet de l'alliance avec la France. — Les grands chefs de demain. — L'Empereur bon colonel et bon capitaine de vaisseau.

Je n'ai pas l'intention d'étudier l'armée allemande au point de vue militaire, ni de la comparer à l'armée française. Cette étude, souvent faite, d'ailleurs, exige une compétence technique que je n'ai pas.

Mais depuis trois ans, j'ai visité des casernes, assisté à des manœuvres, à des exercices et à des défilés, j'ai surtout beaucoup causé avec des spécialistes. Et ce sont mes notes prises au jour le jour que je coordonne ici.

Peut-on comparer l'instruction des officiers allemands avec celle des officiers français? Les officiers français que j'ai rencontrés en Allemagne m'affirment que les nôtres — exceptions mises à part — sont supérieurs au point de vue de la culture générale et qu'au point de vue professionnel il y a entre les uns et les autres à peu près équivalence. Je le croirais volontiers.

Ce dont j'ai pu me rendre compte parfaitement, c'est que les officiers des hauts grades, ceux de l'état-major surtout, sont des hommes remarquables. Je ne parle pas de leur valeur technique qui m'échappe. Je parle de leur valeur totale d'hommes, de leur pondération, de leur sérieux, de leur moralité, de leur énergie et surtout de leur conscience et de leur sentiment du devoir. Autant qu'on peut juger des hommes en les regardant, en les écoutant et en les entendant apprécier par ceux qui les connaissent, j'ai pu prendre la notion que je me trouvais devant des gens extrêmement polis, de mentalité saine et solide et devant des caractères. C'est, d'ailleurs, une vérité reçue en Allemagne que l'armée accapare en ce moment, avec les sciences appliquées, le meilleur de l'élite.

Voyons d'abord comment elle se recrute. Nous regarderons ensuite comment elle vit et nous l'écouterons parler sur elle-même beaucoup, et un peu sur les autres.

⁂

Les officiers allemands ont trois origines différentes.

— Entrée directe dans l'armée (on les appelle *avantageurs*).

— Les Écoles de Cadets.

— Les officiers de réserve.

Ces derniers forment une exception très rare, dont on ne doit pas tenir compte.

Pour entrer directement dans l'armée il faut ou bien posséder le diplôme de fin d'études des lycées, ou bien passer l'examen spécial d'enseigne. Celui qui veut se présenter à l'examen d'enseigne a dû déjà suivre pendant sept ans avec succès les cours d'un lycée ou d'une école où l'étude du latin est obligatoire.

On voit déjà par ces simples stipulations qu'une première sélection est faite à l'origine de la carrière : il faut avoir suivi les cours d'un lycée et savoir le latin.

Mais si les conditions d'admission se bornaient là, on pourrait croire qu'il ne s'agit, dans l'esprit des chefs de l'armée, que d'une sélection de culture.

Or, le candidat officier doit satisfaire à une autre exigence qui n'a plus rien à faire avec l'éducation ou avec la capacité intellectuelle : il doit prouver que sa famille est en état de lui servir une mensualité de 56 fr. 25 (45 marks) s'il s'agit des troupes à pied, de 93 fr. 75 (75 marks) pour l'artillerie de campagne, de 187 fr. 50 pour la cavalerie. Ces sommes relativement raisonnables se quintuplent et quelquefois se décuplent, nous le montrerons plus loin, quand il s'agit de certains régiments de choix. Nous sommes donc devant une deuxième sélection, qui a la fortune pour caractère.

Mais ce n'est pas tout.

S'il suffit, en effet, d'avoir fait des études secondaires dans un établissement de l'État et d'appartenir à une famille aisée pour entrer dans le corps d'officiers, le jeune Allemand est encore loin de compte s'il entend choisir son arme et son régiment. Nous verrons cela tout à l'heure.

Suivons-le dans la filière.

S'il a son diplôme de fin d'études ou s'il a passé avec succès son examen d'enseigne, s'il a été accepté comme aspirant officier par le colonel du régiment choisi et que sa famille s'est engagée à lui verser un supplément mensuel, l'éducation du jeune officier commence. Il fait d'abord un stage d'au moins cinq mois dans le corps qu'il a adopté. Il n'est que simple soldat et couche le premier mois en chambrée avec les hommes, à moins qu'il ne sorte de l'École des Cadets, auquel cas il entre à la caserne comme sous-officier. Au bout du troisième mois, il passe, la plupart du temps, caporal (en surnombre), et le mois suivant il devient sous-officier. S'il répond aux conditions de notes, d'aptitudes, il est nommé enseigne (porte-épée *faehnrich*). Alors on l'envoie dans une Ecole de Guerre où il demeure huit mois. On lui apprend les éléments de tactique militaire, la topographie, la science des fortifications, les conditions générales du service, le code pénal militaire, l'administration de l'armée. On essaye de lui inculquer *l'esprit militaire*, les règles des relations entre les officiers, les idées d'honneur et de devoir, en insistant beaucoup sur ces derniers points.

Au bout de huit mois passés à l'École de Guerre, le jeune aspirant subit l'examen d'officier. S'il réussit, il reçoit un certificat d'aptitude et retourne passer quelques mois dans son régiment comme enseigne. Mais, déjà, il a le droit de porter l'épée et la dragonne, et le colonel le présente à ses futurs camarades. On l'observe, et, le délai révolu, on vote sur son admission. S'il y a une objection sérieuse, cette admission est renvoyée à plus tard. On entend ainsi quelquefois le punir d'infractions vénielles ou de maladresses. Il aura pu montrer quelque négligence dans le service, être inexact, commettre une légère faute dans le traitement de ses subordonnés, ou surtout manquer à l'idée du devoir et de sa responsabilité. Si, au contraire, le vote lui est favorable, le procès-verbal de l'élection est transmis à l'Empereur qui décerne le brevet.

Si le candidat sort de la classe *Selekta* de l'École des Cadets (c'est-à-dire d'une division d'élite), où il a suivi les mêmes cours que ceux de l'École de Guerre, il entre au régiment comme officier sans passer par la formalité du vote, et il est nommé directement par l'Empereur.

Reçu enfin dans le régiment, il achève son éducation définitive. Un capitaine est chargé de ce soin, aidé par les plus âgés du corps. A la moindre difficulté qui surgit, le néophyte doit recourir aux conseils des anciens qui l'assistent. Il arrive souvent que son jeune orgueil se trouve offensé, il faut le raisonner; tout en développant exagérément son sentiment de l'honneur, on lui explique une foule de nuances, on lui donne des « directives ».

J'ai dit que les cadets et les enseignes ayant conquis

les titres de lieutenant et choisi leur régiment, doivent être agréés par le colonel et par l'ensemble des officiers du régiment. Quand il s'agit d'aristocrates, le postulant va généralement dans celui où son père a servi, où son nom est connu, et généralement il est accepté d'emblée. Les régiments de la garde sont naturellement les plus recherchés : on habite la capitale, on a des occasions multiples d'approcher l'Empereur et les hauts dignitaires de l'armée, on y voit et on y entend plus de choses et les facilités de s'instruire sont plus grandes.

Les fils aînés des familles nobles de l'Est dans lesquelles existe un majorat entrent dans la cavalerie de la garde où ils trouvent les fils ou les parents de petits souverains. Les fils du roi de Prusse sont tous lieutenants au 1er régiment de la garde à pied, en garnison à Potsdam, qui n'est composé que d'officiers nobles, dont les pères ont servi là. C'est une tradition.

En laissant à ses régiments le soin de recruter eux-mêmes leurs cadres, le Roi veut leur conserver une personnalité, une individualité propres et en augmenter l'homogénéité. Et il y arrive généralement, dans l'Est surtout. Les ancêtres ont lutté contre les Polonais et les Slaves à côté des chevaliers teutoniques, et tous les hobereaux d'aujourd'hui qui ont conservé la tradition militaire passent sans exception par l'armée où ils apportent les qualités guerrières qu'ils ont dans le sang. S'ils quittent le service, c'est pour rester officiers de réserve.

Au contraire, dans les riches provinces Rhénanes, dans la Westphalie, pays catholique, la passion militaire n'est pas si ardente que dans les provinces orientales, plus pauvres, où les mœurs demeurent plus rudes. Là, on trouve à côté des fils de grands propriétaires aristocrates des fils de familles industrielles, respectables et riches, mais qui n'ont pas participé à l'histoire de la Prusse; comme dans ce 7e uhlans, à Sarrebrück, par exemple, dont on se moque couramment en disant : « Pour chacun de ses lieutenants, il y a dix cheminées qui fument ». L'esprit de corps s'en ressent, la discipline n'est pas aussi sévère, car il faut des ménagements au caractère rhénan depuis longtemps libéré de la misère et de la discipline trop rigoureuse. Peu à peu cependant, sous l'influence des officiers prussiens qu'on envoie dans l'Ouest, l'esprit militaire augmente et tend à s'harmoniser avec celui du reste de l'armée.

Ainsi s'est formé un aristocratisme très étroit, qui maintient dans les cadres une sorte d'émulation de vanité et de snobisme n'ayant plus grand'chose à faire avec les vertus militaires. Le régiment des *Zieten hussards*, à Rathenow, près Berlin, est extrêmement recherché pour son esprit de corps très exclusif et pour sa réputation de fournir les meilleurs cavaliers de l'armée. Le 1er cuirassiers à Breslau, où se trouve toute la noblesse de Silésie, le 3e cuirassiers de Kœnigsberg, qui reçoit celle de la Prusse orientale, le 1er et le 2e hussards du Roi, à Dantzig, que l'Empereur favorise, le 2e dragons à Schwedt-sur-Oder, dont le prince Albrecht fut le chef, le 13e uhlans à Hanovre, le 8e uhlans à Fürstenwalde, figurent en tête des régiments de cavalerie les plus enviés.

Certains régiments d'infanterie se montrent également exclusifs; ainsi le corps d'officiers du 73e d'infanterie à Hanovre, du 55e à Detmold, du 2e à Stettin, du 7e chasseurs à Bückebourg, sont recrutés dans la petite noblesse locale et se ferment aux fils de vulgaires bourgeois. L'Empereur avait exigé que quelques exceptions soient faites à cet exclusivisme dans les régiments de sa garde. On appelle dédaigneusement ces favorisés *Concession Schultze*, ce qui équivaudrait à dire chez nous : « C'est une concession faite aux Durand. »

Mais, peu à peu, ces trois ou quatre exceptions ont disparu, découragées de se sentir isolées.

Dans le génie, et l'artillerie, l'instruction personnelle des officiers est bien supérieure à celle des autres armes. Cependant le prestige demeure aux régiments brillants et *chers*. L'Empereur, dont c'est le goût, a porté tous les uniformes de son armée, excepté toutefois celui du train. On dit qu'il a promis de réparer cette omission qui ressemble à du dédain... Cependant, il ne le fait pas.

Dans les *régiments chers*, on ne se contente pas d'exiger le supplément de cent ou de deux cents francs réclamés dans l'infanterie et la cavalerie. Comme me le disait un officier, le traitement d'un lieutenant en second suffit à peine à payer ses bottes et ses souliers dans ces corps d'élite. Pour devenir officier aux cuirassiers de la garde à Berlin, il faut avoir au moins un revenu personnel de 20,000 francs, si l'on veut tenir son rang à côté des autres. Les hussards, les uhlans et les dragons de la garde viennent ensuite, avec des exigences à peu près pareilles.

— Où s'en va donc tout cet argent? demandai-je.

— Voici à peu près généralement le budget de dépenses obligatoires d'un officier :

Diner de midi : 1 fr. 62, soit 50 francs par mois.
Diner du soir : 50 francs.
Logement : 50 francs.
Fonds d'habillement versé à la caisse du régiment 30 francs.
Salaire de l'ordonnance : 7 fr. 50.
Soit : 187 fr. 50, absolument obligatoires.

« Ajoutez à cela le blanchissage, les souscriptions pour la bibliothèque, pour les loteries de charité, les fêtes du mess, la musique qui se montent à un minimum de 45 francs; nous arrivons au chiffre de 232 francs, dont il est à peu près impossible de défalquer un pfennig. »

Or, un lieutenant en 1er, à Berlin, gagne 265 francs par mois[1]. Il lui reste donc exactement 33 francs pour ses cigares et « pour faire le jeune homme ».

De plus, il lui faut acheter et entretenir des uniformes et des casques pour les parades et les bals

1. Je rappelle ici le traitement des officiers en garnison à Berlin, y compris les indemnités de logement. Il y a une différence assez sensible dans le chiffre de ces indemnités selon les villes de garnison; on les calcule suivant le prix moyen de la vie dans les différentes régions :

1er lieutenant	Fr.	3,187 50
Capitaine en 2e		5,203 75
Capitaine en 1er		6,703 75
Major-commandant		8,766 25
Lieutenant-colonel		10,203 75
Colonel		11,692 50
Général de brigade		13,893 75
Général de division		19,218 75
Commandant d'armée		27,487 50

de Cour, car tous les officiers des environs de Berlin sont invités au Palais impérial, aux courses, etc. Ajoutez que les officiers sont dans la nécessité d'entretenir beaucoup de rapports sociaux, de répondre à une foule d'invitations, de fêter les camarades qui arrivent ou qui s'en vont, ou de passage. Ils ne doivent voyager qu'en première ou en deuxième classe; à Berlin, ils ont décidé de s'interdire les omnibus à chevaux, mais de se permettre les autobus et les tramways; ils n'osent se montrer que dans les bons restaurants, je veux dire les mieux fréquentés de Berlin; s'ils vont au théâtre, seuls ou avec leurs femmes, ils doivent aller aux bonnes places; quand ils donnent des pourboires, il faut qu'ils soient supérieurs à ceux des simples pékins, ou alors il n'y a plus de hiérarchie. (C'est ainsi, d'ailleurs, qu'ils conservent près des cochers leur popularité.) Autrefois, ils avaient le droit d'entrer au café Bauer; à présent, ils vont prendre leur thé dans les premiers hôtels de Berlin, au Kaiserhof ou au Bristol.

Il se trouve pourtant assez souvent des officiers nobles trop pauvres pour subvenir à de telles dépenses. Il est de tradition que, chaque année, le roi de Prusse prélève sur sa cassette une subvention supplémentaire en leur faveur. Ce sont généralement des fils d'anciens officiers qui se distinguèrent au service.

L'Empereur, qui insista plusieurs fois près des chefs de corps pour que les suppléments ne dépassent pas 150 marks dans les meilleurs régiments, a changé *huit* fois plus souvent le modèle des uniformes que ses prédécesseurs en cinquante ans. Il ne se doute pas de ce que ses fantaisies ont coûté à ses officiers auxquels il prêche la simplicité de la table, sans doute parce qu'il n'est pas gourmand.

Il faut convenir que l'État fait tout ce qu'il peut pour aider l'officier à se suffire. Il a reconnu d'utilité publique le *Magasin pour l'armée et la marine*, fondé sur le modèle du club *Army and Navy*, qui se charge de fournir à ses adhérents, à prix très réduits, les effets d'équipement et d'habillement, chevaux, articles de consommation pour les casinos, conserves, vins, liqueurs, cigares, linge, etc. L'économie initiale de cette institution consiste dans la suppression de tous les intermédiaires. On arrive ainsi à produire des uniformes d'officiers pour une somme moitié moindre que chez nous.

L'Empereur aussi use de tout son pouvoir pour ramener son armée à la simplicité d'autrefois, uniformes à part. Il a donné l'ordre aux chefs de corps de régler le menu des dîners de réception des officiers mariés, obligés de recevoir leurs camarades et les hauts fonctionnaires. Ce menu, inspiré, dit-on, par Guillaume II lui-même, consiste en un poisson et une entrée, un plat sucré et un dessert. Le monarque précise ces détails pour que les officiers moins fortunés ne soient pas humiliés par le faste des riches.

L'État exige pour autoriser le mariage des lieutenants, soit une dot minimum de 3,000 francs de rentes de la part de la femme, soit, par le mari, la justification d'une fortune équivalente à cette somme, assurée par de bons titres publics; pour les capitaines, l'exigence se réduit à 2,000 francs.

Tout le monde reconnaît, dans le monde militaire,

qu'il est aujourd'hui impossible à un officier de cavalerie de vivre avec moins de 5,000 francs de supplément à son traitement.

Ces mœurs de luxe ne se bornent pas à la vie des officiers, elles influencent également les volontaires. Dans les régiments de la garde, la vie coûte si cher aux volontaires que seuls les fils de financiers et de gros commerçants peuvent y entrer. Dans le régiment d'Alexandre, à Berlin, sur dix-sept volontaires, on comptait l'an dernier douze fils de riches familles israélites.

Il va de soi qu'un tel train conduit l'officier à faire des dettes. De temps en temps, on entend parler de poursuites ordonnées par l'autorité militaire pour détournements et escroquerie après des pertes de jeu. Le jeu sévit, en effet, comme une épidémie dans les garnisons petites et grandes; dans les petites en raison de la rareté des distractions, dans les grandes parce que les occasions de dépenser de l'argent se multiplient. Si un officier se suicide dans une pareille conjoncture, l'Empereur interdit qu'on lui rende les honneurs militaires.

— Il est vrai, me confie un officier, que les jeunes lieutenants s'endettent parfois. Ils ne sont pas très ordonnés ni prévoyants. Mais ce n'est pas là une coutume générale. Au surplus, ils ont à s'endetter quelque excuse. Ils s'y entraînent par la facilité que leur laissent les fournisseurs de payer à longue échéance. L'officier fait-il une commande chez son tailleur ou son chemisier et demande-t-il expressément la note? On lui livre la commande sans ajouter la facture, espérant ainsi qu'il reviendra plus sûrement — et le calcul se vérifie souvent. Mais, en général, l'officier paie ses dettes. Chaque mois, on lui retient au corps à cet effet sur son traitement une certaine somme qu'il touche intégralement en décembre. Alors il acquitte les notes qui pullulent surtout à cette époque. Dans le cours de l'année, il peut faire envoyer à la caisse en question une note de tailleur ou autre qui est payée sur sa réserve personnelle.

Heureusement pour l'armée allemande, beaucoup de ses officiers ont gardé la simplicité de mœurs qui était de règle au temps des Frédéric. Et vous verriez souvent, en regardant bien, quelque vieux major soupant pour un mark, dans un coin de restaurant modeste où ses brillants camarades ne vont pas, parce qu'il a une nombreuse famille, un fils peut-être à l'École de Guerre, pour lequel il se prive.

Un des types les plus populaires de l'armée est justement ce fameux général von Haesler, aujourd'hui en retraite, et qui joignait à de hautes qualités militaires les vertus subalternes de frugalité et de simplicité (on prétend qu'il ne vit que de lait et qu'il a toujours été chaste). Quand il fut nommé à Metz, il dit, en voyant les meubles et les tentures du cabinet de travail de son prédécesseur : « Débarrassez-moi de tout cela. Je suis ici pour travailler, je n'ai besoin que d'une table, d'une chaise et de beaucoup de lumière. » Il se retira, depuis, dans sa propriété de la Marche de Brandebourg où il passe son temps à parfaire l'éducation des enfants de son village.

A côté de ces régiments *chers* où l'argent ne suffit pas pour entrer, où un milliardaire ne serait pas admis, il y en a de plus fermés encore qui se composent de représentants de familles médiocrement fortunées, comme le 2e cuirassiers de la reine Louise. Ce régiment, entre autres, ne se contente pas d'exclure de ses cadres tout ce qui n'est pas aristocratique, il cherche encore à ne se recruter que parmi les plus vieilles familles poméraniennes. Il est fier de sa propre histoire, des soixante-six drapeaux par lui conquis à la bataille de Hohenfriedberg, en Silésie, sous Frédéric le Grand, fier de son droit exclusif de jouer devant l'Empereur la fameuse marche de Hohenfriedberg qui passe pour avoir été composée par le grand Frédéric. Tel est aussi le 1er régiment de la garde à pied, en garnison à Potsdam, qu'on pourrait presque appeler un régiment pauvre puisqu'on se contente d'y doubler les frais de mess. Mais les fils des Hohenzollern y sont tous lieutenants dès l'âge de onze ans, et les familles princières et les fils de généraux en fournissent les cadres depuis sa création.

L'École des Cadets, qui reçoit les fils d'officiers et de hauts fonctionnaires, refusa d'admettre le fils illégitime du roi Milan et de la célèbre Christich. C'est, à n'en pas douter, cette exclusion qui l'amène aujourd'hui, pour gagner sa vie, à s'exhiber dans les music-halls de Berlin comme tireur phénomène.

Un tel exclusivisme montre bien où en est l'Allemagne au point de vue du sentiment démocratique, et ne signifie pas seulement la morgue germanique. Il a des fondements plus profonds que la vanité de caste, et se réclame des faits de l'histoire. Écoutez ce que m'en écrit un savant officier, d'origine bourgeoise pourtant, mais résolument conservateur et monarchiste :

— Pour comprendre ces mœurs qui vous sont devenues étrangères en France, me dit-il, et l'esprit militaire prussien qui s'est communiqué au reste de l'armée allemande, il faut penser que cette aristocratie militaire se forma dans l'Est après les désastres de la guerre de Trente Ans, dans un pays ruiné, dont le premier souci était de reconstituer ses forces de défense. Elle eut pour père Frédéric-Guillaume, le Grand Électeur, qui prit l'initiative de forcer les commandants de forteresses, jusqu'ici indépendants de l'Empereur, à lui prêter serment. Choisissant lui-même ses officiers dans les familles nobles de la Prusse et du Brandebourg, il fit de ces adversaires possibles les soutiens les plus fidèles et les plus dévoués de la monarchie prussienne. L'identification absolue de la noblesse et de l'armée fit naître dans cette caste privilégiée un loyalisme ardent envers son chef, le Roi-Soldat. Durant les règnes de Frédéric-Guillaume, de Frédéric Ier, de Frédéric-Guillaume Ier et de Frédéric II, le grand Fritz, elle s'attacha avec passion à son chef royal. C'était l'époque où l'on se déclarait fier d'être « fritzisch » avant d'être Allemand. Le Roi se regardant comme le premier soldat de son armée, une forte solidarité s'établit entre le chef suprême et les subordonnés, ayant pour soutien le respect commun de la discipline, de l'exactitude, de la simplicité des mœurs. Le plus pauvre hobereau devenait par son mérite l'égal des princes. Il régnait parmi les officiers une sorte de fraternité qui faisait du « corps » une grande famille unie par le dévouement à la dynastie des Hohenzollern. Il paraissait tout naturel qu'un officier sans fortune en congé trouvât sur les terres d'un camarade riche un accueil fraternel, ou même que le lieutenant fût l'hôte de son capitaine ou de son colonel. « Chacun pour tous et tous pour chacun », ainsi le voulait le Roi qui encourageait l'ardeur de ce loyalisme en accordant aux corps d'officiers un code spécial, et les premières places dans le gouvernement.

« Ainsi se formèrent ces corps d'élite, dont l'enthousiasme guerrier et la forte discipline contribuèrent pour une large part aux victoires du grand Frédéric. Peu à peu cependant, et grâce à d'assez longues périodes de paix, le formalisme s'empara des corps d'officiers, on s'occupa avec un soin méticuleux et bien allemand de détails purement extérieurs, et il fallut Iéna pour s'apercevoir de l'engourdissement routinier de troupes tant réputées. Alors on songea à en rajeunir l'esprit. On laissa au corps plus de liberté en substituant à la nomination des officiers par le roi le choix de ceux-ci par leurs frères d'armes, qui a duré jusqu'à présent et se maintiendra longtemps encore. Le rôle du roi se borna désormais à ratifier les choix.

« La force numérique de l'armée croissant d'année en année, il fallut augmenter les cadres. Des officiers bourgeois furent admis en plus grand nombre dans les régiments de ligne. De la sorte se greffa sur le corps d'officiers une souche nouvelle qui l'enrichit, le rajeunit et le vivifia. L'esprit aristocratique, cependant, y subsistait en même temps qu'une discipline sévère, qui laissait pourtant à la critique individuelle une grande liberté, comme dans un ordre chevaleresque.

« Le corps d'officiers choisissant les hommes qu'il croyait dignes d'être admis dans ses rangs, il devenait responsable de ses membres vis-à-vis du roi.

« Le commandement est donc resté aristocratique par essence, uni, fermé et homogène. Cette homogénéité crée la solidarité qui ne fait jamais défaut devant l'ennemi et qui exclut les jalousies si néfastes en cas de guerre.

« Quant au recrutement régional des officiers, il n'est malheureusement plus qu'exceptionnel. Vous avez noté les régiments de la garde et certains régiments de cavalerie de l'Est qui sont dans ce cas. Mais relativement peu de régiments d'infanterie jouissent encore de cet avantage traditionnel. Cette tradition heureuse a changé, au préjudice de l'homogénéité des corps, par l'affectation de garnisons fortes aux frontières. Les régiments frontières ne trouvant pas de remplaçants suffisants — dans les grandes familles du pays, se virent souvent forcés d'admettre des fils de petits fonctionnaires ou même d'artisans de la région, qui n'auraient pu, autrefois, à cause de leur origine, entrer dans l'armée.

« On ne rencontre que très rarement dans le corps d'officiers allemands ce qu'on appelle des « brillants sujets ». L'allure théâtrale nous est étrangère ou du moins ne trouve pas d'admiration. Je peux dire qu'en général l'officier allemand fait son devoir avec simplicité. On parle à peine des chefs de l'état-major général, et un homme tel que de Moltke reste le type de l'officier prussien. Il résulte de cet effacement une certaine confiance en soi-même, car ce qui ne s'extériorise pas est autant de gagné pour la force interne. Depuis que Frédéric-Guillaume Ier habitua ses officiers à lui parler librement, les hommes qui manifestent sans restriction leur opinion ne manquent pas. On se critique et on se moque même peut-être trop de soi-même dans les corps d'officiers, et il n'est pas rare qu'un supérieur entende un mot qui ne lui était pas destiné; mais il n'en demandera jamais raison à son inférieur. Je vous assure que celui qui croit trouver dans l'armée allemande l'obéissance passive ne connaît pas son âme. Notre discipline est une chose vivante et intelligente qui laisse du jeu à l'initiative.

« Je n'oublie pas cependant un défaut que je vous ai déjà signalé, et qui peut devenir un danger sérieux pour notre armée. C'est l'ordre exagéré et le pédantisme, une préoccupation maladive des détails extérieurs qui fit oublier après la mort de Frédéric II les choses plus importantes, et qui nous devint funeste pendant les guerres de l'indépendance. »

J'ai visité des casernes, avec assez de peine. Le bourgmestre de Mayence avait demandé pour moi au général une permission. Le général télégraphia à Berlin, car c'est l'Empereur seul qui donne ces autorisations. La réponse fut négative. Je m'y pris plus simplement et je fus plus heureux.

Dans les casernes que je vis en Westphalie et sur le Rhin, je fus frappé de la propreté générale des locaux, de la discipline et de l'ordre qui y règnent, depuis la cour jusqu'aux dortoirs. Les paillasses des lits sont faites en papillotes de papier. C'est plus sain, paraît-il, et les bêtes ne s'y mettent pas. A la cuisine, je goûtai, naturellement, le rata, qui est mangeable. Dans les ateliers, dans les chambrées des sous-officiers, des cartes postales ornent les murs : l'Empereur, l'Impératrice, les princes et les princesses; puis Otéro, Cléo de Mérode, en cœur, en guirlandes, des cartons de cible encadrés de sapin brut, avec le nom des tireurs des plus beaux coups. Les magasins de réserve pour le cas de mobilisation sont tenus avec un soin et une perfection rares. Tout est disposé pour faciliter la distribution des fourniments en quelques minutes. Rien n'y manque. Le magasinier met un orgueil maladif à ce que rien ne cloche.

Je m'intéressai davantage au mess des officiers, où je fus quelquefois invité au repas du midi. Le Casino — c'est ainsi qu'on appelle le mess — est situé à l'entrée de la caserne, face au poste. Devant, un jardinet, un jardin derrière, vestiaire, lavabos. Dans celui que je vous décris, il y a deux salles à manger, une grande et une petite. C'est dans la plus petite que les officiers mangent tous les jours, le long d'une grande table en T, le capitaine assis à la barre du T, les lieutenants des deux côtés de la perpendiculaire. La grande salle sert de salle de bal; sur le buffet, des souvenirs d'anciens officiers, timbales, hanaps, coupes avec leurs noms gravés et la date du souvenir, des candélabres d'argent donnés par la princesse Victoria, sœur de l'Empereur, colonelle du régiment, dont le portrait, en uniforme et casquée, est pendu au mur parmi des gravures de batailles, celle de Düppel, entre autres, où le régiment s'illustra en 1864 contre les Danois. On voit sur la cheminée le buste des trois empereurs allemands et de de Moltke; ailleurs, les portraits des anciens colonels du régiment.

Quand j'entrai dans la salle à manger du Casino avec le capitaine qui m'introduisait, chacun des officiers s'avança vers lui et vers moi en se présentant lui-même. Il me disait son nom, joignait les talons et s'inclinait poliment. Ils avaient tous cet air de santé, de bonne humeur, de plénitude qui frappe chez la plupart des militaires, mais sans rien de ce dédain artificiel qui est quelquefois si désagréable à contempler. Pendant le déjeuner, la plupart d'entre eux burent aimablement à ma santé. Je notai les façons polies, mais familières qu'ils avaient avec leurs supérieurs.

— Sur le parquet, nous sommes égaux, me dit le capitaine.

Et c'était, en effet, très visible.

La vie de corps est traditionnellement très cultivée chez les officiers. Tous, jusqu'au grade de capitaine, sont tenus de prendre le repas de midi au Casino, et les chefs des compagnies eux-mêmes y mangent la plupart du temps. Le prix du repas varie entre 1 fr. 60 et 2 fr. 20. Dans la cavalerie, les officiers se trouvant moins nombreux, le prix des repas devient un peu plus cher que dans l'infanterie[1].

Il est interdit à table de parler du service sous peine d'amende.

Le Casino s'administre par une commission composée d'un capitaine et de deux lieutenants. L'un s'occupe de la cave, un autre de la table. L'aîné se charge des finances et de la surveillance générale du local.

Une réunion de fête a lieu à peu près tous les mois. C'est le *Liebesmahl*, ou agape. Elle dure tard dans la nuit, on y fait de la musique, on y déclame, on y chante, on y boit. On choisit généralement pour ces

1. Infanterie, effectif de 35 à 60 officiers; cavalerie, de 12 à 15.

fêtes une date d'anniversaire quelconque, victoire ou visite royale. Leur but est de resserrer les liens entre les officiers, de réconcilier des amis brouillés, ou de rétablir des rapports plus cordiaux entre supérieurs et inférieurs. Un supérieur a dit un mot de trop ou trop durement à son subalterne; ce jour-là, il lèvera le premier son verre en nommant celui qu'il a blessé, un autre voudra rendre hommage à son chef qui l'aura défendu, — car c'est ici le premier devoir du gradé. Alors, une ordonnance ira dire à l'oreille du supérieur que Messieurs tels et tels désirent boire à sa santé; il lèvera les yeux en saisissant son verre, les autres se dresseront soudain, raides comme des cierges, et videront leur verre en regardant celui qu'ils désirent honorer.

Les jours de naissance — *geburgstagkind* — sont également célébrés : l'aîné de la table ou le plus jeune y va de son discours. Le héros de la fête répond. On sert une tourte énorme avec autant de bougies qu'il y a d'années sur la tête de celui que l'on complimente.

Ces mœurs fraternelles finissent par créer à la longue une intimité qui dépasse la camaraderie ordinaire. Et elles expliquent en partie pourquoi des gens d'origine et de formation identiques tiennent à vivre entre eux.

Quand ils ne sont pas au Casino, ou à dîner en ville, les officiers se rencontrent dans les restaurants à la mode, les bars et les bodegas servis par des femmes. Je les ai souvent observés dans ces endroits où me conduisait ma curiosité. Ce sont généralement des lieux tranquilles, assez élégants, où leur présence donne le ton. J'en revois un dans tous ses détails.

Sur le sol, un linoléum rouge. Le long des murs blancs courait un lambris de bois vernis, gris verdâtre; sur des planches qui faisaient le tour de la pièce, se dressaient des verres ornés, des gobelets de métal, des vases d'étain, des poteries de faux Delft, des bouteilles pansues, de petits pots de faïence, d'où sortaient des arbres nains de gui et de houx à baies rouges. A hauteur d'homme, de gros clous dorés servant de portemanteaux où les officiers en entrant accrochaient leurs sabres, leurs longues capotes grises à collet rouge et leurs casquettes vertes. Sur les petites tables garnies de nappes blanches, s'épanouissaient de grandes fleurs rouges, pivoines ou coquelicots doubles, encadrées de fausse verdure. Ce soir-là, une demi-douzaine d'officiers — dont un en civil — restèrent une heure à boire, jouant aux dés à qui payerait les bouteilles de Heidsieck-Monopole qu'ils vidaient sans bruit. Puis ils partirent. Celui qui portait des vêtements civils revint quelques instants après et s'attabla seul. La grosse fille hollandaise qui servait — et que les officiers appelaient « petite souris » — alla lui tenir compagnie; il la fit asseoir en face de lui. Et il parla longtemps, une heure peut-être. Je n'entendais pas ce qu'il disait, car ils s'entretenaient à voix très basse, sérieusement. C'était surtout lui qui parlait, elle se contentait de répondre par monosyllabes. Il avait l'air de prêcher familièrement, mais avec gravité, sur un ton de pasteur protestant. Pourtant, il lui offrit un malaga. Et l'entretien dura sans presque de sourires; elle l'écoutait d'une oreille distraite, en sifflant à petits coups son vin cuit et en lançant des coups d'œil vers nous. C'était une superbe fille à chair opulente et dure, au teint rouge, aux yeux de bête. Hollandaise d'origine, venue de Rotterdam pour gagner des pourboires en éveillant le sentiment poétique chez les adolescents, elle avait déjà tourné la tête à un étudiant avec qui, m'assurait-elle, elle était fiancée. Que pouvait bien dire ce lieutenant à cette Rubens plantureuse qui ne se souciait que de réalité? Visiblement, il perdait son temps.

⁂

A propos des mauvais traitements dans l'armée, voici les notes que je rapporte :

— Croyez-moi, me dit le capitaine d'un régiment en garnison à Cologne, presque tout ce que l'on raconte à ce sujet est faux. La légende vit du passé. Les mœurs brutales d'autrefois ont disparu. Les règlements sont si stricts à cet égard que le fait de lever la main sur un soldat ou de le secouer seulement par le poignet est déjà grave. Il n'est pas vrai que le soldat haïsse son supérieur.

Comme je citais le cas de ce capitaine qui venait d'être tué par un troupier, il me dit :

— Ceci est un fait exceptionnel. Le capitaine était une brute qui avait passé par tous les régiments et que l'on maintenait dans l'armée pour services rendus par son père. En général, au contraire, le capitaine est le père de ses soldats, un père distant et autoritaire, certes, qui doit garder son prestige, mais qui veille sur eux avec sollicitude. Un soldat marié (le cas est rare, mais un jeune homme se marie quelquefois avant d'entrer au régiment, pensant ainsi échapper au service), vient me trouver pour me demander conseil : Doit-il divorcer ou non ? Il faut que je l'interroge comme un confesseur. Un autre a fait quelque fredaine en permission. A son retour, il vient me la raconter. La justice a-t-elle à s'occuper de l'affaire? Le capitaine prévenu, grâce à la confiance de son subalterne, peut ainsi aider à la régler, — et c'est une bonne note pour lui. Si l'affaire en question arrivait devant l'autorité militaire sans que le capitaine en ait déjà connaissance, l'étonnement du colonel et du général serait grand et l'officier un peu responsable. »

On exige donc un rapprochement constant entre le capitaine et ses hommes. Il doit connaître individuellement les cent vingt-cinq soldats de la compagnie, savoir leurs noms, l'histoire de leurs familles, où ils sont nés, combien ils ont de frères et de sœurs, etc. Il fait venir ses hommes de temps en temps à son bureau, leur parle, ou bien il profite des visites, des exercices de tir, des revues faites à la caserne pour examiner la bonne tenue du fourniment, les entretenir de leurs petites affaires personnelles ou de famille. L'hiver ont lieu des cours et des conférences.

Le capitaine est jugé par ses supérieurs suivant l'influence qu'il a sur ses hommes. Ainsi, dernièrement, trois soldats appelés à témoigner en justice se parjurèrent et furent condamnés pour faux serment. Leur capitaine fut aussitôt mis à la retraite. Ceci n'est-il pas fait pour donner aux officiers une haute idée de leur responsabilité?

Le danger vient du sous-officier nouvellement promu, qui abuse parfois de sa jeune autorité ou qui veut faire du zèle. La rudesse et la brutalité de la race aggravent le sens inné de la discipline. Je me souviens d'une interpellation au Reichstag sur les rigueurs exercées dans certains régiments contre des soldats. L'interpellateur citait des faits inouïs. Il est vrai que ces rigueurs ne sont jamais ou presque jamais le fait des officiers. Mais il leur arrive de fermer les yeux pour ne pas attirer l'attention sur le régiment. Les sous-officiers, eux, ne passent rien aux soldats...

— Comme pour les chevaux, me dit l'un d'eux. Il ne faut pas laisser prendre aux bêtes ni aux hommes de mauvaises habitudes.

Parfois, les peines corporelles deviennent terribles : on les oblige à courir au pas gymnastique tant que la langue pende; ou bien à descendre l'hiver, en chemise, dans la cour chercher de la glace, ou encore à faire l'exercice devant un poêle chauffé à blanc jusqu'à ce qu'ils tombent.

— Et tout cela pour les forcer au pas de parade!

Aussi des soldats se suicident, d'autres désertent.

On les humilie par des grossièretés de langage.

Le sous-officier dit à l'un :

— *Du bist ein schwein. Was dist du?* (Tu es un cochon... Qu'est-ce que tu es?)

Et le soldat est obligé de répondre :

— Je suis un cochon.

Les sous-officiers s'excusent en prétendant que les supérieurs leur demandent beaucoup et que leur métier est très difficile. Leur crainte de n'être pas obéis fait qu'ils se trompent quelquefois dans leurs jugements sur les hommes; ils s'acharnent sur un soldat qu'ils supposent réfractaire et qui n'est que lourd d'esprit. Telle est souvent l'origine de malentendus graves. On réagit, d'ailleurs, fortement contre ces excès de zèle et ces brutalités sauvages. Pour une gifle donnée, un sous-officier passe en conseil de guerre et fait huit jours de prison.

Cette brutalité n'est pas incompatible avec la notion du devoir et de la dignité. Un sergent-major du 20e régiment d'infanterie, à Brême, condamné à une punition très légère pour avoir, dans une rixe, blessé mortellement un individu qui l'attaquait, trouvant sa peine imméritée, ne voulut pas la subir. Il alla à la caserne, donna l'ordre à ses hommes de charger tous leurs fusils à blanc, les éloigna un instant sous un prétexte quelconque et chargea leurs fusils à balles. Puis, les soldats revenus, il se mit devant eux, à quelques mètres, leur ordonna de viser en pleine poitrine et commanda le feu. Ses supérieurs trouvèrent une lettre de lui déclarant qu'il avait toujours fait son devoir et qu'ayant jugé cette punition injuste il ne pouvait l'accepter.

On sait que les sous-officiers sont traités en Allemagne avec une faveur particulière. L'État leur garantit, en principe, après douze ans de service, un emploi civil de 1,800 à 2,400 marks, soit dans l'administration de l'Empire, soit dans les administrations des États confédérés, soit même dans les municipalités qui se font volontiers, dans ce cas, les auxiliaires du gouvernement. Au bout de dix-huit ans, le sous-officier a droit à une pension. Aussi la fonction est-elle très recherchée par les enfants du peuple. On n'y parvient pas, d'ailleurs, très facilement. Outre qu'on exige d'eux des capacités militaires certaines et surtout une aptitude réelle au commandement, beaucoup de sérieux et le sens du devoir, les chefs de corps doivent, avant de faire les nominations, procéder à une enquête dans le pays d'origine des candidats sur leurs familles et leurs opinions politiques. S'il y a le moindre soupçon d'opinion socialiste, la candidature est rejetée. De même, s'il est athée ou seulement retiré de l'Église, tout grade dans l'armée sera refusé au soldat. L'athéisme notoire est également interdit aux officiers comme pour tous les fonctionnaires allemands.

Vous avez entendu parler de ce fameux « pas de parade », qui remonte à Frédéric-Guillaume Ier. Il consiste pour les soldats, au lieu de marcher au pas simplement, la jambe à demi tendue et à demi souple comme nous faisons tous, à la projeter énergiquement droite et rigide aussi loin que possible en avant, le buste raide, les bras collés au corps, à la laisser retomber toujours tendue en frappant le sol le plus fort possible, et à marcher en ligne, comme des automates grotesques. Les soldats allemands prennent ce pas dans les défilés, ou dans la rue, chaque fois que, sous les armes, ils croisent un officier. L'impression qu'on a de ce spectacle est pénible. L'homme, vu ainsi, n'a plus rien d'humain. Il devient sa propre caricature inconsciente. On a le sentiment d'une sorte de dégradation qui répugne à notre sensibilité d'êtres libres. Cet exercice devait être inventé par un despote brutal qui considérait les hommes comme des machines à obéir. Les Allemands ne comprennent pas cette impression, que je ne pus m'empêcher de communiquer aux officiers que je rencontrai. Cependant la plupart sont d'avis de supprimer cette gymnastique humiliante et ridicule. Ils consentent qu'elle n'a plus sa raison d'être, aujourd'hui que la tactique de combat consiste à débander les hommes, à les cacher, à les coucher au ras du sol, et non plus à les faire marcher à l'ennemi en fronts serrés comme autrefois.

Mais la tradition est forte.

Beaucoup d'officiers allemands sont francs-maçons et ne s'en cachent pas, au contraire. Le prince Léopold de Prusse, président d'une loge à Berlin, manifesta un jour son contentement de voir tant d'officiers présents à un convent maçonnique, car, dit-il, l'Empereur approuve la maçonnerie. Il faut dire que, comme en Amérique, les francs-maçons ne font pas de politique, elle leur est même rigoureusement interdite; leur but est la charité, l'égalité, la fraternité; ils veulent conserver l'essentiel du christianisme, en l'épurant.

J'ai voulu connaître aussi l'opinion des officiers sur les prétentions des social-démocrates allemands de ruiner chez les recrues l'esprit militariste. Tous ceux que j'interrogeai là-dessus se mirent à rire :

L'un d'eux m'a dit :

— Malgré la lutte acharnée d'une presse révolutionnaire qui s'efforce de discréditer les corps d'officiers, leur prestige reste intact parmi les soldats, ainsi que dans les milieux populaires et bourgeois. C'est un honneur pour les corps de voir que la presse socialiste se donne tant de peine pour les déconsidérer, car cela prouve que les révolutionnaires ont trouvé dans ces corps d'officiers leurs ennemis les plus forts. Leurs moindres fautes sont avidement recherchées, amplifiées et généralisées par une presse amateur de scandale ; les journaux humoristiques à leur tour se moquent des officiers, non parce que leurs ridicules sont plus accusés que ceux des autres classes, mais par une haine inconsciente de leur force et de leur prestige. L'uniforme allemand, fort peu seyant, je l'avoue, offre aux feuilles satiriques l'élément de caricatures amusantes dont nous rions les premiers, et il est vrai que cette presse a obtenu, grâce à nous, de jolis succès. Elle en eut surtout parmi ceux qui ne firent point leur service militaire et qui ne savent rien de l'armée ni du respect qu'inspire aux hommes la supériorité de l'officier.

« Interrogez des gens du peuple sur ceux qui furent leurs chefs pendant leur période de service, et vous serez frappé de la fierté et de la confiance respectueuse avec laquelle ils en parlent. Vous vous rendrez compte que si l'officier n'est pas toujours aimé, il est sans exception estimé et craint. Le principe, sévèrement respecté en temps de paix, de maintenir les distances entre officiers et simples soldats, de ne pas tolérer entre eux de liberté, d'égalité et de fraternité, habitue le troupier à trouver naturelle la supériorité de l'officier sur lui. Ainsi, la discipline se maintient sans aucun heurt, on enlève au moulin de la critique l'eau qui pourrait l'alimenter et l'on crée, en cas de guerre, la possibilité de relations nobles entre officiers et soldats, celles qui existèrent, par exemple, dans la dernière guerre sud-africaine.

On trouve rarement chez l'officier le désir d'être populaire. Son principal souci est de se montrer juste et d'inspirer le respect, ce qui ne l'empêche pas de se mêler aux troupes et de leur prouver sa sollicitude. Il est à proprement parler un chef et un conseiller. »

Un autre interlocuteur me répondit :

— Les socialistes sont les meilleurs militaires. Quand on leur dira de tirer, ils tireront plus vite que les autres. Il suffit d'aller, un jour de manœuvre à Berlin, sur le champ de Belle-Alliance, pour se rendre compte de l'enthousiasme des enfants et des adultes devant les exercices militaires; quand les escadrons défilent en rangs serrés, ce sont des cris de joie interminables, et, la revue finie, la population ouvrière se précipite sur la route pour les suivre, les enfants forment de petits régiments, avec leurs commandants et leur colonel, leur tambour et leur drapeau. A la caserne, les socialistes font les soldats les plus disciplinés.

— Les socialistes répondent à cela, fis-je, qu'ils se montrent ainsi par tactique, pour ne pas attirer sur eux l'attention des supérieurs et éviter d'être persécutés durant leur service.

— Allons donc! Une enquête faite il n'y a pas longtemps par un jeune pasteur protestant qui, pendant plusieurs mois, travailla comme ouvrier dans les usines pour bien connaître la mentalité ouvrière, prouve que les ouvriers socialistes, comme les autres, aiment l'armée, se souviennent avec plaisir du régiment, parlent sans amertume aucune de leur passage à la caserne, et prétendent tous, comme c'est l'usage, que leurs officiers valent mieux que les autres. Quand leur régiment passe dans les rues avec fifres et tambours, leurs figures rayonnent, ils poussent des « hoch ! » à n'en pas finir et sont très fiers de dire : « C'est mon régiment ! » Voyez comme ils se font photographier en uniforme, conservent avec amour les portraits de leur compagnie et les encadrent au-dessus de leur foyer. Enfin, songez qu'il y a plus de 25,000 sociétés de vétérans en Allemagne, réunies en une fédération extrêmement puissante et disciplinée. »

Je crois que les officiers ont raison. L'éducation militariste prend l'enfant dès l'école, se poursuit à travers toute la vie; les statues et les monuments guerriers se bousculent les uns sur les autres dans toutes les villes, les noms des rues et des places sont presque tous des noms de batailles, de généraux et de souverains, les ponts et les becs de gaz sont décorés d'emblèmes guerriers, de casques, de lances, de sabres, de boucliers, de tambours et de trompettes; on conduit les élèves des écoles, filles et garçons, à la Sieges Allee pour admirer les statues des Hohenzollern et de leurs généraux; le dimanche on rencontre au Zeughaus, musée militaire de Berlin, des délégations de petits garçons et de petites filles conduites par les instituteurs qui leur expliquent l'origine des drapeaux et des mitrailleuses exposés là. Et il est même un peu triste de voir les fillettes, avec leurs tresses blondes et portant leur panier de provisions au bras, admirer les tableaux militaires remplis de blessés et de morts, de fumée de canon et d'éclairs de sabres. Dans une école où fréquentent des adultes, si le professeur interroge un élève qui a fait, par exemple, un service d'un an, celui-ci se lève brusquement, pour répondre, en mettant la main à la couture de son pantalon et en joignant les talons. On peut croire qu'une telle éducation, généralisée dans tout l'Empire, encouragée et surveillée par les autorités, s'ajoutant à l'idée naturelle de patrie et à la haine instinctive de tous les hommes pour les étrangers, constitue un sérum suffisant contre les prédications internationalistes.

Quant aux bourgeois, leur amour de l'armée s'identifie avec celui de la monarchie. Leur plus haute ambition, après s'être enrichis, c'est de donner leurs filles à des officiers et de faire de leurs fils des officiers de réserve.

— Nous vivons au siècle des officiers de réserve! a dit un jour Bebel au Reichstag.

En effet, l'étudiant qui a terminé ses études et qui s'est fait balafrer comme un masque japonais pour séduire l'âme puérile des « backfishe » et des gretchen, ne souhaite pas de plus grand honneur que de pouvoir devenir officier de réserve, non pas tant pour la gloire problématique de servir sa patrie, mais pour celle de porter, jusqu'à quarante-cinq ans, un sabre et un casque pointu.

Les jeunes arrivistes comptent faire des relations flatteuses dans le corps d'officiers et les commerçants se plient pour cela à la règle qui leur interdit de servir eux-mêmes dans leur boutique, car « trafiquer c'est déchoir ».

— L'armée, me dit un officier, l'armée, est la grande éducatrice. Voyez ces gros garçons de Proméranie... Quand ils arrivent à la caserne, il leur est impossible de rien comprendre, ni de bouger, ni de coordonner leurs mouvements. Les voilà aujourd'hui débarbouillés, alertes, compréhensifs; les brutes sont devenues des hommes. Ils vont donc s'en retourner dans leur pays ayant gagné quelque chose.

« La plupart du temps, ces garçons sont timides. Nous les obligeons en nous parlant, en nous écoutant, en nous saluant, à nous regarder bien en face. Cela les habitue à la franchise, et leur donne une sorte de hardiesse peut-être artificielle, mais qui augmentera leur sang-froid et leur fierté.

« Quand l'Empereur voulut essayer de remettre dans le droit chemin son cousin, le prince de Prusse, Joachim-Albrecht, fils du feu prince Albrecht, régent de Brunswick, il le mit au 1er régiment de grenadiers de la Garde, dont le colonel, M. von Pluskow, a une réputation de grande sévérité. Cela ne réussit pas beaucoup, il est vrai; il alla deux ans chez les Cafres, on le crut guéri; mais quand il revint, il se maria tout de même avec la femme qu'il aimait, contre le gré de sa famille. »

J'ai vu une fois ce fameux colonel von Pluskow, du 1er grenadiers à Berlin. J'avais obtenu la permission de visiter la caserne, et ce fut lui qui me reçut. C'est un homme de haute taille, mesurant au moins 1 m. 95, mince et alerte. Il parlait le français couramment, comme la plupart des officiers allemands, et se montra d'une courtoisie parfaite. Je me souviens qu'après m'avoir fait visiter la caserne, il me reconduisit jusqu'à la porte d'un couloir, cherchant un homme pour me guider jusqu'à la sortie. Au loin, il en vit un qui déambulait tranquillement en vêtements de coutil. Il l'appela. L'autre n'entendit pas et continua son chemin. Le colonel cria alors très fort, d'un ton d'impatience, mais le soldat ne se retournait toujours pas, et tanguait paisiblement. Alors il sortit de la poitrine du colonel von Pluskow un cri tel que je n'en ouïs jamais de pareil. On eût dit que dix hommes avaient crié à la fois, cri de courroux, de violence et de menace, moitié rugissement et moitié huée, qui s'accompagnait d'un coup de talon exaspéré et d'une expression de figure terrible. Ah! mes enfants!... Alors, le soldat se retourna comme mû par l'électricité, un de ses bras tomba le long du corps, l'autre se porta machinalement à sa calotte de laine, et il se tenait à trente ou quarante mètres de nous, le buste relevé en arrière, les yeux écarquillés, l'air terrifié, abruti, comique et attristant. Je n'oublierai jamais ce cri ni cette silhouette...

J'ai cru intéressant, puisque j'en avais l'occasion, de faire faire la critique de notre armée par les officiers allemands que le hasard ou mes recherches mettaient en ma présence. Deux généraux qui venaient de prendre leur retraite, deux officiers d'état-major, un ancien professeur dans une École de guerre et une douzaine de lieutenants, capitaines et majors de toutes armes rencontrés aux quatre coins de l'Empire, m'ont renseigné sur l'état d'esprit moyen de l'armée allemande vis-à-vis de l'armée française.

— Vous croyez, en France, me dit un officier d'état-major, à la supériorité de votre artillerie. Vous vous trompez. Notre artillerie légère est supérieure et l'autre est équivalente à peu près à la vôtre qui ne peut manœuvrer dans les terres de labour ni dans les chemins détrempés par la pluie. Et puis, vous en êtes toujours à votre vieux Lebel qui se charge cartouche par cartouche; nous avons abandonné ce modèle depuis longtemps pour le fusil Mauser qui reçoit cinq balles à la fois, ce qui en fait le fusil de guerre le plus rapide connu. Depuis plusieurs années même on travaille à un fusil dont le chargement de douze cartouches sera automatique. Le grand obstacle auquel on se heurte c'est le poids de la poudre, encore trop lourd, et qui empêche de munir le soldat d'un assez grand nombre de balles; on cherche donc une autre poudre, plus légère et en même temps plus puissante, qui permettrait de résoudre à bref délai le problème d'un tir pour ainsi dire sans arrêt... J'ajoute que votre Lebel a une trajectoire trop courbe, et que son tir n'étant pas assez rasant, manque de précision.

— Comment juge-t-on notre armée, chez vous ?

— Oh ! très en progrès depuis quelques années. Le soldat français est plus intelligent, plus compréhensif que le nôtre, lent à comprendre et lourd à se mouvoir. Dans une compagnie, vous trouverez vingt hommes incapables de marcher au pas de parade, soit qu'ils ne sachent pas associer les mouvements, ou qu'ils soient physiquement inaptes. On explique ces infirmités par le travail des usines qui ankylose très tôt les ouvriers. Ainsi des hommes des villes industrielles, déformés sans doute par le labeur des ateliers, ont beaucoup plus de peine à se tenir bien droits que les paysans, demeurés souples.

Le soldat allemand est plus discipliné que le français. En France, quand on reçoit un ordre, on demande : Pourquoi ? L'Allemand réfléchit et tâche de comprendre ; s'il n'y arrive pas, il se résigne à obéir purement et simplement.

Un professeur dans une École de guerre me dit :

— Je connais bien votre armée et j'en suis les progrès très réels depuis dix ans. Votre infanterie est excellente, l'ordre et la discipline sont bons, la marche remarquable. On n'y fait pas assez d'exercices de tir, en tout cas beaucoup moins qu'en Allemagne.

« Votre cavalerie a beaucoup d'ardeur. Mais pas d'ordre, pas d'ensemble, oh ! sapristi, non !

« Votre artillerie est bonne. Vos canons valaient mieux que les nôtres, nous vous avons rattrapés. Mais là non plus on ne fait pas assez d'exercices de tir, par économie, je suppose.

« Votre tactique diffère de la tactique allemande. En France, elle est plus théorique, plus formaliste, ce qui paraît étonnant au premier abord dans un pays où le sens pratique, la précision, l'exactitude dominent. Peut-être les Français, plus indépendants de nature, plus enclins à s'individualiser, ont-ils besoin davantage de règles et de théories, tandis que nous, plus disciplinés et plus passifs, devons être excités à l'improvisation. Dans nos exercices et nos manœuvres, nous donnons à un bataillon, par exemple, l'ordre initial, minimum, en le po u ssanté apprécier lui-même les changements à y apporter, le cas échéant. Voilà pourquoi nos manœuvres sont plus près que les vôtres de la réalité de la guerre. »

❧

A propos de l'avancement :

— Un avantage que nous pouvons avoir sur vous, c'est l'élimination rigoureuse faite à l'état-major général de tous les incapables ou seulement des médiocres, à partir du grade de capitaine. Chez vous, on reste dans l'armée jusqu'à la retraite. Ici, tous ceux qui ne paraissent pas aptes au commandement d'un régiment sont impitoyablement renvoyés dans la vie civile. S'ils ont des terres, ils deviennent agriculteurs, autrement ils entrent dans le commerce ou les administrations.

« Il y a des exemples contraires. Des officiers de grande valeur trouvant qu'ils n'avancent pas assez vite, ou trop actifs pour se contenter de la vie de caserne, se lancent dans les affaires et réussissent souvent admirablement.

« L'Empereur est partisan du rajeunissement des cadres. Au début de son règne, il ne voulait pas de commandants âgés de plus de quarante ans. Il dut bientôt renoncer à cette prétention, et un général de cinquante-cinq ans peut se vanter d'avoir vite avancé. Cependant, on ne trouve pas, dans le haut commandement, de *vieillards*, qui représentent, en cas de guerre, l'impuissance et la défaite[1].

« Autre chose. En Allemagne, on ne confond pas comme en France les officiers d'état-major et les

1. J'ai aperçu dernièrement, pour ma part, au Bois de Boulogne, un général à cheval qui faisait vraiment peine à voir. Il paraissait ne pouvoir se tenir sur l'animal qui trottait. Et je me demandais avec angoisse ce que serait demain le commandement d'une armée entre ses mains débiles.

officiers d'ordonnance des généraux. Ils constituent deux classes différentes. Les premiers peuvent être appelés au grand état-major, ils s'occupent de stratégie et sont les conseils des généraux. Les autres ne font que préparer la besogne matérielle de leurs chefs, leurs tournées, etc.

« Nous vous reprochons aussi d'accepter dans vos corps d'officiers des gens sortis du rang et qui doivent, par conséquent, manquer de culture. En tout cas, il n'y a pas entre eux et les autres de cohésion et d'homogénéité. L'égalité est belle en théorie; mais un homme de basse extraction ou même mal marié ne peut avoir sur ses hommes la même autorité qu'un aristocrate ou qu'un homme cultivé, habitué dès l'enfance à se faire respecter et à commander aux autres. Cela nous paraît si vrai qu'un fils de sous-officier n'est pas reçu dans une École de guerre et ne peut devenir officier. »

Cette façon de confondre l'intelligence, l'esprit de discipline, la bravoure, l'autorité et le sentiment féodal me laissa confondu. Je voulais citer les exemples fameux, innombrables de notre histoire. Mais je me dis : « A quoi bon? »

La conversation continua :

— Il paraît que l'instruction de vos cadets, pourtant favorisés dans l'armée, laisse un peu à désirer.

— Leur instruction générale est, en effet, insuffisante. Ils entrent à l'école à dix ans, suivent à peu près les mêmes cours que ceux du real-gymnasium, en insistant particulièrement sur l'histoire militaire. Ils connaissent parfaitement toutes les choses du métier, mais, d'ensemble, leur culture est médiocre.

J'interrogeai aussi sur l'état d'esprit des officiers

vis-à-vis de la guerre. Un des plus brillants capitaines du grand état-major de l'armée allemande me dit :

— Ne croyez pas l'armée belliqueuse et piétinant d'impatience devant la frontière des Vosges. Il y a, certes, chez nous, comme partout, des gens qui ne pensent qu'à donner des coups sans songer à ceux qu'ils recevront. Mais l'état d'esprit général du corps des officiers est à la paix. Chacun a conscience de l'horreur de la prochaine guerre, et aucun ne la désire. Les officiers d'artillerie ont observé dans la guerre russo-japonaise que tous les officiers d'une batterie étaient tués, pour deux soldats touchés... Waldersee était pour la guerre. Depuis lui, je ne connais plus le fameux « parti de la guerre ».

« Il se peut, malgré cela, que la paix soit rompue demain (quoique je ne le croie pas) et on verra alors notre enthousiasme et notre foi aussi ardents que jamais, car nous sommes persuadés de notre supériorité sur vous. Et vous savez que la confiance en soi est la moitié de la victoire. J'ai toujours dit à mes élèves: « Il y a deux conditions absolues pour vaincre à la « guerre comme dans la lutte sociale : savoir ce qu'on « veut, bien le savoir, et *vouloir vaincre*.

« L'idée la plus répandue en Allemagne, non seulement dans l'armée, mais dans toutes les classes de la nation, c'est que les Français n'attendent qu'une occasion pour faire la guerre. Et les journaux officieux se servent de cela pour pousser à de nouveaux armements. Mais je vous le répète : « Pourquoi nous battre? A quoi bon? Je comprends la lutte de la barbarie contre la civilisation, ou de la civilisation contre la barbarie, mais que deux civilisations pensent à s'anéantir... Pourquoi avez-vous toujours les yeux fixés sur l'Alsace-Lorraine, quand tant d'autres questions s'offrent à notre entente? Quelle faute a commise Louis XIV en imposant le traité de Westphalie et en prenant l'Alsace! Et combien Bismarck fut mal inspiré en exigeant la Lorraine! Mais de Moltke jugea malheureusement cette annexion nécessaire à la paix future. Bismarck, qui eut bientôt conscience de sa faute, rêvait pour la France des compensations coloniales. Puis Delcassé commit la lourde sottise de vouloir ostensiblement humilier l'Allemagne en passant sur son dos. S'il n'avait pas été aussi infatué de sa personne, il se serait dit qu'un peuple de 60 millions d'habitants ne pourrait pas se laisser traiter avec une telle désinvolture. Une autre erreur — celle-ci de notre fait — c'est de n'avoir pas dit à la France, après le départ de Delcassé : « Puisqu'à présent rien ne s'y oppose, réglons pacifiquement nos « petites affaires. »

« Voilà ce qui se répète souvent au mess. »

Le général B... en voulait surtout à l'alliance russe. Il m'en parlait ainsi :

— La Russie ne fera jamais rien pour la France. Un sous-ministre russe avec qui je revenais de Saint-Pétersbourg il y a quelques années, me disait en wagon : « L'Alliance française, nous crachons dessus (*sic*)... Elle ne fut faite qu'à la condition de maintenir en Europe le *statu quo*, ce qui équivalait à une alliance allemande, puisque nous savions que l'Allemagne ne demandait, elle aussi, que le *statu quo*. Mais nous avions besoin de l'argent français pour nos armements, nos chemins de fer transsibériens et transcaucasiens... » Pourquoi donc donnez-vous tout votre or à la Russie? Êtes-vous sûr que la Douma reconnaîtra toujours les dettes du Tsar? Nous avons aussi prêté 3 milliards aux Russes, mais nous avons comme garantie les provinces baltiques... Tandis que vous, quelles garanties?... Et l'Angleterre à quoi vous servira-t-elle? A rien. Vous tirerez pour elle les marrons du feu...

— Il paraît que vous-même n'avez pas grande confiance non plus dans vos alliés?

— Il est vrai que presque tous les officiers prussiens ont la conviction qu'après une première défaite de l'armée allemande l'Autriche lâcherait pied, et aussi la Bavière et la Saxe.

Mais voici un autre son de cloche. Je l'ai recueilli de la bouche d'un ancien officier qui a conservé des relations extrêmement nombreuses dans l'armée, et que sa situation actuelle met en rapports constants, aux quatre coins de l'Allemagne, avec ses anciens camarades.

— En examinant, me dit-il, l'état actuel du corps d'officiers allemands, il n'est pas douteux qu'il ne réponde à tout ce qu'on attend de lui en cas de guerre et qu'il ne sache supporter des défaites sans laisser entamer son courage. L'ensemble est excellent, très intelligent, hardi et entreprenant, désireux de combattre dans une lutte idéale.

« Le corps d'officiers allemands ne cherche pas les coups pour le plaisir, mais il se réjouirait d'une guerre. Celui qui pendant la crise marocaine aurait eu l'occasion de fréquenter les cercles d'officiers se serait rendu compte de la fureur avec laquelle l'officier allemand blâmait la patience de son gouvernement. Non pas qu'il dédaignât les forces de l'adversaire possible, estimées ici à leur pleine valeur, mais parce qu'il est persuadé que l'armée allemande est aujourd'hui en pleine possession de son énergie et de sa puissance. »

⁂

J'ai voulu m'informer aussi des noms des chefs qui jouissent de la plus grande réputation militaire en Allemagne.

Ceux qui donneraient demain le plus de confiance à l'armée sont : le général comte von Schliffen, qui succéda à Waldersee; le général von der Goltz, commandant du 1er corps d'armée à Königsberg; le général Bock von Pollak, commandant du 14e corps d'armée à Karlsruhe, qui commanda autrefois la garde à Berlin; le général von Bülow, du 3e corps d'armée à Berlin; le général von Bissing, commandant du 7e corps à Munster.

Parmi eux, le plus populaire et le généralissime probable serait le général von der Goltz. C'est un homme de très haute taille, portant lunettes, savant et teinté de littérature, mais comme il a un caractère très entier, l'Empereur ne l'aime pas beaucoup, non plus que le général von Haesler, aujourd'hui en retraite.

Je m'enquis :

— Mais ne serait-ce pas l'Empereur qui prendrait la direction des armées? N'a-t-il pas de grandes capacités militaires?

Je ne nommerai pas celui qui me répondit :

— On le dit bon colonel, ayant de l'œil et de l'autorité ; il ferait aussi un très bon capitaine de vaisseau, car il a le goût de la marine et la compréhension de la mécanique, mais espérons qu'il ne se croit pas son premier général.

LA PROPRETÉ — L'HYGIÈNE

Propreté générale. — Ici on applique la loi. — Salubrité des rues. — Tramways-arrosoirs. — Charlottenbourg. — Engraissement des porcs municipaux avec les reliefs des cuisines privées. — Les 20,000 balayeurs de Berlin. — Chemins de fer, hôtels, bureaux. — Bains municipaux. — La Ligue du Professeur Lassar. — « Un bain par semaine à chaque Allemand ». — Les bains populaires à Hambourg, Berlin, Hanovre, Munich, etc. — Bains pour chiens. — Bains gratuits. — Bains de soleil. — L'alimentation. — Surveillance du lait. — La tuberculose traquée. — Les écoles de plein air. — Un jeune savant français en Allemagne : le Dr Raoul Huleux. — Prophylaxie des maladies contagieuses. — Le choléra russe. — Surveillance efficace. — Nous n'avons rien fait.

Le souci de propreté, partout visible en Allemagne, la décence et la bonne tenue générale, constituent en partie l'impression agréable que l'étranger éprouve dans les villes de l'Empire. Et comme cet ordre n'est pas seulement une façade, qu'il existe dans tous les services publics, dans toutes les administrations, dans toutes les maisons privées, il en résulte un sentiment de bien-être, de bon accueil et de sécurité d'un grand charme.

Vous vous promenez à travers des rues nettes dont la toilette est faite minutieusement et avec régularité, au milieu de gens toujours décemment habillés qui auraient honte, — même dans les quartiers populaires — d'exhiber une misère loqueteuse. Dans les tramways et les trains, vous êtes sûrs que des gens ne cracheront pas à vos côtés et vous pouvez monter en deuxième ou en troisième classe sans être incommodés par la saleté des wagons ou par des contacts douteux. Vous savez que toutes les précautions furent prises pour réduire les chances des hasards malfaisants. Vous êtes assuré que les droits et les devoirs de chacun sont strictement définis et qu'en cas de conflit, une police équitable saura vous protéger.

Cet état de salubrité générale, si bienfaisant pour l'esprit et les nerfs, vient de la vigilance des gouvernants, mais aussi de la soumission respectueuse des administrés.

On pourrait placer à la frontière allemande un écriteau où se lirait :

ICI ON APPLIQUE LA LOI

De là vient la supériorité indiscutable de l'Etat allemand sur l'Etat français en matière d'hygiène publique, comme pour la plupart des autres prescriptions législatives. Car les pays civilisés ont aujourd'hui à peu près les mêmes lois générales. Ce qui les différencie surtout, c'est l'obéissance des individus.

Grâce à cette collaboration empressée et sérieuse du public, l'hygiène n'a fait nulle part de plus rapides progrès qu'en Allemagne.

J'ai causé de toutes ces choses avec l'un des organisateurs de la section allemande d'hygiène à l'Exposition de Paris en 1900, et je peux vous donner une idée de l'importance des mesures prises par l'État et par les municipalités, concernant l'hygiène générale des villes, l'hygiène de l'habitation, l'hygiène corporelle, l'hygiène alimentaire et la prophylaxie des maladies contagieuses.

⁂

On peut dire qu'il n'y a pas de poussière dans les grandes villes d'Allemagne. L'été on arrose partout et sans cesse, l'arrosoir ne s'arrête que pour faire place au balai. Et, comme il n'y a pas de poussière, il n'y a pas de boue. Dès qu'il pleut, une véritable armée de râcleurs, munis de leurs instruments de caoutchouc, se répand dans la ville, et l'eau est aussitôt évacuée avec méthode vers les ruisseaux et les bouches d'égout.

A Berlin, comme dans les rues de toutes les villes allemandes, vous rencontrez, du matin au soir, des ouvriers municipaux chargés de ramasser le crottin et le papier, sans préjudice du balayage et de l'enlèvement quotidien des immondices.

Dans le Tiergarten, on a inauguré il y a longtemps les arrosoirs-automobiles, récemment imités à Paris. Un immense tonneau rempli d'eau se promène à raison de 40 kilomètres à l'heure dans les larges avenues qui mènent à Charlottenbourg, et d'un jet puissant arrose d'un seul coup toute la largeur d'une allée. Au passage des tramways, le conducteur arrête le jet pour ne pas noyer les plates-formes.

Grâce à ce système si simple, les promeneurs et

cavaliers du Tiergarten n'ont jamais de poussière.

J'ai vu mieux encore. Dans d'autres villes comme Francfort, il existe des tramways-arrosoirs qui se promènent à travers les voies principales, inondant la chaussée de leur jet latéral, et en facilitent ainsi le nettoyage constant.

Partout, dans les rues, les squares et jardins publics, des corbeilles en fil de fer reçoivent les papiers qui jamais ne traînent sur le trottoir ou la chaussée. Si, par hasard, un enfant ou une grande personne enfreint cette discipline, le Schutzmann, quand il le voit, le force à revenir sur ses pas et à ramasser ce qu'il a laissé tomber. Le cas est rare, d'ailleurs. De même, je n'ai jamais vu cracher dans les rues. J'ai noté le ton scandalisé des Allemands me racontant qu'en France les gens crachent sur le plancher des tramways, des omnibus, des wagons de chemins de fer, des cafés et des brasseries. En effet, chez nous, tout endroit public est considéré comme une étable. Ici, si quelqu'un se permettait de cracher sur le sol d'un endroit clos, il se trouverait quelqu'un pour le rappeler aux convenances. Durant les concerts, dans les jardins privés et publics, des employés en uniforme piquent avec un crochet les papiers égarés dans les allées de gravier ou sous les tables. A Düsseldorf, je lis un avertissement du bourgmestre invitant les habitants à ne pas jeter par terre les bulletins de tramway.

On enlève les papiers chaque jour dans les jardins publics. Mais à Grünewald, qui est une forêt de 5,000 hectares, on ne peut pas... La ville manquerait du personnel nécessaire. Alors, une société privée s'est formée dans le but de suppléer la municipalité.

Quelques mécènes maniaques de propreté et d'ordre — ne les blâmons pas! — se mirent à la tête de cette œuvre et donnèrent de l'argent : c'est le dernier *Verein* fondé à Berlin.

A l'automne, des balais mécaniques circulent constamment dans les voies bordées d'arbres, et des balayeurs ramassent les feuilles tombées dans l'intervalle de leurs passages.

Le nettoyage des trottoirs est généralement confié aux propriétaires, lesquels sont responsables des accidents survenus par suite du mauvais entretien de ces trottoirs. Si, passant devant une maison, vous glissez sur une pelure d'orange et vous cassez le cou, le propriétaire de la dite maison est responsable. De même si l'hiver quelqu'un glisse et se blesse sur un trottoir couvert de verglas, où ne fut pas répandu de la cendre... Amendes, amendes, amendes! Pour se mettre à couvert, le propriétaire confie le nettoyage de sa part de chaussée à une société, moyennant 3 marks par mois. Une plaque posée sur sa porte avec les mots : « Trottoir-Reinigung » l'indique, de plus, il s'assure contre la responsabilité des accidents.

Pour faciliter la propreté publique, les municipalités s'ingénient à perfectionner le service de voirie, à édicter des règlements variés et précis, à innover des appareils pratiques pour l'enlèvement rapide des immondices.

L'une des dernières prescriptions de la municipalité de Charlottenbourg est à noter. Depuis quelques mois, elle oblige chaque propriétaire à tenir constamment en bon état trois baquets de forte taille où les locataires journellement vont jeter, dans l'un les cendres et les poussières, dans un autre les papiers, les boîtes, et dans le troisième tous les détritus de cuisine, restes de viande, os, épluchures, croûtes, etc.

Pourquoi cette complication?

Voici :

La municipalité, très pratique, s'est dit un jour qu'il était fou de laisser à la voirie tant de restes utilisables. Elle a donc acheté des porcs et elle nourrit à présent des milliers de ces animaux avec les reliefs des habitants; elle vend ensuite ses cochons engraissés à si peu de frais, et se fait ainsi un revenu appréciable. Si les habitants mélangent de la poussière aux restes de cuisine, on les met à l'amende, et on ne plaisante pas. Il n'y a pas de conseillers municipaux ou de députés capables d'obtenir qu'on ferme les yeux sur une contravention, quelle qu'elle soit. Ils ne s'aviseraient pas de le demander d'ailleurs.

La Ville enlève le contenu des baquets chaque jour, mais ce sont les propriétaires qui paient le service d'enlèvement à raison de 0,75 p. 100 de la valeur du loyer de leurs immeubles.

Le système d'enlèvement est perfectionné : le baquet plein se place sur le derrière de la voiture fermée, un treuil qu'on tourne le renverse à l'intérieur sans qu'apparaisse au dehors un atome de poussière. On porte ainsi les détritus jusqu'aux champs d'épandage, dont on se sert aussi pour le déchargement des égouts. On fait actuellement des expériences pour brûler les produits. En y ajoutant d'autres éléments chimiques, on arrive à séparer la potasse, l'acide phosphorique, et l'ammoniaque, qui seront vendus comme engrais chimiques.

Ce n'est pas seulement dans les grands centres que l'on peut constater cette vigilance de l'administration.

Il est vrai que la municipalité de Berlin emploie de 18 à 20,000 ouvriers, balayeurs, jardiniers, etc., dont aucun ne peut toucher moins de 3 mks 50 de salaire quotidien (4 fr. 30) pour 10 heures de travail, et qu'elle augmente de 80 centimes par jour tous les trois ans[1]. Mais une ville de moyenne importance comme Mayence qui a 100,000 habitants, dépense chaque année 700,000 francs pour la propreté des rues.

Je songe à la saleté de nos rues de province dans les villes les plus propres, aux tas d'ordures jetés sur la voie publique, y demeurant souvent toute la matinée, enlevés avec une pelle et une balayette, laissant des traces de saleté tout le long des trottoirs. Et ceci dans des cités de villégiature, dont les maires sont fiers de leur service de voirie[2].

Ah! quand voyagerons-nous un peu?

Les grandes administrations ont autant que les villes cette même préoccupation de propreté.

Dans les gares, sur les voies, aucun papier, aucun détritus. Les trottoirs sont d'une netteté exemplaire.

Dans les trains, une femme est chargée, en perma-

1. Il y a seulement quelques années, les jardiniers n'avaient pas plus de 2 mks 50 de salaire quotidien; aujourd'hui ce salaire a doublé, grâce aux revendications du groupe socialiste.

2. En France, le service d'enlèvement est un service ordinaire et gratuit fait par la municipalité ou par un entrepreneur payé par elle. On y emploie généralement des vieillards assistés par le bureau de bienfaisance.

Pour des villes françaises plus importantes que Mayence, les dépenses sont beaucoup moindres. A Nantes (130,000 habitants), la dépense annuelle est de 156,000 francs; à Reims (110,000 habitants), de 120,000 francs; au Havre (132,000 habitants), de 339,000 francs; à Roubaix (120,000 habitants), de 151,000 francs. Tours, 35,000 habitants de moins que Mayence, dépense dix fois moins.

nence, de la propreté des wagons. Elle essuie les sièges, les coussins appuie-tête et les vitres, quand il . trouve trop de poussière, surveille les retiros, se met au service des dames qui peuvent avoir besoin d'une aiguille, d'une agrafe, d'un coup de brosse. Même au fond de la Prusse orientale, sur une petite ligne d'intérêt local, j'ai vu des wagons de 2 m. 50 de haut, dont le plancher était couvert de linoléum, où tous les cuivres reluisaient, sans un grain de poussière.

Les hôtels sont tenus avec une propreté sans égale, de la cave au grenier. Le patron de l'Hôtel des Quatre-Saisons à Hambourg, me racontait avec orgueil qu'il y a deux millions de carreaux de faïence sur ses murs et sur ses planchers, dans les couloirs, dans les toilettes, dans les salles de bains, dans les glacières.

— Cela coûte cher, mais au moins mon hôtel est propre.

— Quand je vais à Paris dans le bureau de ma succursale, me disait un négociant berlinois, je suis honteux de la saleté du plancher, des boiseries, des murs, du mobilier, de tout... »

⁂

Soucieuses de la salubrité de leur ville, les municipalités surveillent avec non moins de zèle l'hygiène de l'habitation. Des villes comme Francfort consentent à détruire le Moyen Age insalubre qui subsiste au cœur de la cité, sacrifiant ainsi le pittoresque au besoin sans cesse plus grand de belles voies larges, de maisons aérées et ouvertes à la lumière.

En Prusse, si l'on veut bâtir une maison, les plans doivent en être — comme partout — soumis à la police ; les gens se plaignent, les architectes se lamentent contre la sévérité de ces exigences. Aussi les propriétaires s'y prennent un an à l'avance pour entamer les pourparlers avec la police. Et si, par exemple, les chambres de domestiques n'ont pas le cube d'air suffisant, la maison ne sera pas bâtie sur le plan proposé.

Il faut à chaque étage une hauteur minimum, que les cours aient une superficie calculée d'après la hauteur des constructions, pour assurer la circulation de l'air et la pénétration de la lumière. Certains terrains deviennent ainsi invendables parce qu'ils ne sont pas assez grands pour qu'on y bâtisse selon les prescriptions de la police.

La police permet difficilement aujourd'hui le logement dans les sous-sols, ce qui était généralement toléré autrefois à Berlin. Et quand elle l'autorise, elle exige un cube d'air minimum, une certaine hauteur de plafond et plusieurs fenêtres.

Dans les fabriques, le nombre des closets, des urinoirs est minutieusement vérifié ; s'il ne paraît pas suffisant à l'autorité, il faut l'augmenter incontinent. Et quand l'usine sera ouverte, l'inspecteur exigera qu'ils soient tenus absolument propres.

La propreté est-elle beaucoup plus naturelle aux Allemands qu'aux autres peuples ? Je ne sais. On a toutefois remarqué que, plus on va vers le Nord, plus le souci de propreté augmente. Les peuples méridionaux sont sales, les Flamands ont la maladie du lavage et du frottage. Cependant, il a fallu en Allemagne des lois sévères pour faire appliquer les prescriptions de l'hygiène; et si l'usage des bains va se généralisant d'année en année, c'est aux efforts d'une Ligue admirablement active qu'on le doit.

Cette Ligue, présidée par le professeur Lassar, spécialiste des maladies de la peau à Berlin, a une action dans toute l'Allemagne. Elle convoque des congrès, publie des brochures, envoie des émissaires porter la bonne parole de ville en ville, donne des plans gratuitement aux communes, leur offre son concours gratuit. Dans le comité de la Ligue se trouvent des ministres, des amiraux, des savants. L'Empereur, le chancelier s'y intéressent activement. Elle comprend 1,400 membres payant cotisation. La Ligue a réussi à imposer des établissements de bains municipaux à presque toutes les villes allemandes de quelque importance. Dans une seule année (1907) cent villes ont bâti des bains municipaux, et le Dr Lassar me disait que celles qui n'en ont pas encore sont honteuses. Il espère, avant quelques années, voir des bains installés dans les plus petites communes de l'Empire. Déjà, en beaucoup de hameaux, on en trouve. L'activité de la Ligue se dirige à présent vers les campagnes. J'ai même vu une petite salle de bains publics dans un village récemment créé en Posnanie. On ne crée plus d'écoles sans salles de bains. Les médecins remarquent que depuis que les écoliers se baignent, les parents deviennent plus propres et fréquentent plus volontiers les bains.

La devise de la Ligue est : « Un bain par semaine à chaque Allemand. »

Grâce à l'intervention de cette œuvre, fondée il y a huit ans, chaque soldat et chaque marin doit prendre sa douche de propreté toutes les semaines. Les compagnies de chemins de fer, les établissements industriels, toutes les grosses entreprises, s'empressent à faciliter les bains hebdomadaires aux ouvriers.

On donne des médailles d'argent aux collectivités ou aux individus qui ont le mieux mérité de l'œuvre.

Aux États-Unis, en Suède, on a imité cette organisation et le mouvement de propreté commence.

Dans beaucoup de villes d'Allemagne il existe donc aujourd'hui des établissements de bains populaires créés par les municipalités, avec piscine d'eau courante, ou changée deux fois par jour, cabines de douches chaudes et froides, baignoires, etc...

A Berlin, Hambourg, Hanovre, Munich, les établissements de bains sont de vrais palais. Et des petites villes de 35,000 habitants comme Göttingen en possèdent d'aussi luxueux que ceux des capitales.

L'entrée des piscines coûte 10 pfennigs. Elles sont toujours d'une propreté admirable. Leur eau verte et bleue paraît aussi pure que celle d'un lac. Les nageurs sont tenus de se laver complètement au savon et de se doucher avant de pénétrer dans la piscine. Les cabines, propres et confortables, en pitchpin, s'ornent de rideaux roses. Des maîtres baigneurs donnent des leçons de natation. La profondeur de la piscine varie généralement entre 75 centimètres et 3 m. 25, ce qui permet de plonger à l'aise; la longueur va de 40 à 60 mètres.

Les bains chauds sont donnés dans des cabines tout en faïence aux belles baignoires neuves. Le bain coûte 60 pfennigs pour la 1re classe et 25 pfennigs pour la deuxième. Le service est fait par un personnel empressé et poli. Dans les couloirs et les escaliers de pierre et de marbre, on ne trouverait pas un grain de poussière.

Un seul des établissements de Berlin donne 3,000 bains par jour sans compter les douches. La veille des grandes fêtes, le chiffre monte à 7,000. Dans certains établissements on donne donc 1 million de bains, de baignades ou de douches par an.

Les enfants des écoles reçoivent à Berlin et dans les grandes villes des cartes gratuites ou à prix réduit.

A Munich, un M. Müller a légué à la ville 2 millions pour la construction d'un établissement de bains publics. La municipalité ajouta 500,000 francs à ce legs, et aujourd'hui un superbe monument orné de statues s'élève aux bords de l'Isar, au bout d'une allée de grands arbres. On entre dans un établissement où tout est marbre et faïences claires. Le grand hall rectangulaire de la piscine est d'un luxe magnifique. Sur le fond bleu idéal des faïences, l'eau transparaît dans une pureté parfaite; au fond, dans le centre d'une grande niche décorée, se dresse une statue de bronze, devant laquelle un tremplin destiné aux plongeons.

La piscine est illuminée par la clarté bleue de lampes à arc. Des appliques de cuivre monumentales se détachent des hauts piliers de marbre. On voit au plafond trois vastes trappes grillagées et dorées d'où tombe perpétuellement une pluie très fine d'eau froide destinée à débarrasser l'air de ses impuretés, à le laver pour ainsi dire, et à rafraîchir l'eau de la piscine. Une galerie dorée court autour de la vaste nef.

Une centaine d'hommes et de jeunes gens, même d'enfants, nagent à plaisir dans l'eau claire. Il est défendu de cracher autre part que dans les « spuck-loch », trous-crachoirs creusés juste au ras de l'eau, sur les quatre côtés du rectangle.

Le prix de ces bains est de 40 pfennigs le jour et tombe à 25 pfennigs le soir. Le samedi, à partir de 5 heures, le tarif s'abaisse à 10 pfennigs pour les ouvriers.

A côté de cette piscine, sont installés les bains chauds : baignoires blanches, luisantes de propreté, à robinetterie de cuivre. Dans la porte de chaque cabine, extérieurement, est inséré un cadran mobile où un surveillant marque l'heure de l'entrée de chaque baigneur qui a droit à une demi-heure ou trois quarts d'heure de séjour.

Dans les dépendances, on trouve aussi des bains de vapeur humide, de vapeur sèche, même des bains de boue.

Quant aux chiens, on les traite aussi bien que les hommes.

Amenés dans une étuve de marbre, ils sont lavés à pleine eau, chaude ou froide, selon la saison, dans des baignoires de grès, brossés, savonnés au savon désinfectant, étrillés, douchés ; puis essuyés et enfermés dans de bonnes petites cabines tièdes où ils finissent de se sécher. Sur la table où on les essuie, munie de chaînes, d'un collier et d'anneaux pour les maintenir couchés, se voient tous les instruments de toilette : peignes, étrilles électriques, brosses. C'est ici également qu'on les tond et qu'on leur coupe les ongles. Les premières fois, les animaux résistent à cette hygiène. On leur met alors un solide collier qu'on attache à la corde d'une poulie fixée au plafond. Une fois qu'ils ont quitté le sol, il faut bien qu'ils se contentent d'aboyer; s'ils sont méchants, il y a la muselière[1].

Mais ce qu'on voit de mieux à Munich (non sous le rapport du confort, mais au point de vue démocratique), ce sont les « bains libres ». La Municipalité a dérivé l'eau de l'Isar, dans un bassin de 100 mètres de long sur 20 mètres de large et 1 m. 05 de profondeur, creusé entre deux rangées de marronniers, et a fait à peu de frais un établissement gratuit de bains populaires pour la saison d'été. L'eau se change d'elle-même deux fois par jour.

Tout le monde y est admis librement. Les uns apportent leur linge; ceux qui le préfèrent paient un sou pour la location d'un caleçon et d'une serviette.

Les gens se déshabillent sous des auvents garnis de bancs et de crochets où s'alignent les vêtements. Le peuple munichois prend là de 3,000 à 4,000 bains par jour. Ce n'est ni riche ni luxueux, mais simple et commode. Un surveillant suffit à maintenir l'ordre.

A cette balnéation classique, la ville de Munich, qui suit de près le progrès, adjoint les bains de soleil, gratuits comme les autres. Dans un vaste espace libre on a rapporté du sable fin que le soleil frappe librement. Un courant d'eau très froide, venant de l'Isar, sert aux ablutions des baigneurs. Un système de douches en plein air et des appareils de gymnastique, trapèzes, anneaux, barres, échelles, cordes, complètent l'installation. Le traitement consiste à se tenir nu sous le soleil brûlant, à se mettre dans l'eau, à se laisser sécher par évaporation ou à s'enfouir dans le sable chaud, puis à se doucher encore et à recommencer.

1. Le prix de ces bains de chiens varie entre 25 pfennigs et 1 mark selon la taille de l'animal.

Une centaine d'hommes, vieillards à barbe vénérable, ou jeunes gens, ventres énormes, corps anémiés, membres perclus, se tiennent là, coiffés de chapeaux de paille, le corps tout nu sous le ciel, dans leur foi en l'hygiène nouvelle. Ils marchent, sautent, se ploient, s'étirent, s'allongent, ventre dans le sable ou dos à l'air. Quelques-uns ont le corps rouge comme un écorché : ce sont ceux qui attrapèrent le coup de soleil pour avoir omis de se mouiller. Le public est composé d'ouvriers, d'employés, de marchands, d'artistes.

Un peu plus loin, des bains pareils sont installés pour les femmes.

⁂

Le service de l'hygiène alimentaire est aussi remarquablement dirigé en Allemagne.

Dans les charcuteries, vous ne trouverez pas un jambon qui ne soit timbré par le service d'hygiène, qui l'a contrôlé au microscope.

Vous portez un morceau de sucre au laboratoire du Bureau d'hygiène, l'analyse est faite rapidement et si le sucre est reconnu falsifié, le Gouvernement poursuit aussitôt le vendeur.

Nous nous plaignons que nos salades, nos radis, toutes les verdures provenant des environs de Paris soient contaminés. Pourquoi n'avons-nous pas, comme à Berlin, une station pour l'étude des maladies des plantes, légumes et fruits, dans notre Jardin des Plantes?

A Berlin on ne boit que de l'eau des puits artésiens. On en a creusé beaucoup qui ont coûté chacun 8 millions.

La surveillance du lait n'est pas théorique. Tous les jours de nombreux inspecteurs arrêtent les voitures de laitiers dans les rues, le pèsent et, s'il n'est pas conforme aux prescriptions du Bureau d'hygiène, le lait est renversé dans la rue, et procès-verbal dressé contre le délinquant. Aussi les cas de fraude deviennent-ils extrêmement rares.

J'ai déjà parlé ailleurs de l'organisation des cartells du lait à Berlin. La vente au détail mérite une mention spéciale. La plus grande laiterie de Berlin est la laiterie Bolle, dont on voit les voitures blanches dans tous les quartiers de la ville. La seule maison Bolle reçoit 140,000 litres de lait par jour, lui arrivant de 100 kilomètres à la ronde et qu'elle a stérilisés dans une grande usine occupant deux mille ouvriers. Tout ce lait est distribué à domicile dans 250 voitures plombées à la sortie de l'usine. Chaque voiture est disposée de telle sorte que le lait peut être extravasé sans qu'il soit possible de rien introduire dans les récipients. Quatre gamins accompagnent chaque voiture pour le service de la clientèle à domicile. Le problème de la non-falsification paraît résolu.

On ne peut s'empêcher de comparer cette organisation hygiénique à la nôtre, hélas ! et de retour à Paris, voir les jarres plus ou moins noires de crasse où les laitiers peuvent se livrer à toutes les chimies qui leur conviennent, songer aux boîtes qui demeurent des heures sur le trottoir, à la porte des crémiers, exposées aux insolences de tous les chiens qui passent, à la poussière, à toutes les ordures... et le lait ensuite sophistiqué par les épiciers, les crémiers eux-mêmes, le lait, seule nourriture de cent mille enfants, qui meurent de ce breuvage ingrat.

⁂

L'État et les villes ne se contentent pas d'améliorer les conditions d'hygiène générale[1], de veiller à la salubrité des habitations et de l'alimentation, ils protègent aussi la santé publique au moyen de services de surveillance médicale qui fonctionnent périodiquement et de façon efficace, grâce à la conscience professionnelle des fonctionnaires qui en sont chargés.

Dès qu'un cas de variole, de diphtérie, de typhoïde, de peste, de choléra est signalé au Bureau d'hygiène par le médecin, — qui n'y manque jamais, — l'ordre de désinfection est donné, le médecin officiel court à la maison infectée, se rend compte des moyens de prophylaxie nécessaires et les applique séance tenante.

Dans les écoles, un service d'inspection médicale, qui fonctionne avec régularité, examine *tous* les enfants périodiquement. Et quand la moindre maladie ou prédisposition à la maladie est découverte, l'écolier est signalé et soigné. Les plus malades sont envoyés à la mer, dans des colonies forestières, ou des sanatoria. Soixante de ces sanatoria furent installés par la Croix Rouge. D'autres sociétés contribuent à leur entretien, une quantité de villes les subventionnent.

Spécialement, la tuberculose est traquée avec une ardeur admirable. On sait que dans les écoles de Paris, par exemple, la moyenne des enfants atteints

1. Voir plus haut le chapitre « Conversations patronales et ouvrières », à propos de l'hygiène des ateliers.

ou menacés de tuberculose s'élève à plus de 60 p. 100. Que fait-on pour combattre le terrible mal? Allez voir ce qu'il reste, dans les quartiers pauvres, d'écoles sans air et sans lumière! Cherchez les médecins-inspecteurs chargés de veiller à empêcher la propagation du fléau... Je me suis trouvé à Francfort et à Berlin avec un jeune médecin français, le Dr Raoul Huleux, venu en Allemagne pour étudier la prophylaxie de la tuberculose à l'école. Ses constatations sont saisissantes.

Il m'a fait part de ses observations[1]. Ici les écoles sont surveillées, au sens strict du mot, par des médecins-inspecteurs, attachés spécialement à ce service, munis de connaissances spéciales de puériculture, et qui, n'ayant pas de clientèle privée, se dévouent entièrement à leurs fonctions comme à un apostolat. Tous les enfants sont auscultés et examinés régulièrement. Des fiches individuelles sanitaires, contenant le signalement anthropologique, physiologique et organique, établies pour chacun d'eux, les suivent d'école en école, jusqu'au service militaire. « Dresser, dès l'entrée de l'enfant à l'école, un tel signalement, connaître son poids, sa taille, son périmètre thoracique, se livrer à la recherche des ganglions, faire un examen attentif de la poitrine suivant la méthode du Dr Grancher, se renseigner sur les antécédents héréditaires et personnels de l'enfant, c'est rechercher tous les éléments du diagnostic précoce de la tuberculose... » La fiche scolaire est donc imposée à tous les enfants des écoles. On en discute encore chez nous l'utilité.

1. Voir *La Tuberculose à l'École*, par le Dr Raoul Huleux (Jouve, éditeur).

C'est ici qu'est née l'idée des écoles de plein air[1], les *Waldschulen*. Écoutez parler le jeune savant sur la Waldschule de Charlottenbourg.

La clientèle de l'école est fournie par les enfants fréquentant les établissements scolaires de la ville; on y reçoit les anémiés, les tuberculeux, les cardiaques, les scrofuleux; on en exclue toutefois, en même temps que les enfants atteints d'affections cardiaques non compensées, les tuberculeux qui à la période d'expectoration pourraient être un danger de contamination, les enfants atteints d'épilepsie, d'hystérie ou de danse de Saint-Guy. Une première sélection est faite par le médecin-inspecteur de l'école urbaine; l'admission définitive est prononcée après un second examen fait par le médecin de l'école lui-même.

L'école ouverte d'avril en décembre, c'est-à-dire pendant neuf mois de l'année, située dans une vaste forêt à proximité de la ville, occupe une superficie de deux hectares environ.

La simplicité de l'installation frappe le visiteur. Les constructions sont limitées à l'indispensable. Deux baraques Dœcker servent de pavillons-écoles et, tout à fait exceptionnellement, en cas de fort mauvais temps, de réfectoires et de salles de récréation, largement aérées et éclairées, munies de tables mobiles et de simples sièges en bois adaptés à la taille des enfants. De chaque côté de ces baraques, une aile sert de vestiaire, l'un pour les garçons, l'autre pour les filles. Une troisième baraque construite sur le même type abrite

1. En France, il en existe une à Montigny-en-Ostrevent, fondée par le Dr Calmette, l'admirable disciple de Pasteur, l'apôtre infatigable de la prophylaxie de la tuberculose.

l'économat et sert de chambre de visite au médecin de l'école. Non loin, un autre pavillon où se trouvent les bains, comprend six cabines, deux baignoires et trois appareils à douche. Enfin deux hangars : sous l'un d'eux, des tables portant le numéro de chaque classe, constituent le réfectoire habituel; à l'entrée de ce hangar un tableau indique la température de la journée prise à huit heures, à onze heures et à sept heures, la direction du vent, la hauteur barométrique et l'état du ciel. L'autre hangar, ouvert d'un côté vers le sud, est protégé contre la pluie par un toit en saillie : c'est là que les enfants, en cas de mauvais temps, font leur sieste après le repas, se livrent aux exercices de gymnastique et de chant. Çà et là dans le bois, quelques bancs qu'abrite un léger toit en branches ou en planches constituent tout le mobilier d'une classe. Voilà dans toute sa simplicité l'installation complète de l'école.

Chaque jour un service spécial de tramways amène les écoliers dont le nombre n'a fait qu'augmenter depuis la fondation pour atteindre cette année le chiffre de 250. Les enfants arrivent à 7 h. 45 : ils reçoivent immédiatement une assiette de soupe chaude et une tartine de beurre. A 8 heures la classe commence pour deux divisions, tandis que les autres prennent leurs ébats, pieds nus dès que la saison le permet, jouent ou s'exercent à la gymnastique. A 10 heures les enfants reçoivent une ou deux tasses de lait (environ un 1/2 litre) avec une tranche de pain noir beurré. Puis la classe continue pour deux autres divisions. A midi et demie, la cloche sonne le repas principal. Chaque écolier doit se laver les mains avant de paraître à table. Les enfants prennent place, par classe, aux tables disposées sous le hangar, puis, munis de leur assiette, se rendent en ordre parfait à la baraque qui sert de cuisine, pour y recevoir leur repas. Celui-ci se compose de 200 grammes de viande et 200 grammes de légumes (pommes de terre, haricots, lentilles, légumes verts). Pourtant rien n'est absolument fixe, et la quantité d'aliments que chaque enfant reçoit est en réalité basée sur son appétit. La nourriture est simple, substantielle, appétissante, de qualité irréprochable. Après ce repas principal se place une sieste de deux heures à laquelle la direction médicale de l'école attache la plus grande importance. Les enfants vont prendre leur chaise longue et leurs couvertures, se choisissent, si le temps est beau, une petite place à l'ombre et s'y reposent; si le temps est mauvais ou froid, ils se rendent sous le hangar dont nous avons fait mention plus haut. La surveillance d'un maître a vite raison de la turbulence de toute cette jeunesse, et la plupart des enfants arrivent à dormir durant tout le temps consacré à cette sieste.

A 3 heures, classe pour deux nouvelles divisions : repos pour les autres. A 4 heures, repas, se composant, comme celui de 10 heures, d'un demi-litre de lait avec du pain noir et de compote. Enfin, à 6 h. 45, peu avant le départ pour la maison paternelle, dernier repas dont le menu est celui-ci : bouillie d'avoine, cacao ou pudding, pain noir avec du beurre.

Tel est d'une façon générale l'emploi du temps. L'hiver amène dans la vie de la Waldschule quelques modifications. Les classes se font dans les baraques scolaires; mais, afin de rendre la cure d'air aussi profitable que possible, les repas sont pris dehors fort avant dans la saison. Quand le froid devient par trop vif, le repas de midi se donne dans la grande salle de l'une des baraques scolaires; mais, quelle que soit la température, le déjeuner du matin et le goûter sont toujours pris en plein air; afin de ne pas se refroidir, les enfants ne s'assoient pas et mangent en marchant. La sieste est également faite dehors, sinon dans la forêt même, du moins sous le hall abrité; les enfants s'étendent, n'ayant à découvert que le visage, complètement enveloppés dans leurs couvertures. (Ils ont à cette époque trois couvertures et une cape à leur disposition.)

Le personnel chargé de l'éducation ou de la surveillance de tout ce petit monde se compose d'un médecin, de six instituteurs, de trois institutrices, d'une infirmière de la Croix-Rouge et de cinq femmes de peine; en tout seize personnes. L'entretien des enfants, ou plutôt leur nourriture, a coûté en moyenne 50 pfennigs (près de 65 centimes). Le principe de cette école n'est pas la gratuité absolue; certes, bien peu de familles peuvent rembourser la somme si modique de 50 pfennigs; mais toutes font preuve de la meilleure volonté et arrivent à payer 20 à 25 pfennigs, souvent moins, mais toujours quelque chose.

Les enfants qui forment la plus grande partie de la clientèle de l'école sont souvent incapables, par suite de leur développement retardé, de suivre la classe ordinaire; le surmenage imposé dans l'école urbaine ne fait qu'augmenter cette infériorité. Ici, pas d'encombrement, pas de surmenage; mais une limitation et une répartition rationnelles des heures de repos et de travail. Avec leur santé corporelle renait pour ainsi dire leur santé intellectuelle. Ces retardés, ces indifférents ne tardent pas à s'intéresser, à prendre une part active à l'enseignement qu'on leur donne. Rares sont les élèves dont l'application laisse à désirer, et lorsque les petits colons de la Waldschule se retrouvent parmi leurs camarades des classes de la ville, ils prennent dans l'ensemble une fort bonne place et souvent même se distinguent par leur zèle au travail[1].

Il existe dans tout l'Empire 25 Instituts vaccinogènes qui fabriquent la lymphe pour la vaccination des enfants et des adultes.

Aussi ne compte-t-on plus de morts de varioleux en Allemagne.

Je causais un soir avec un savant berlinois marié à une Française, qui adore la France, — il le prouve — et qui n'est pas suspect de partialité envers son propre pays, je dirai même : au contraire, car il se montre souvent très sévère, trop sévère vis-à-vis de ses compatriotes. De plus, c'est un républicain, presque un socialiste, sans aucune complaisance pour le gouvernement monarchique de la Prusse. Et voici ce qu'il me disait :

— Vraiment ici le Gouvernement fait tout ce qu'il peut pour le progrès des études scientifiques et le développement de l'hygiène ; et on ne doit pas méconnaître que l'autorité, sous ce rapport, a du bon. Par

1 Dr Raoul Huleux, *ouvrage cité*.

exemple une épidémie de méningite éclate en Silésie, aussitôt le Gouvernement ordonne à son « Institute für Infektions Krankheit » (Institut pour les maladies infectieuses) que vous verrez au nord de Berlin, de faire des recherches sur l'épidémie, ses causes, ses progrès, sa prophylaxie, son traitement.

— N'avons-nous pas en France l'Institut Pasteur qui se livre à ces recherches?

— Nous aussi nous avons des Instituts comme le vôtre, celui de Koch entr'autres, et en plus une quantité de laboratoires de spécialistes, bactériologistes éminents, où l'on travaille à des recherches sur toutes les maladies contagieuses. Mais l'État prussien a mieux que cela : son propre Institut, pourvu d'une armée de savants, et dont la fonction est la santé publique. L'Institut Pasteur a ses travaux en cours, son personnel employé; je ne le vois pas mettant demain à l'étude de la méningite vingt bactériologistes. Ici, c'est ce qui arrive : un ordre est donné et toute une armée de savants dirige ses lunettes vers le danger signalé.

Il existe une autre Institution non moins importante : l'Institut hygiénique de l'État. Là, un jour, le Gouvernement donne l'ordre de faire des études sur le thé et le café, par exemple, dans le but de faire connaître au peuple les avantages et les inconvénients de ces boissons; ou bien, l'ordre de vérifier une découverte, d'en étudier les conséquences et les applications; une autre fois c'est la syphilis que le ministre ordonne d'étudier. Ainsi fut découvert le spirochète. De sorte qu'on peut dire que c'est par ordre de l'État qu'aura été trouvée la guérison de la syphilis.

Autre exemple de vigilance :

L'augmentation croissante des industries sur le bord des fleuves et des rivières aggrave sans cesse la pollution des eaux. Mayence dit à Francfort : « Conservez donc vos poisons dans le Mein. » Et Manheim et Ludwigshafen continuent à empoisonner le Rhin. Le Gouvernement, voulant remédier à ce danger, a ordonné des expériences sur l'Elbe et le Rhin destinées à rechercher quelles sont les substances mauvaises dont la nocivité augmente dans l'eau, quelles sont celles qui diminuent et celles qui disparaissent tout à fait dans le cours de la rivière.

Pendant un séjour à Dantzig j'eus l'occasion de me renseigner sur les mesures prises en Prusse pour lutter contre l'épidémie cholérique apportée de Russie en 1905 par les bateliers de la Vistule, et qui faillit envahir toute l'Allemagne. Et je me rendis compte ainsi de la rigueur des règlements en pareille occurrence et de la discipline stricte avec laquelle on les applique ici.

Le fléau, apporté par les flissakis[1] qui, de la province russe de Volhynie, amènent leurs radeaux de bois jusqu'à l'embouchure de la Vistule, fit son apparition à Kulm, ville située sur la rive de ce fleuve, le 15 août 1905. Le 20 octobre, il arrivait aux portes de Berlin, à Oranienburg. Il avait donc suffi de deux mois pour que le réseau de canaux et de fleuves qui traversent la Prusse et le Brandebourg fût entière-

1. Voir *De Hambourg aux Marches de Pologne.*

ment infecté. Après avoir contaminé la Vistule et ses affluents, le microbe, traversant le canal de Bromberg, envahissait le bassin de l'Oder et de ses affluents, puis, suivant le canal Frédéric-Guillaume qui unit l'Oder à la Sprée, le canal Finow et de la Havel, traits d'union entre l'Oder et l'Elbe, il remontait ce dernier fleuve.

Les radeaux de bois s'étaient faits les propagateurs du mal. Les flissakis y vivent, en effet, dans les conditions les plus insalubres, dans l'exiguïté de cabanes de bois où se tassent des familles nombreuses. L'eau des rivières — leur unique boisson — polluée par les matières fécales jetées par-dessus bord transporta le mal et en accrut l'intensité.

Il fallait donc lutter énergiquement contre sa dissémination dans la population fluviale et la population riveraine.

Le Gouvernement prussien exigea l'isolement absolu de tout malade, la mise en observation pendant cinq jours de chaque personne suspecte, ou son isolement complet si le médecin du district le jugeait nécessaire, la surveillance de tout individu atteint de symptômes voisins du choléra ou sain en apparence, mais présentant des bacilles du choléra dans ses selles.

Il ne suffit pas de voter des lois. Il faut les appliquer. L'exécution de ces règlements minutieux fut confiée d'une part à la police sanitaire de la navigation intérieure et de la batellerie, d'autre part à la police de l'émigration.

Des postes fixes, portant pavillon blanc, avec le mot : HALTE! imprimé en grosses lettres, furent installés sur les points importants du trafic fluvial. Ils étaient dirigés par un médecin chef, assisté de surveillants et d'infirmiers ayant à leur disposition des baraquements pour isoler les malades et les suspects, ainsi que tout le matériel nécessaire à la désinfection et aux recherches bactériologiques. Des canots de surveillance remontaient et descendaient les rivières pour inspecter les radeaux en marche.

On imposa aux bateliers l'emploi de l'eau potable, on leur indiqua à quels endroits ils pouvaient renouveler leur provision d'eau, on les obligea à se servir de vases spéciaux pour y recueillir les matières fécales et à ne les jeter dans le fleuve qu'une fois rigoureusement désinfectées. Tout radeau portant un cas de choléra dut battre pavillon jaune, etc., etc. Je ne peux relater ici dans leur minutie les instructions d'hygiène données par l'Office sanitaire impérial aux bateliers et aux populations riveraines : interdiction aux enfants des villages d'approcher des rives du fleuve, interdiction de jouer dans la rue, fermeture des écoles, fermeture des bains fluviaux, soumission des salles d'attente, gares, wagons, hôtels, auberges et cabarets à l'inspection médicale, etc., etc. Bref, rien ne fut oublié. Loin de fermer les yeux comme le Gouvernement russe qui, en des notes officielles, déclarait que les ravages de l'épidémie cholérique aux rives de la Volga et du Dniéper, étaient fort exagérés, et se contentait d'installer très imparfaitement des hôpitaux flottants, le Gouvernement allemand préféra étendre ses investigations, même inutiles, sur un grand nombre de cas simplement suspects. Ainsi le mal fut enrayé et l'épidémie, qui eût pu faire tant de ravages, se borna à deux cent dix-huit cas dont quatre-vingt-huit mortels.

La suspicion du service sanitaire se porta particulièrement sur les émigrants venant de Russie, de Galicie, de Pologne. Un cas de choléra à Hambourg, un autre en Alsace-Lorraine avaient été apportés par de nouveaux arrivés de ces provinces. On les surveilla donc plus étroitement aux postes frontières installés en Prusse orientale, en Silésie, en Saxe et dans les Provinces rhénanes. Ces postes, qui fonctionnent de façon permanente, examinent minutieusement les émigrants qui franchissent la frontière. Si leur état de santé est normal, on les envoie au poste sanitaire central de Ruhleben, près de Berlin, où a lieu un nouvel examen. Les suspects sont dirigés sur l'hôpital; les autres sur les ports d'embarquement : Hambourg et Brême. Là, de nouvelles précautions sont prises. J'en ai longuement parlé à propos de l'organisation de l'émigration à Hambourg[1].

Ainsi les dangers auxquels l'Allemagne est exposée par le voisinage de la Russie, sa situation centrale en Europe et l'importance croissante de l'émigration, sont bien atténués.

Qu'avons-nous fait chez nous pour nous protéger contre les épidémies dont nous menacent les milliers d'Européens et surtout les milliers d'Orientaux qui traversent la France pour aller en Amérique. Ils arrivent au cœur de Paris et l'on peut voir ce troupeau bariolé séjourner dans la salle des Pas-perdus de la gare Saint-Lazare, se mêler aux voyageurs sans qu'aucune mesure d'hygiène soit prise pour éviter des contacts dangereux. Aux ports d'embarquement, les grandes compagnies de navigation se sont soumises,

1. Voir *De Hambourg aux Marches de Pologne.*

il est vrai, aux règlements que leur impose le Gouvernement américain. Leur intérêt les y forçait puisqu'elles doivent payer le voyage de retour aux émigrants suspects refusés à Ellis-Island[1].

Quant à nous protéger nous-mêmes, nul n'y a pensé.

1. Voir *De San Francisco au Canada.*

L'ANTISÉMITISME

I

SON CARACTÈRE — SES FORMES

Différentes sortes de juifs. — Pas de lutte ouverte. — Ghetto moral. — Exclusion de l'armée. — Exclusion de la diplomatie. — Exclusion des hautes fonctions judiciaires. — Exclusion du gouvernement. — Antisémitisme des étudiants, des petits boutiquiers, des petits propriétaires ruraux. — L'assaut des salons. — Les anoblis. — Mélancolie de la douairière. — L'aristocrate aux mains gantées. — Les Friedländer, les Schwabach, les Mendelssohn, les Gusfeld, les Richter, les Loyden, etc. — L'antisémite Chamberlain. — Théorie absurde. — Jésus est d'origine grecque. — Exceptions à l'antisémitisme. — Guillaume II philosémite. — Trois moyens de gagner le cœur impérial. — Vieux moellons, vieux tableaux, sports aéronautiques. — Les socialistes. — Comment les Allemands classent les juifs. — Juifs qui osent tout. — Juifs poltrons. — Juifs renégats. — Juifs fiers de l'être.

Quand on a lu *Israël devant les Nations*, de M. Anatole Leroy-Beaulieu, il n'est plus possible d'être antisémite. On prend, au contraire, à chaque page de ce beau livre, de l'admiration et du respect pour ce peuple fort, intelligent et vivace que fut le peuple hébreu; on participe aux péripéties lamentables de son histoire en prenant pitié de ses malheurs.

Cependant, *Israël devant les Nations* aide à comprendre l'antisémitisme. Il analyse parfaitement, en même temps que la noblesse et la grandeur passées de la race juive, ses tares d'aujourd'hui, nées de ses mélanges, des persécutions et des conditions de sa vie économique. De sorte qu'on se prend à regretter à la fois qu'il n'y ait pas davantage de ces grands juifs héroïques dont fourmille le passé d'Israël et qu'ils soient remplacés par tant de petits juifs pullulants, vaniteux et encombrants qui ne conservèrent de la race que ses défauts acquis. J'aime pour ma part ces descendants des vieilles familles juives, plus que nous policés, doux, sociables, ingénieux d'esprit, tenaces et compréhensifs. J'en connais en France, en Angleterre, en Allemagne même, mais surtout en Russie. Ils ne paraissent avoir aucune parenté, il faut bien le dire, avec ces métis grossiers, avides et ostentatoires qui font comprendre et parfois excuser l'antipathie et le mépris dont souffre la race entière.

L'antisémitisme, en Allemagne, n'a pas le caractère d'une lutte ouverte et légale comme en Russie, mais il existe en fait, très fort et caché, et prend la forme passive de l'exclusivisme. A la place du ghetto supprimé se sont élevées des barrières morales d'hostilité sourde : c'est tout de même un progrès. Regardons-la se manifester dans la vie sociale du peuple allemand.

Les juifs sont repoussés du rang d'officier dans l'armée active allemande et même du grade de sous-officier. Un colonel n'oserait pas nommer un juif caporal, lequel ne serait pas respecté. A cela nulle exception, même en Bavière et dans les États du Sud où les cadres de réserve seulement leur sont ouverts, à Nuremberg, par exemple, où leur fortune les impose malgré tout[1]. La loi n'est pour rien dans cette exclusion. Tous les citoyens germaniques sont égaux, certes : un article de la Constitution le proclame. Mais l'usage veut que, pour entrer dans un régiment, le corps d'officiers vote sur l'admission du postulant... L'orgueil des juifs souffre beaucoup d'une telle proscription. Ils essaient de compenser cette infériorité en devenant presque tous des « volontaires » et en affichant pendant leur séjour dans les corps « chers », en qualité de simples soldats, un luxe insolent, favorisé par les mœurs dont j'ai parlé plus haut. Loin de se rebuter devant ce parti pris de dédain, les juifs prussiens se rejettent sur le seul corps *de réserve* où ils soient tolérés, le train des équipages, corps dénigré, dont le Gouvernement désigne lui-même les recrues. Cependant, comme on n'y trouve guère de nobles et que l'Empereur n'a pas encore revêtu l'uniforme du train, malgré des promesses répétées, la conquête de cette épaulette discréditée ne suscite pas d'enthousiasme.

1. On m'a cité le cas du fils du fameux banquier israélite Bleichrœder, ami personnel de Bismarck, qui fit nommer son fils officier de réserve en Prusse. Il n'y resta pas, d'ailleurs, découragé par l'accueil de ses camarades.

Les juifs sont exclus de la diplomatie. On cite aux Affaires étrangères le cas de deux conseillers de légation juifs, que l'Empire hérita de la Bavière. Mais, dès qu'ils demandèrent de l'avancement, on leur dit qu'ils devaient se faire baptiser... L'un consentit et avança; l'autre refusa et fut forcé de quitter bientôt la carrière.

Ils sont exclus du Gouvernement. On ne rencontre ni préfets ni sous-préfets juifs. A peine trouve-t-on quelques bourgmestres de cette race. Il n'y a même pas de facteur juif. Aucun département ministériel n'accepte de juif dans ses cadres. Ni à la Marine, ni à l'Agriculture, ni, — ce qui paraît un comble, — aux Finances, ni au Commerce! Dans le département de la Justice, comme les notaires choisissent parmi les avocats, après un stage, et qu'on ne peut interdire aux israélites d'être avocats, beaucoup d'entre eux se firent notaires. Leur nombre croît même en telles proportions que le ministre de la Justice se décida un jour à ne plus tenir compte du rang d'inscription des candidats et à nommer des chrétiens de préférence. Interpellé au Landtag, il répondit que la carrière notariale était tellement encombrée de juifs que la proportion des nationaux allemands y devenait infime. Or, il y a beaucoup d'Allemands qui, par goût, ne veulent pas avoir affaire aux fils d'Israël, il fallait donc bien, dit-il, nommer des notaires allemands.

On trouve aussi des juges israélites dans les tribunaux civils, mais non dans les « Landgerichte » criminels. On commence même à faire quelques difficultés pour les nommer dans les tribunaux correctionnels. En tous cas, ils n'arrivent dans les hautes fonctions de la justice que s'ils se convertissent.

Il s'est produit pourtant *deux* exceptions à cette règle : celle de M. Sommer, jadis condisciple de Guillaume II au gymnase de Cassel et que son père, l'Empereur Frédéric, qui tenait à affirmer ses idées libérales, invitait à la Cour. Cet homme, remarquable du reste, devint « Obergerichsrat » (conseiller de Cour d'appel). L'autre exception est celle de M. Mosse qui obtint le même grade à Königsberg[1], auteur de travaux de droit remarquables et professeur dont les cours étaient très suivis. On ajoute qu'il est le frère du propriétaire du *Berliner Tageblatt*, homme immensément riche et influent.

Déjà, à l'Université, ces futurs officiers, magistrats et fonctionnaires excluent les sémites de leurs « corps » et de leurs « Burschenschaften ». En beaucoup d'endroits, ils ont à subir le mépris de leurs camarades et même leurs persécutions. A Würzbourg et sans doute aillleurs, ils organisent des corps à eux, où le duel est de règle.

Cette hostilité pénètre jusque dans la classe des petits propriétaires ruraux, souvent victimes, il est vrai, des mœurs impitoyables des usuriers israélites. Ils prêtent à gros deniers aux paysans, s'arrangent habilement pour capitaliser les intérêts, et, l'heure venue, vendent la terre et le bétail des malheureux. Chaque semaine, des procès éclatent à ce propos dans les pays de petites propriétés. Le juif, ayant pris toutes ses précautions, les gagne presque toujours. De là une rancune qui s'est généralisée.

1. A Königsberg l'antisémitisme est très atténué. Les juifs disent que c'est l'ombre de Kant qui protège et intellectualise la ville.

⁂

Dans les salons de l'aristocratie prussienne, on assiste, depuis quelques années, au spectacle amusant de la résistance des vieilles familles nobles devant les assauts tenaces et passionnés de la grande richesse israélite triomphante. Cependant, cela ne va pas tout seul.

Il y eut récemment un petit scandale dans le monde berlinois, quand l'Empereur anoblit en une seule journée trois familles juives qu'on appelle à présent *de* Friedländer, *de* Schwabach, *de* Caro.

— Pourquoi ce scandale? protestais-je devant ceux qui s'indignaient de cette promotion. Les Allemands n'attachent-ils pas vraiment trop d'importance au fait de se dire « nobles »? Tel rabbin pauvre et nourri de la Bible, du Talmud et de la philosophie moderne, ne peut-il être beaucoup plus noble, en vérité, que tel petit lieutenant aristocrate qui ne paie pas ses dettes et qui s'enorgueillit d'une position de domestique à la Cour?

— En tous cas, ces anciens usuriers et ces marchands de charbon ne pensent pas ainsi puisqu'ils font, eux, toutes les bassesses pour mettre un *de* devant leurs noms ridicules, puisqu'aussitôt anoblis ils font peindre toutes leurs malles et marquer tout leur linge du signe de la noblesse.

« Voyez leur snobisme, regardez-les agir dans la vie mondaine; les femmes qui tiennent salon s'arrangent toujours pour avoir deux ou trois officiers qui organisent cotillons, orchestre, en faisant d'ailleurs leur cour à la maîtresse de maison, tout en supputant la valeur des dots qu'ils font danser[1]. »

Écoutez parler là-dessus ma vieille douairière de Potsdam, à qui je dois tant de justes et fins aperçus sur la société berlinoise :

— Oui, il faut reconnaître qu'une douzaine de familles juives ont pris, par leur fortune, position dans le monde berlinois. Londres se défend moins bien que nous, une quarantaine ont forcé les portes; à Paris beaucoup plus encore. A Hambourg, à Brême, la fortune juive ne suffit pas pour entrer dans certains salons; à Aix-la-Chapelle non plus.

« Ici, on s'excuse d'aller dans les salons juifs. On dit entre soi : « C'est bien triste, c'est un mauvais signe du temps. » Mais ils ont tous le 25 décembre des arbres de Noël. M. Schwabach est allé jusqu'à prendre une femme très allemande et blonde comme Gretchen...[2]. Peut-on bouder une compatriote de sang si pur! Il faut songer aussi qu'elle a un budget de toilettes de 60,000 marks. Et comment toujours se dérober devant des gens si empressés. On pousse un soupir et on y retourne... »

De telles défaites se corrigent parfois d'impertinence. Un des membres les plus en vue du centre au Reichstag, le comte d'Opp..., riche lui-même, aimable homme, galant, spirituel, marié à une femme très élégante, très belle malgré sa douzaine d'enfants, et très courue, fréquente dans quelques salons israélites. Mais si vous l'observez, vous voyez qu'il conserve ses

1. Les officiers n'ont le droit d'épouser des femmes juives que si celles-ci se convertissent.

2. C'est un fait, les juifs riches, maintenant, veulent avoir des blondes, des pâles, des aristocrates.

mains gantées de blanc toute la soirée. Il veut éviter tout contact impur. Mon indiscrétion va l'obliger désormais à se déganter. Et c'est ainsi qu'un à un tomberont les derniers préjugés antisémites...

Parmi les familles juives qui sont reçues dans les meilleurs salons et qui, ma foi, reçoivent, il faut citer les récents ennoblis, les Friedländer, les Schwabach, les Hardy, les Mendelssohn, les Leyden, les Richter, les Gusfeld. M. Friedlander est un banquier très riche et très habile que l'Empereur consulte sur les questions financières, et qui se lança en donnant des parties de chasse de haut style dans ses propriétés princières du Brandebourg. Les grands seigneurs silésiens vont chez lui, les diplomates également; quelques grandes dames résistent encore, la femme du Grand Maréchal, par exemple; M. de Posadowski ne s'est pas laissé faire, non plus, mais on cite les réfractaires...

Le salon de Mme Schwabach, — ou *de* Schwabach depuis deux ans — fut mis à la mode par une de ses amies la baronne de Lebbien, amie elle-même du fameux M. de Holstein, l'ombre de Bismarck, mort il y a quelques mois à peine. M. de Mendelssohn, descendant du musicien, est aussi un financier écouté de l'Empereur; sa femme passe pour une maîtresse de maison agréable et intelligente, dont le salon lance les musiciens d'avant-garde, fait la réputation des peintres sécessionnistes; c'est un foyer d'art actif et vivant. Je parle de sa puissance, je ne parle pas de sa valeur de choix, que j'ignore.

Il faut citer aussi : Frau Professor Gusfeld, dont le mari, alpiniste et géographe, est un ami de l'Empereur, qu'il accompagne quelquefois dans ses voyages,

Frau Richter, fille de Meyerbeer, femme d'un peintre, très diplomate, très habile, fort aimable, et généralement estimée, Frau von Leyden, femme d'un médecin connu qui soigne les kaisers, les tzars et les sultans dans les cas désespérés; salon très fréquenté.

D'une manière générale, la province est plus réfractaire que la capitale à l'accueil des israélites. La plupart des cercles aristocratiques se ferment aux juifs, même à Francfort. Alors ils fondent de leur côté un casino où, sans rancune, ils invitent les chrétiens qui, par une illogique contradiction, y laissent aller leurs fils, parce que les soirées y sont gaies, animées, élégantes; les jeunes catholiques et les luthériens dansent avec les jeunes filles juives, souples et brunes, et s'amusent beaucoup plus que dans les cercles paternels.

Sitôt qu'ils atteignent un certain degré de fortune, les juifs veulent sortir de leur milieu exclusif, de ce ghetto moral où les enferme le préjugé. Qu'une plage aristocratique se fonde, vite ils y courent. Au bout de quelque temps, ils y dominent. Et les aristocrates émigrent vers une station inconnue; c'est l'histoire de la plage de Heringsdorf, la dernière où se soient passées ces allées et venues.

Il existe pourtant une plage où les juifs ne sont pas admis : Borkum, petite île de la Frise orientale.

— A Borkum, me dit ma douairière, on arrive encore à se défendre contre l'invasion. Et on y met d'autant plus d'acharnement que c'est la seule plage encore bon marché qui reste. Si on laisse les juifs y mettre le pied, adieu le bon temps... Aussi a-t-on tout fait pour les en chasser quand ils sont venus. Il y eut une chanson, le *Borkum-Lied*, qu'on chantait dans les rues, sur la plage, dans les hôtels. Beaucoup de prêtres se mêlèrent à ce tapage. Finalement ils s'en allèrent...

— On ne peut plus exact, répondent à cela les juifs, mais à présent que les seuls clients de la plage sont, avec quelques junkers sans le sou, des employés et des « calicots », les hôteliers voudraient bien nous attirer. Mais nous n'irons pas.

Il va de soi que les politiciens allemands tentèrent de rallier toutes ces hostilités et d'en faire l'âme d'un parti politique.

C'est Bismarck qui créa en Allemagne le mouvement antisémite pour faire dévier le mouvement socialiste. Bismarck, dans un de ses discours, présenta les juifs comme une race inférieure. Aujourd'hui le paradoxe est repris par M. Chamberlain, ancien ami de Wagner, écrivain notoire, champion de l'antisémitisme scientifique. Il prétend, entre autres choses, pour répondre à l'argument très fort de l'origine du Christ, que Jésus-Christ n'était pas juif, et qu'il était né d'une mère grecque. Il accuse, d'ailleurs, la religion chrétienne d'avoir hébraïsé l'Allemagne, et abandonnant de plus en plus le christianisme, il célèbre les anciens dieux germaniques chez lesquels il découvre un idéal plus élevé que dans la Bible et l'Évangile. Naturellement, l'École Chamberlain professe la gallophobie et le pangermanisme. Mais, après un succès qui promettait un autre avenir, le parti antisémite politique perdit 12 sièges au Reichstag, et de 16 députés tomba à 4. Aujourd'hui, tous les Allemands intelligents reconnaissent que l'antisémitisme, érigé en parti politique, est un non-sens. Le programme de certains députés, qui demandait entre autres folies le renvoi des juifs en Palestine, fait sourire les gens sensés; si l'on déclarait la guerre ouverte aux juifs, disent-ils avec raison, neuf dixièmes de la fortune de Berlin s'en iraient avec eux.

Nous n'en sommes pas là et l'influence personnelle de Guillaume II est pour beaucoup, sinon pour tout, dans le revirement de l'opinion. On croyait que Guillaume II, par l'influence du pasteur Stœcker, serait plus antisémite que ses ancêtres. Le contraire arriva. C'est qu'une idée n'a pas longtemps place dans sa tête. Il fait acheter un jour un certain nombre d'exemplaires de l'œuvre de Chamberlain (coût : 20 marks l'un) et les distribue dans son entourage. Il se réjouit des démonstrations du polémiste sur la prédominance des races germaniques, créatrices de la civilisation hindoue, et en disserte quelque temps. Pourtant il attire au Château impérial M. Ballin, directeur de la Compagnie de bateaux Hambourg-Amerika, M. Rathenau, fondateur de la fameuse Société d'électricité l'Allgemeine Elektrecität Gesellschaft, le banquier Schwabach et James Simmons, et nomme M. Dernburg, juif par son père (qui le fit baptiser), ministre des Colonies. C'est le premier Hohenzollern qui soit allé chez un juif. Un jour, en effet, Guillaume II s'invita à déjeuner chez James Simmons, dont l'hôtel s'élève dans le Tiergarten. Un autre jour, il invita cinq capitalistes juifs, les deux Rathenau, Friedländer, Schwabach, James Simmons à goûter ou à souper au Château pour causer avec eux d'aérostation et les « taper » de fortes subventions.

Le vieux Guillaume n'aurait jamais eu de ces familiarités avec des juifs, sinon avec son vieil ami Kohn, administrateur de sa fortune, qu'il appelait son « lieber Jude » son cher juif, comme disait au XVIIIe siècle le maréchal de la Cour prussienne écrivant aux financiers juifs : « Lieber Jude ! »

Pour les gens riches, non « nobles », il existe trois moyens d'arriver à la faveur de l'Empereur. Les juifs les connaissent parfaitement. Il y a, en premier lieu, la *Deutsche Orient Gesellschaft*. Le goût de Guillaume II pour les antiquités archéologiques est, en effet, sincère et violent. Le sultan Abdul-Hamid flatta beaucoup cette passion. Grâce à lui, les musées allemands sont remplis de trésors d'architecture grecque et assyrienne. On voit à Berlin des morceaux admirables, des portes, des arcs, des murs, envoyés par le « lâche des lâches ». M. Bode, directeur général des musées prussiens, eut l'idée ingénieuse de fonder cette *Deutsche Orient Gesellschaft* que protège et encourage l'Empereur. Elle dirige des fouilles en Asie-Mineure, en Mésopotamie, en Assyrie, etc. Les riches banquiers, les capitalistes ambitieux s'empressèrent d'en faire partie. Le malin directeur guide les achats des bienveillants donateurs, suggère des dons, chatouille les vanités avec les plumes de paon qu'il leur arrache.

Le deuxième moyen, c'est le *Kaiser Friedrich Museum Verein*, ou Société de patronage du Musée de l'Empereur Frédéric, que Guillaume II veut enrichir. 90 p. 100 des membres de cette Société sont juifs. Ils paient une cotisation de 100 ou 200 marks par an, et, s'ils veulent se faire remarquer, il leur est loisible d'offrir un tableau ou une galerie. Ainsi procéda M. James Simmons, quand il offrit une salle entière à ce musée.

Enfin, la troisième voie qui s'offre est l'Automobile-Club, et, depuis quelque temps, l'Aéronautique. L'Empereur s'intéresse beaucoup à ces sports et un succès, une invention, une initiative, une générosité dans ces domaines attirent aussitôt l'attention du souverain. Et puis, en cas de guerre, les automobilistes feraient partie de l'armée et auraient un uniforme. Ce n'est pas tout à fait le régiment de la Garde, mais cela en approche.

Avec l'Empereur et ceux qui veulent lui plaire, et, à l'autre bout de l'échelle sociale, d'autres professent le même libéralisme. Ce sont les socialistes. Leurs journaux, qui si souvent malmènent le capital, s'en prennent rarement aux juifs. Certains prétendent que le parti est subventionné par eux et que les juifs se servent du socialisme comme contrepoids à l'hostilité de l'aristocratie. Le socialisme et le capitalisme juif collaboreraient ainsi à une œuvre identique. Quoi qu'il en soit, je n'ai jamais entendu l'ouvrier allemand se plaindre de son patron juif. Il reconnaît, au contraire, et apprécie l'effort sincère fait par celui-ci pour concilier ses intérêts avec ceux de ses ouvriers.

Au point de vue économique, les Allemands classent les juifs en quatre catégories :

Les juifs pauvres, les moins nombreux, qu'on ne trouve qu'à Hambourg, à Berlin, et à Posen;

Les juifs moyens, les petits boutiquiers, les plus insupportables, ayant tous les vices juifs sous la culture;

Les juifs très riches, internationaux.

Au point de vue psychologique, un observateur allemand les a un jour ainsi classés devant moi :

— Il y a, analysait-il, le juif qui ose tout, et qui vaut à Israël sa mauvaise réputation dans le monde entier. Impudent, menteur, trompeur, bluffeur, insistant, content de lui, souriant, il ignore tout respect humain, et met sa seule vanité à réussir. Les moyens lui importent peu. Coups de pied au derrière, crachats sur la figure, oreilles tirées, dos tournés, tout cela l'excite au lieu de le décourager. Admirables qualités, si elles étaient employées pour le bien, elles révèlent chez ces pieds plats une bassesse organique irrémédiable.

« En face du juif qui ose tout, pullule le juif poltron, le juif qui a peur de son ombre, de donner son opinion, de contredire, de se compromettre, ne pensant qu'à ne pas déplaire aux Allemands, se figurant qu'à force de s'effacer, il inspirera la sympathie, lièvre couard tremblant au bruit des feuilles, il ne songe qu'à s'humilier, et mérite, provisoirement, de l'être. Ce juif poltron se trouve surtout, il faut le dire, dans une troisième catégorie, la plus inférieure : le juif renégat, méprisé plus encore par ses frères que par les chrétiens, ce qui n'est pas peu dire. »

Dans le mépris ardent qu'ils manifestent en toute occasion contre leurs renégats, les juifs font preuve d'un courage réel, car généralement ce sont les plus riches et les plus puissants de la race qui s'avilissent ainsi[1].

Mais à côté de ce juif renégat, il y a le juif fier de son origine, conscient de sa valeur propre et de sa valeur relative; connaissant l'histoire de sa race et celle des juifs célèbres, il relève la tête avec orgueil devant la majorité des barbares germaniques qui n'ont pour eux que la force et le nombre. Il se sent parfaitement l'égal des meilleurs et souvent le supérieur de ceux qui prétendent l'humilier. Il met toutes les forces de sa vie à s'élever, par orgueil et par dignité, et s'attache à demeurer vertueux et noble dans la lutte pour la vie. Ce type de juif est rare. Il mérite toute estime, toute sympathie et toute admiration.

1. Leurs coreligionnaires leur jouent mille tours, se moquent d'eux de toutes façons.

Un conseiller de commerce juif fut baptisé et anobli. Il devint baron. Il dut se débarrasser de ses anciens domestiques et mit une annonce dans le journal pour avoir un valet de chambre. Son ancien valet voulut se venger. Il annonce un jour à son maître qu'un nouveau domestique se présente.

— Faites entrer.

Un nègre paraît, avec son nez camus, les yeux sortant de la tête, les cheveux crépus.

— Comment, fait le nouveau comte, comment, vous osez? mais vous êtes nègre!

— Non, non.

— Mais pourtant vous êtes noir.

— Non, non.

— Mais alors?

— Je suis chrétien, baptisé depuis hier.

On dit des Juifs nouvellement convertis : « Dieu lui pardonne, le monde l'oublie, mais le nez reste ».

— Le plus désagréable avec eux, ajoute-t-on, c'est qu'on ne sait jamais si l'on s'adresse à un catholique ou à un protestant.

L'ANTISÉMITISME

II

SES CAUSES

Griefs généraux, ethnologiques, politiques, économiques. — Opinion brutale d'un chambellan de l'Empereur. — Dégoût physique. — Désaccords moraux. — Orientaux déracinés. — Antipathie d'intelligence. — L'Allemand respectueux de l'autorité. — Le juif, esprit critique et frondeur. — L'Allemand lourd et réfléchi. — L'esprit juif alerte et prompt. — L'esprit conservateur germanique. — Le juif libéral et le juif socialiste. — Antipathie de caractère. — Goût excessif de l'argent. — Dédain pour le travail manuel et l'agriculture. — Leur habileté à tirer parti du travail des autres. — Manque de tact. — Snobisme. — Servilisme. — Cynisme.

Quelles sont donc les causes de l'antisémitisme en Allemagne?

Il s'alimente ici des mêmes griefs fondamentaux qui depuis des siècles subsistent chez les chrétiens.

L'antisémitisme ethnologique se nourrit comme ailleurs du préjugé des races, des différences foncières d'intelligence et de caractère que le temps n'a pas atténuées entre Germains et Sémites.

L'antisémitisme politique vit du conflit entre le chauvinisme allemand et l'internationalisme juif, entre l'esprit conservateur prussien et les opinions très libérales ou socialistes des Israélites.

Enfin, l'antisémitisme économique se manifeste dans la lutte du capital prussien agrarien contre le capital industriel juif, dans l'émulation du capitalisme chrétien et israélite, qu'accroît chaque jour le développement industriel et commercial de l'Allemagne, et dans les multiples rivalités d'intérêt et de puissance que donne le prestige de l'argent.

Ces griefs généraux, nous ne les étudierons pas ici. Nous les connaissons pour les avoir entendu formuler par les docteurs de l'antisémitisme. Je ne suivrai donc pas les savants théoriciens allemands dans leurs dissertations dogmatiques dont je viens d'indiquer le caractère. Je me contenterai, par des notes recueillies au cours de nombreuses conversations et par des faits observés sur le vif, d'illustrer les antipathies précises ou obscures, avouées ou hypocrites.

— D'abord ils puent, me dit brutalement un chambellan de l'Empereur, leur peau est noire et grasse; ils me dégoûtent physiquement. Moralement, ils sont plus répugnants encore, du moins pour nous, Germains.

— N'est-ce pas plutôt pour leur religion qu'ils vous sont antipathiques?

— Du tout, du tout. Ils l'abandonnent si facilement, leur religion, quand il le faut ! Ils n'en demeurent pas moins intolérables, au contraire. Voyez les mariages mixtes des aristocrates qui veulent redorer leurs blasons avec l'or juif. Ces ménages ne peuvent s'entendre ; bien vite, les désaccords éclatent, l'incompatibilité s'affirme : le juif, la juive, outre leur odeur repoussante, manquent de tact, ne songent qu'à satisfaire leur vanité, à paraître, à prendre de l'importance, à s'afficher, à s'incliner trop, à se redresser exagérément ; ce sont des Orientaux orgueilleux et battus, déracinés qui ont perdu le sens de leur vraie nature et de leur vraie destinée, et qui errent parmi nous.

Le fils très intelligent d'un juif baptisé me dit :

— Il existe entre israélites et Germains une antipathie d'intelligence bien plus irréductible que celle qui peut séparer en France les deux races en présence. Les juifs ont l'esprit destructeur. Très doués pour la critique, ils sont incapables d'édifier rien de grand et de durable. Tel Karl Marx, tel Henri Heine, qui toute sa vie critiqua les Allemands en juif qu'il était, sans jamais les comprendre. Tous les israélites allemands d'aujourd'hui se croient tenus d'être libéraux. J'ai horreur de ce libéralisme stérile qui critique sans cesse et ne construit rien. Je préfère les conservateurs et les antisémites : ceux-là, au moins, ont un programme. A l'heure actuelle, dans la société allemande, il faut être conservateur ou socialiste.

Ce reproche d'instinct destructeur, je l'ai retrouvé partout formulé.

— Les revues de fin d'année, les vaudevilles, les opérettes, la caricature, la satire, tout ce qui doit diminuer, abîmer, démolir quelque chose, voilà leur lot dans l'art et la littérature. Ce sont des dissolvants, des indisciplinés.

Le Prussien a horreur de cet esprit révolutionnaire qu'il juge néfaste pour le progrès de la race germanique et sa gloire. Monarchiste convaincu, respectueux de l'ordre et de la discipline, conservateur éclairé ou réactionnaire aveugle, il déteste cette secte frondeuse.

Enfin, le protestant et le catholique croyants reprochent au juif son esprit démoralisateur :

— Il est sans pudeur, disent-ils.

Les Prussiens font un grand grief aux israélites de leur amour exclusif de l'argent. Dans le monde des affaires — ce qui est assez inattendu, — on leur en veut de ne jamais s'intéresser à une *œuvre* durable et utile à la nation, de tout ramener au gain immédiat.

— L'idée de la *durée* d'une entreprise, de l'avenir plus ou moins lointain d'un effort, leur échappe. Ils ont l'air de camper au milieu de la Prusse comme des marchands nomades, qui ne se soucient que de récolter sans tarder l'or des échanges. Réalistes étroits et bornés, ils ne partagent pas nos grandes préoccupations nationales. Avez-vous jamais vu un juif propriétaire, exploitant lui-même ses terres, s'intéressant à cette œuvre durable, qui fait la vraie richesse d'un pays. Non, le juif ne s'intéresse à la terre que comme moyen de spéculation, mais il méprise le labeur patient qu'elle nous impose.

Ainsi me parlait un grand propriétaire silésien, terrien passionné, à qui ce dédain des juifs pour le travail des champs et le sol vénéré paraissait sans excuse.

— Je sais très bien, ajoutait-il, ce qu'ils répondent à cela : l'agriculture leur fut interdite pendant des siècles. Mais depuis longtemps cette interdiction a cessé. Et d'ailleurs, là où elle leur fut permise, voyait-on davantage les juifs labourer la terre? Il a fallu qu'on aille chercher de force des misérables israélites mourant de faim en Russie, pour peupler les colonies agricoles juives de Palestine et de l'Argentine. Et encore, le peu de résultats obtenus à coups de millions dans cette voie inquiète les grands juifs. Non, non, ils veulent gagner de l'argent en faisant des affaires, c'est-à-dire en volant quelqu'un.

Parmi les représentants des professions libérales j'ai noté le même reproche :

— Ils envahissent toutes les professions libérales, me dit un ancien officier; on pourrait compter les juifs qui se livrent au travail manuel. Après avoir accaparé la presse, ils se font avocats, médecins, banquiers, commissionnaires.

Un savant me contait :

— Des Instituts privés se fondent en Allemagne pour l'étude désintéressée et pour le progrès de la science. Nous les créons avec notre argent personnel. Les médecins juifs — il y en a qui sont dix fois millionnaires — se tiennent à l'écart de ces œuvres sans profit. Ils préfèrent courir la clientèle, les plus riches aussi bien que les autres. La femme d'un docteur juif très en vogue se plaignait un jour à moi du surmenage dont souffrait son mari. Il ne pouvait suffire à sa clientèle énorme.

« — Mais, lui fis-je remarquer, votre mari a plusieurs assistants. Que ne leur passe-t-il une partie de ce trop plein?

« — On ne peut tout de même pas faire cela, me répondit-elle.

« D'autre part, pourquoi les juifs envahissent-ils les carrières libérales? Vous pensez que c'est par goût d'intellectuels, par besoin d'employer cette intelligence dont ils se vantent à juste titre? Non, ceux que n'attirent pas spécialement le commerce, où il faut tout de même des qualités et du travail, recherchent la dot. Car, en Allemagne, la dot n'existe, généralement, que chez les juifs, et dans les milieux mondains riches. La plupart de leurs mariages se font par intermédiaires; on se rencontre dans une soirée, un dîner, dans une ville d'eaux — comme chez vous — et on s'accouple sans se connaître davantage.

« On estime qu'un médecin ordinaire peut prétendre à une dot de. . . . . 50,000 marks.
« Un médecin spécialiste, à une dot de . . . . 100,000 —
« Un privat docent, à . . . . 150,000 —
« Un professeur extraordinaire, à . . . . 200,000 —
« Tel est le prix-courant.

« Pour arriver à une dot de 200,000 marks, le jeune israélite essaie de se faire une carrière scientifique. Il écrit quelques monographies dans ce but. Mais ces travaux ne sont jamais sérieux. Les journaux scientifiques israélistes se chargent de la réclame, ils ne publient généralement que des analyses des travaux juifs[1]. »

1. N'est-il pas naturel que les juifs se solidarisent, dans une société où on les considère comme des étrangers? Dans la carrière des sciences, on ne nommera que bien difficilement un juif professeur

Autre grief :

— Les juifs sont avares. Je connais des juifs très riches qui n'écrivent jamais que sur des cartes postales officielles pour économiser le prix du papier et des enveloppes, et qui n'affranchissent jamais suffisamment les paquets qu'ils envoient. On sent que pour eux l'argent est la grosse affaire de la vie.

— Comme pour beaucoup d'entre nous ! fis-je.

— Non, non, pour eux l'argent n'est pas un moyen de se procurer les commodités de la vie, car, en somme, ils paraissent pouvoir se priver beaucoup quand il le faut. Pour le juif, l'argent représente le pouvoir de *dominer* et de *paraître*.

L'esprit de calcul qu'il porte dans tous ses actes est intolérable au Germain généreux :

— Son génie calculateur l'obsède et le démoralise. Il ne rendra service que s'il y voit un intérêt, direct ou indirect, immédiat ou lointain. Il se demandera toujours : « A quoi me servira ce que je vais faire ? » Il mettra en relief la moindre obligeance, il appuiera sur la plus petite attention qu'il aura pour vous, il trouvera le moyen de vous rappeler plusieurs fois le moindre service qu'il aura rendu. On peut dire qu'à un point de vue un peu élevé, le juif ignore le véritable désintéressement, la noble et pure solidarité humaine. Il fait des aumônes, souvent importantes même, mais pour qu'on le sache ; s'il cache son nom au public, parfois, on doit supposer que c'est encore par un calcul mystérieux qui doit lui profiter. En un mot,

titulaire dans une Université, sous prétexte qu'une fois dans la place il attire à sa suite toute une tribu et forme une cellule isolée dans l'organisme universitaire. Aussi, quand un juif veut arriver au poste de professeur ordinaire, doit-il se convertir.

il est impossible de concevoir un juif désintéressé.

— Ce n'est pas seulement par leur amour exclusif de l'argent qu'ils sont antipathiques, me disait un professeur de l'Université de Halle, mais par leur *manque de tact*. La plupart des juifs qui, en Allemagne, envahissent les carrières libérales, ne vivent ici que depuis une ou deux générations. Leurs grands-pères étaient colporteurs en Pologne. Ceux-là, dans la lutte pour la vie, appliquent une méthode d'arrivisme tout à fait choquante. Le reproche d'arrogance, de grossièreté, que l'on fait généralement aux Berlinois devrait surtout s'adresser à eux. Au contraire les anciens juifs, comme ceux de Francfort, cultivés, assimilés, perdus en partie dans le sang germanique, deviennent souvent antisémites, n'ayant pas de lien de parenté visible avec ces parvenus d'hier.

« Écoutez quelques exemples de leur manque de tact et de mesure dans leurs rapports avec le reste de l'humanité, fit mon interlocuteur.

Et il me raconta, en riant, les petites anecdotes suivantes :

— De passage à Berlin, nous sommes invités, ma femme et moi, par un collègue juif, à dîner chez lui. Nous nous y rendons à l'heure convenue.

« — Il fait si beau ce soir, nous dit sa femme, qu'au lieu de rester enfermés ici, nous avons décidé d'aller dîner avec notre beau-frère au Jardin zoologique.

« — Soit, allons au Zoo !

« Nous dînons donc au Zoo, nos hôtes payant leur part, nous la nôtre. Or, j'insiste là-dessus, nous étions conviés par eux.

« Une autre fois, nous sommes invités dans les mêmes conditions avec une dame de leurs amies. A la fin du repas, ils règlent la note pour eux et la dame, et pas pour nous.

« Mieux encore, tenez. Un jour j'ai vu dans un restaurant où deux frères juifs avaient consommé une bouteille d'eau minérale de 50 pfennigs à eux deux, vouloir chacun payer leur part de 25 pfennigs. »

Les femmes juives manifestent généralement un fort goût pour la toilette. Les Allemandes le leur reprochent comme une tare.

— Leurs grosses plumes et leurs rubans insolents font plus pour l'antisémitisme que toutes les théories de Chamberlain !

« Au point de vue de la sociabilité, leur plus grand défaut, continua Herr Professor X, est encore le manque de tact. Le juif *exagère* toujours, il *affecte*. On lui reproche d'être un étranger et de demeurer un étranger. Rien n'est plus injuste. Au contraire, dans son désir de s'assimiler aux nations où il vit, il veut être, à Paris, plus Parisien que les Parisiens, plus spirituel, plus blagueur, plus superficiel. En Allemagne, le juif affecte d'être Prussien; il dit à tout propos : « Nous autres Allemands », sans sentir le ridicule de son insistance; on en voit se faire arrogants, de verbe brusque, cassants et raides, se modelant sur le type triomphant et admiré de la race. Maladroite imitation, d'ailleurs, qui ne leur réussit pas du tout. Il leur est plus facile de se faire légers, sceptiques et pornographes, si la pornographie, la légèreté, le scepticisme sont à la mode.

« Le besoin violent de faire oublier leur origine et de s'assimiler à l'ambiance, conduit les juifs au snobisme exaspéré. Aux premières représentations, ils sont tellement nombreux qu'ils en chassent tout le monde; dans leur hâte d'être en avant, ils s'empressent de pousser tous les « premiers cris »; dès qu'un musicien paraît devoir plaire, les voilà se précipitant au-devant de lui et lui faisant, à tout hasard, une gloire, sauf à démolir ensuite leur idole, et à vomir dessus une fois leur emballement passé. Ils se mirent à la tête de la peinture nouvelle et provoquèrent les sécessions. Non pas qu'ils aient le goût de l'art, ni le sens du beau ni du grand. Leur goût est toujours vulgaire et bas. Comment en serait-il autrement chez ces âmes sans noblesse? Vous me dites que la Bible n'est pas une œuvre médiocre et que les Israélites furent aussi une race militaire avant la destruction de Sion. Soit. Mais quand on fut humilié pendant deux mille ans sans rien dire, en souriant, on est avili pour vingt siècles encore. Nous parlerons de la noblesse israélite revenue, en l'an 4000.

« En attendant, leur prétendue activité cérébrale n'est que de l'agitation et le besoin d'être toujours vus en avant. Simple réaction contre leur état précédent. Comme ils n'eurent pas le droit de parler pendant des siècles et qu'on les empêcha de se mêler à la vie nationale, aujourd'hui libérés ils veulent parler de tout, s'occuper de tout, se montrer partout, comme des nègres enrichis n'ont rien de plus pressé que d'affirmer leur richesse et d'en abuser. La ressemblance est très frappante, couleur de peau mise à part. J'ai vu un juif récemment anobli par l'Empereur, le plus riche des juifs berlinois, faire imprimer immédiatement sur toutes ses malles, en toutes lettres, le mot « von », seul signe de sa noblesse. Ce même « noble » revient de Paris avec cent ou deux cents cravates, des robes de chambre suaves, et n'a rien de plus pressé que d'appeler tous ses domestiques pour les leur montrer. N'est-ce pas Bamboula venant d'hériter et retournant en chapeau de soie, col blanc et chaîne de montre, à son rancho pour étonner les nègres, ses frères? Quel respect voulez-vous avoir pour ces sortes de gens, malgré leurs dix millions de rentes et leurs chasses de Silésie?

La preuve que l'antisémitisme est surtout une question de race se voit dans l'incohérence et parfois la contradiction absolue des griefs relevés contre eux dans un même milieu. Les uns vous diront, par exemple, que les juifs se rendent insupportables par leur soif effrénée de jouissance, leur besoin de faire du bruit, de paraître; les autres, au contraire, qu'ils sont sobres, qu'ils ne boivent pas, que les maris sont plus fidèles à leurs femmes que les maris allemands. Leurs qualités mêmes se tournent contre eux. Ainsi la précocité des enfants :

— Cette précocité est un phénomène inquiétant et désagréable, me dit-on; elle a quelque chose de monstrueux et d'anormal. Quand les enfants ont grandi, leur développement s'arrête pour ainsi dire brusquement, et leur intelligence se cantonne vite dans les qualités spéciales de la race : l'habileté, le sens pratique.

Leur sentiment familial devient aussi matière à dénigrement. Ils sont « schlappier » (poules mouillées). Les jeunes Allemands, eux, veulent paraître tôt des hommes; ils affectent l'indépendance vis-à-vis des parents qui se saignent pour les élever, ont presque honte d'avouer avoir écrit à leur père ou à leur mère.

S'ils restent juifs, ce sont des étrangers. S'ils se convertissent, ce sont des lâches. Choisissez !

Aussi quelquefois leur bonne volonté à s'assimiler à la race allemande se trouve-t-elle aux prises avec des difficultés curieuses. Un père a des garçons et des filles; s'il fait baptiser les garçons, ils auront la vie plus facile, toutes les carrières leur seront ouvertes. Mais les filles, sait-on jamais qui elles épouseront ? Il arrive qu'une fille convertie, qui n'a par conséquent que des amies chrétiennes, épouse un juif pratiquant. Un enfant va naître de ce mariage, qu'en fera-t-on ? Un juif ou un chrétien ? Cela dépendra de son sexe : fille, on la laissera juive; garçon, on le baptisera.

— Ce sont des lâches.

Certains ne s'en cachent pas.

— Je voudrais, dit une mère israélite à un seigneur de l'Est, que vous me donniez pour mon fils l'adresse d'un bon professeur d'escrime. Il est si lâche !

— Je me tuerais bien, dit une dame juive, mais je ne peux pas, je suis trop lâche. Le sang juif parle trop fort en moi.

Cette franchise, ce cynisme même, qu'on nous apprend à estimer comme un acte de courage moral, doit choquer énormément l'hypocrisie germanique.

L'ANTISÉMITISME

III

CE QU'EN PENSENT LES JUIFS

Jugements contradictoires. — Ceux qui nient l'antisémitisme. — « On ne nous méprise pas. » — Ceux qui l'approuvent. — « On a raison de nous fermer l'armée. » — Ceux qui se défendent. — Archi-teutons et archi-chrétiens. — Encore Chamberlain. — Prestige de la Bible ébranlé. — Le professeur Delitzsch, assyriologue de la Cour. — Le Babylonien pensant. — Sardanapale réhabilité. — On en veut à notre argent. — On en veut à notre solidarité. — Générosité juive. — Le commerçant et la dîme. — Persécutions juives en Russie et sur la frontière allemande. — Le juif américain s'impose. — Historique de la législation antisémite en Prusse. — Le XVIe, le XVIIe, le XVIIIe siècles. — Lois d'exceptions. Importance de l'influence juive en Allemagne. — Le juif a créé le système financier allemand, développé l'industrie et le commerce. — Hambourg, Francfort, Berlin. — Si les 700,000 juifs allemands émigraient... — Influence politique. — Le parti socialiste et le parti libéral. — Leur influence dans la littérature et les arts. — Opinions de Mommsen et de Stanley.

Comment les diverses catégories de juifs envisagent-elles l'antisémitisme?

Chez les juifs riches, j'ai constaté un phénomène à peu près général en Allemagne : ils ne reconnaissent pas volontiers l'existence de l'antisémitisme; du moins essayent-ils toujours de l'atténuer. C'est à la fois de leur part un intelligent calcul et une sorte d'insensibilité. Les uns se disent qu'en niant l'antisémitisme, ils se dispensent par là même de s'en plaindre, d'être amenés à lutter contre, ce qui ne pourrait que l'aggraver. Le silence et l'affectation d'ignorance leur paraît la meilleure tactique. D'autres, en réalité, ne sentent pas la sourde hostilité des chrétiens allemands, le mépris des vrais Germains roux aux gros yeux clairs pour leur « manque d'honneur », comme ils disent, leur absence de courage physique, leur souplesse. Aussi longtemps que cette antipathie ne se manifeste pas par des actes très visibles, très voulus, ceux-là ne la sentent pas, ou du moins n'en souffrent pas ou l'acceptent et l'excusent, comme des gens forcés de vivre dans un milieu hostile se plient une fois pour toutes aux nécessités obligatoires. D'autres, enfin, nient l'antisémitisme par vanité personnelle. Les juifs influents ou riches ne consentent pas à paraître rabaissés dans leur patrie d'adoption, tenus à l'écart, ni infériorisés en aucune façon. Ils se vantent de leurs relations dans les hauts milieux chrétiens, de la position privilégiée de quelques-uns d'entre eux à la Cour, dans les conseils officieux du Gouvernement, et si on leur parle de leur exclusion de l'armée, ils l'expliquent sans aigreur par la force du préjugé aristocratique. Certains m'ont même assuré que les vrais grands seigneurs n'étaient pas antisémites; seuls le seraient, d'après eux, les junkers pauvres, les petits bourgeois, les paysans et les artisans, par jalousie économique : les juifs, plus habiles, plus intelligents, sont plus riches qu'eux et se mettent quelquefois trop en avant, voilà tout. J'ai entendu mieux encore dans un des premiers salons israélites de Berlin. On y prétendait que les Allemands avaient raison d'interdire l'accès des juifs aux grades de l'armée.

— Ils empoisonneraient l'armée, disait la personne juive qui parlait. Par leur intelligence, ils auraient vite pris les premiers postes. Or, les vertus du soldat allemand sont des vertus antijuives : la sobriété, le désintéressement, l'abnégation, la gravité de l'esprit. L'armée, pour le Germain, représente, comme le sacerdoce, la possibilité de rester pauvre sans déchoir. Nos jeunes gens n'accepteraient pas ces mœurs de sacrifice dont l'utilité échappe à leur compréhension. Voyez-vous des jeunes juifs riches sans chevaux et sans automobiles ! D'ailleurs, nous avons des exemples devant nous. Certains officiers ont épousé des jeunes filles converties qui souffraient des mœurs étroites et chiches du corps d'officiers dans certaines garnisons provinciales. Impossible de dépenser là le quart de ses revenus ! Elles en étaient gênées et gênaient les autres ménages par leurs efforts à changer ces mœurs.

Je connais quelques autres israélites allemands, qui méritent toutes les sympathies et dont l'attitude devant l'antisémitisme est bien différente de celle que je signale.

Écoutez la riposte judicieuse de l'un des plus intelligents d'entre ceux que je rencontrai en Allemagne au cours de mes trois années d'enquête :

— Nous ne prenons plus la peine de nous défendre,

persuadés que le temps seul pourra faire rendre justice à un peuple auquel on reproche non seulement ses défauts, mais ses qualités.

« Nous avons contre nous les antisémites de race, les archi-teutons qui s'imaginent de bonne foi que descendre directement du chef chérusque Arminius est à la fois la preuve et la condition de la qualité de « l'homme noble » (*Edelmensch*). Beaucoup de ces « archi-teutons » ne se connaissent guère de grand' père, et ne se laissent pas arrêter par le fait que la capitale de l'empire allemand se trouve à côté de Dobrilugk, au centre même des anciennes colonies slaves. Ils ignorent ce qu'est une race, tout comme les savants. Eux-mêmes n'ont pas plus le droit de prétendre être de race pure que les chiens de Péra. Ils se sont forgé l'idée d'une race germanique dont les derniers vestiges, si jamais elle a existé, ne sauraient se retrouver qu'en dehors de l'Empire allemand, dans la France même, qui, dit l'histoire légendaire, fut conquise par les Germains! En tous cas, ces antisémites des anciennes colonies slaves, n'y appartiennent sûrement pas.

« A côté des antisémites « archi-teutons », il y a les antisémites « archi-chrétiens ». Ceux-ci se montrent également fiers d'avoir leurs racines dans le paganisme par Arminius, et de pratiquer la doctrine de Jésus-Christ, juif par le sang. Ils se sont débarrassés de cette dernière difficulté en faisant de Jésus et de ses disciples, des Ariens. Germains et Ariens sont cousins, comme chacun sait. Le Chamberlain anglo-allemand qui inventa cette sottise est un ami de l'Empereur.

« Restait pour ces chrétiens farouches, l'autorité

de la Bible, qui donne aux israélites un prestige gênant. Quand toute la chrétienté veut se consoler, se recueillir, s'édifier, elle lit les livres juifs, récite les prières juives. Inexplicable aberration : c'est vers cette source encore vive de toute consolation, de tout recueillement, de toute édification, que se tourne la haine des antisémites chrétiens, haine que leur défend la religion chrétienne, à l'exemple de la religion juive. Alors, le professeur Delitzsch, assyriologue de la Cour, entreprit d'anéantir l'autorité et le prestige de la Bible! Il inventa la fable du « babylonien pensant ». Pour lui désormais, et pour ses disciples, les Babyloniens féroces et sauvages étaient un peuple doux et noble, et ses idoles grossières, des symboles extrêmement élevés où les juifs prirent le meilleur de l'Ancien Testament. Mais que devenait la légende de Nabuchodonosor et de Sardanapale? On fit un ballet pompeux où Sardanapale se transforma en un prince héroïque digne pour un peu de figurer dans la galerie d'une famille princière de pur sang germanique.

« Les antisémites de religion se contentent de voir le sémite recevoir le baptême, sachant bien pourtant que la conversion d'un juif au christianisme ne signifie pas l'acceptation d'une nouvelle foi, mais simplement le reniement de l'ancienne. Ils savent aussi que l'apostat n'est qu'un mauvais juif, le type de ce qu'on appelle avec raison « le sale juif », pleutre, lâche, servile, ignoble par tous les côtés de sa mentalité et de son caractère. Mais il faut bien croire que l'orgueil de ces apôtres et la conscience qu'ils ont d'eux-mêmes leur fait accepter que ce qui reste d'un mauvais juif suffit encore à en faire un bon chrétien...

« La vraie cause de l'antisémitisme, ici comme en

tous pays, c'est la jalousie. On nous en veut parce que nous sommes riches. Il se trouve que notre intelligence, plus ancienne, plus exercée, plus souple que celle des peuples au milieu desquels nous vivons, nous donne sur eux une certaine supériorité dans les affaires. Pouvons-nous cependant nous faire plus bêtes que nous sommes? Certains s'enrichissent, d'autres tombent en route. Mais, comme nous formons une minorité, on nous remarque. Si l'un de nous réussit là où d'autres échouèrent, on ne nous le pardonne pas, on s'indigne de la qualité des moyens employés, etc. En vérité, notre crime fut de réussir.

« Que valent en effet, après les griefs de race et de religion, tous ceux qui animent nos adversaires?

« Après nous avoir chassés pendant des siècles de pays en pays, ils nous accusent d'être internationalistes.

« Après nous avoir tant de fois dépouillés de nos biens, ils appellent notre reconnaissance pour l'hospitalité un peu durable que nous recevons enfin, un « patriotisme d'affaires ». Mais, disent-ils, l'aristocratie financière juive n'a pris de vraies racines nulle part et va, d'un hémisphère à l'autre, là où l'appelle son intérêt. Comme si tous les banquiers de tous les pays n'en faisaient pas autant! Comme si les représentants des familles princières hésitaient à abandonner pour toujours leur patrie pour adopter la nouvelle qui s'offre à leur ambition ou à leur intérêt... Ce qu'on approuve chez les têtes couronnées dont l'appétit de domination est la seule excuse, on le reproche aux juifs que la haine des autres fit errer durant des siècles, et qui par conséquent ne doivent pas encore une bien longue ni une bien grande reconnaissance à leur pays natal...

« Autre crime: « Nous sommes solidaires! » On nous

traqua, on nous massacra, on nous brûla, on nous dépouilla, et nous avons laissé naître en nous le sentiment de la solidarité... Mais, en même temps, notre générosité envers les nôtres n'est que de l'ostentation vaniteuse. Arrangez cela. Je pense à feu le grand-rabbin Tiktin, de Breslau, qui, un jour qu'il paissait son troupeau de prisonniers, tomba sur un pêcheur endurci, brute inaccessible à toute parole de paix et de justice, qui lui jeta à la face : « Allez, allez, mon« sieur le Rabbin, ce n'est que pour de l'argent que « vous prêchez ! » A quoi le doux homme répliqua : « Soit, mon ami, je prêche pour de l'argent, mais toi « tu voles pour de l'argent... Dieu nous jugera ».

« D'ailleurs, je pourrais répondre à MM. les antisémites qu'ils ignorent parfaitement tout le bien que font les juifs, et qu'ils n'ont pas le droit de les accuser de gloriole et de vanité. Le peuple allemand, dans un bel élan, réunit l'an dernier huit millions pour l'œuvre du comte Zeppelin ; je ne sais quelle fut la part des cotisations juives, je sais seulement que les juifs figurent parmi les plus gros donateurs. Admettons que ceux-ci donnèrent par émulation de vanité. Mais si 62 millions d'Allemands durent faire effort pour réunir une seule fois huit millions, comment les antisémites expliquent-ils que dans la Jewish Colonisation-Association et l'Alliance Israélite Universelle, on recueille quatre ou cinq fois cette somme, sans le moindre bruit, sans connaître même le nom du donateur?

« On nous reproche notre avarice. Notre défaut serait justement le contraire. Les exemples de rapacité que l'on cite ne signifient rien quant à la race, ce sont des faits individuels, et je prétends que le juif est naturellement généreux. S'il soutient de préférence ses frères, c'est que ceux-là surtout ont besoin de solidarité. Nulle part il n'y a plus de misère que chez les juifs polonais, pour ne citer que ceux-là. Des milliers, des dizaines de milliers de chefs de famille se lèvent le matin sans savoir si eux et leurs enfants pourront manger dans la journée. Or, la religion impose au juif de donner un dixième de ses revenus, et tous les orthodoxes obéissent à cette loi, sans le crier sur les toits et sans faire de souscription publique. Ils donnent, non pas avec l'ostentation qu'on leur reproche, mais pour se soumettre aux commandements de Dieu.

« Je connais à Königsberg un banquier qui, dans ses livres, a un compte spécial de charité s'élevant au dixième de ses bénéfices, et crédité absolument comme ses autres comptes. Les intérêts s'y amassent quand les réserves ne se trouvent pas toutes employées. Je sais cela par hasard, car ses dons sont tout à fait anonymes, et beaucoup de ceux qui l'entourent ignorent ses bienfaits. Son fils vit dans les mêmes principes. Marié dernièrement, il eut pour dot 300,000 marks. C'était un *don* paternel. Il résolut d'en consacrer le dixième à des œuvres de bienfaisance. Il consulta son beau-père qui l'approuva et lui proposa de partager avec lui le plaisir de cette donation. Ils versèrent donc à eux deux 60,000 francs à des œuvres de bienfaisance. De tels faits sont courants chez les juifs.

« On nous reproche des défauts que je ne nie pas, mais qui sont le produit de la persécution : une prudence excessive, de la servilité, une trop grande importance donnée à l'argent, etc. :

« Mais il faut penser qu'aux Juifs n'est permis que ce qui est permis, tout le reste leur est défendu.

Pour les chrétiens au contraire, sauf quelques restrictions à leur liberté, tout est permis.

« Comment voulez-vous que nous n'attachions pas d'importance à l'argent quand, dès l'enfance, il nous est démontré que toute notre vie tournera autour de l'argent ? Voyez ce qui se passe en Russie, par exemple, à Kovno, où le prix d'admission d'un écolier dans les gymnases est monté jusqu'à 3,000 marks qu'il faut payer à des fonctionnaires voleurs. Vous savez que la proportion des juifs admis dans les gymnasiums ne dépasse jamais 5 0/0. La ville de Kovno pourtant est aux trois quarts juive. Les enfants, pour être admis, doivent passer un examen. Mais beaucoup, très intelligents, méritent l'admission. Alors le juif le plus offrant obtient l'entrée de son enfant à l'école. Les enchères montent jusqu'à 3,000 marks, quelquefois plus. Ce n'est pas tout : à chaque changement de classe, les parents doivent encore débourser, faute de quoi les professeurs poussent des « colles » si extraordinaires aux écoliers que ceux-ci échouent aux examens de passage et doivent redoubler les classes, alors que toute l'année ils avaient tenu la tête. Les enfants connaissent ces honteuses négociations, ces marchandages et ces enchères, qui se répètent dans cent incidents de la vie sociale, séjour dans les villes, voyages, etc., comment n'attacheraient-ils pas d'importance à l'argent ?

« Vous nous reprochez de ne penser qu'à cela. Cette préoccupation n'est pas exclusivement juive. Nous sommes dans le cas de tous les commerçants ayant en mains beaucoup d'or qui coule. Que ferions-nous d'autre que le commerce ? En Allemagne, tout juif qui dédaigne le commerce est une bête. L'armée lui refuse l'accès des grades, le nombre des notaires est très limité et des hommes d'un savoir et d'une autorité incontestés comme Mosse, juriste de premier ordre qui fut appelé au Japon pour préparer la Constitution et professer à l'Université de Tokio, ne put dépasser en Allemagne le titre de juge à la cour d'appel de Königsberg. Bien que tout indiqué pour devenir président de chambre, il ne le fut jamais. Après avoir professé à l'Université, il démissionna. C'était pourtant un homme de premier ordre et de caractère irréprochable.

« Il y a quelque temps, le ministre de la Guerre fut interpellé par un député juif baptisé, sur l'exclusion des israélites de l'armée. Le ministre fit triste figure. D'abord il prétendit hypocritement ne rien savoir de ce fait. « Le Gouvernement n'a pas, dit-il, à intervenir dans l'affectation des officiers aux régiments. » Il rappela que c'est le choix des camarades qui décide l'entrée d'un officier dans leur régiment; puis il parla de l'influence souveraine de l'opinion, peu favorable aux israélites. La discussion en resta là et nous attendons toujours le premier lieutenant juif.

« N'est-ce point une bien piètre politique ?

« La meilleure ne serait-elle pas de permettre à la race juive de s'assimiler aux autres ? Que l'on essaie et je vous garantis que dans cinquante ans les différences auront disparu. Qui donc est vraiment chrétien, parmi vous ? Y a-t-il chez vous plus d'humanité, plus de charité, plus de qualités nobles, en un mot, que chez nous ? Où est cette unité de race que vous désirez tant sauvegarder ? Où l'unité de la race française, de la race germanique ? Donnez aux juifs l'égalité, cessez d'en faire une minorité opprimée, laissez-les se fondre dans la majorité, ils disparaîtront bien plus vite que par la persécution. Leur force d'assimilation leur permet de prendre rapidement les défauts et les qualités des nationalités qui les acceptent. Les reproches que vous faites au juif allemand, vous les entendrez de la bouche des juifs russes. Ceux-ci trouvent leurs coreligionnaires allemands lourdauds, bêtes, mesquins; le juif allemand trouve le russe habile, rusé, hypocrite (comme le sont tous les gens battus et opprimés).

« En Allemagne, pays pourtant plus libéral que la Russie, le Gouvernement prussien, sous prétexte d'anti-polonisme, poursuit de sa haine le juif russe, considéré comme Polonais. A Berlin, dès qu'il arrive, la police est à ses trousses. S'il prend une chambre meublée, elle arrive aussitôt.

« — Que venez-vous faire ici?

« — Du commerce.

« — Vous n'avez pas le droit. Allez-vous-en.

« — Etudier à l'Université.

« Alors, après une longue série de formalités, on lui donne une permission de deux ou trois mois qu'il doit faire renouveler avec les mêmes difficultés. Sur toute la frontière, les juifs russes sont *chassés* littéralement. Pendant les troubles révolutionnaires, à peine leur permettait-on un séjour de deux ou trois mois en Prusse. Remarquez qu'on n'expulsait jamais le Russe orthodoxe qui s'y réfugiait. Le juif russe est considéré comme polonais, mais le catholique polonais, citoyen russe, n'est jamais expulsé. Une telle injustice déconcerte, à quelque point de vue que l'on se place. Les catholiques polonais sont anti-allemands comme tous les Polonais. Quel moyen la Prusse aurait là de combattre le polonisme! Loyalistes et libéraux, les juifs de Posen sont les adversaires des Polonais réfractaires et réactionnaires. Soutenir les juifs dans les Marches polonaises ne serait-ce pas lutter contre l'opposition irréductible de la Posnanie? Mais la Prusse ne veut pas laisser chasser le diable par Belzébuth.

« Comme, à Königsberg, le commerce du blé et du bois se trouve presque entièrement aux mains des juifs, on se montre un peu moins sévère avec eux. Pourtant que de chicanes, de vexations ils doivent supporter ! Si la Chambre syndicale du commerce du bois demande une permission de séjour pour un juif russe, elle ne l'obtient qu'après des luttes inouïes et quand elle peut établir que ce juif est indispensable aux affaires. Et la permission accordée peut se révoquer à tout instant. Chaque année la demande de séjour doit être renouvelée. Pour bien signifier au juif que sa présence n'est que tolérée, on fait signer aux célibataires l'engagement de ne pas se marier, car on redoute la création de nouvelles familles. L'un d'eux qui osa se marier avec une juive allemande fut immédiatement expulsé.

« Il est interdit aux juifs allemands d'aller en Russie. Seuls, d'après les traités de commerce, les juifs immatriculés, c'est-à-dire qui ont une raison commerciale officiellement enregistrée, peuvent, pour affaires, séjourner en Russie jusqu'à concurrence de six mois, pas un jour de plus. Les simples particuliers juifs ne jouissent pas de ce droit. Un professeur-docteur juif de Berlin, appelé près d'un malade, ne peut passer la frontière sans une autorisation spéciale.

« Si un juif veut aller visiter un membre malade de sa famille, installé en Russie, il doit adresser une supplique au ministre des Affaires étrangères, indiquer pour quelle ville et pour combien de jours. Il répond par exemple : « Je désire aller à Moscou « et y demeurer quatre semaines ». On lui fait savoir que dix jours suffiront bien et que la permission ne vaut que pour Moscou. Interdiction absolue de s'arrêter à Pétersbourg. Et ainsi de suite.

« Les mêmes difficultés sont, d'ailleurs, faites aux juifs français. Seuls les juifs des États-Unis ont su se faire excepter de ces mesures vexatoires. « Nous acceptons tout le monde chez nous, disent-ils, chaque « citoyen américain doit être admis dans tous les pays « du monde. »

« Mais que sont ces vexations comparées à celles que nous eûmes à subir pendant des siècles! Il faut jeter un regard d'ensemble sur la législation antisémite en Prusse dans les temps modernes pour comprendre comment toutes les mesures d'exceptions prises à notre égard façonnèrent cette mentalité qu'on nous reproche tant aujourd'hui.

« Je vais vous raconter les incroyables péripéties de notre libération. Sans remonter au Moyen Age où le juif était universellement maltraité et pourchassé, bornons-nous à la période moderne et contemporaine. »

Je résume ici les faits principaux de cette histoire.

C'est en 1573, à la suite du procès intenté au maître monnayeur Lippolt, — procès typique qui fait songer à ceux du Moyen Age, — que les juifs furent chassés à perpétuité de l'Électorat de Brandebourg.

On leur permettait seulement d'y pénétrer pour des séjours de très courte durée, pour les foires par exemple, et toujours dans un but commercial.

Quand, en 1648, le grand Électorat s'accrut des principautés de Halberstadt et de Minden, acquis aux traités de Westphalie, de nouveaux juifs tombèrent sous la dépendance de l'Électeur. Déjà, en 1641, la question de la réadmission des juifs dans le Brandebourg était discutée par le Gouvernement de Berlin. Quelques israélites, comme Israël Aron et Elias Gomperz, avaient même obtenu des privilèges particuliers en récompense des précieux services rendus par eux aux Electeurs. Lorsque en 1670, les juifs furent chassés de Vienne, le grand Électeur admit cinquante familles viennoises, de bonne situation de fortune, dans ses États, et le 21 mai de l'année suivante un *Édit d'admission* permettait aux juifs de réintégrer la province de Brandebourg et le duché de Prusse. Ils pouvaient y louer ou acheter des maisons, commercer dans des magasins ouverts et dans les foires. Mais on leur interdisait de former des corporations de marchands, de faire l'usure, d'exporter de bonne monnaie et d'en importer de fausse, et de recéler des marchandises volées. En échange de ces avantages, ils devaient payer annuellement un *impôt des étrangers domiciliés* de 8 thalers par famille et un florin d'or à chaque mariage. Ils étaient exempts du tribut de capitation (Leibzoll) pour les voyages à l'intérieur de l'Électorat. Ce privilège valait pour vingt ans.

Le 20 mars 1714, Frédéric-Guillaume Ier publia une nouvelle réglementation. Un certain nombre de dispositions écrasantes, édictées entre temps, furent rapportées contre paiement d'une forte somme d'argent. Révisé à nouveau en 1730, ce privilège demeura en vigueur, malgré tous les efforts des juifs, pour en ajourner l'application, jusqu'en 1750. Alors Frédéric le Grand édicta le *Privilège général et règlement révisé de la population juive* qui, dans ses points essentiels, eut force de loi jusqu'en 1812. De nouveau, mais en vain, les juifs combattirent avec acharnement ces mesures d'exception. Ils obtinrent que la loi ne serait pas provisoirement promulguée, mais, cependant, le Code des lois de 1786 mentionne toutes ces mesures restrictives.

Voici quelle était juridiquement la position des juifs. L'État les considérait non comme des citoyens, mais comme des *protégés*. En échange de cette soi-disant protection, c'est-à-dire du droit de domicile, il les forçait à payer un *impôt des étrangers domiciliés* qui atteignait un chiffre considérable. Cet impôt comprenait, d'une part, le paiement unique d'une somme importante; d'autre part, une taxe régulière.

Le nombre des juifs munis d'un privilège de protection, ou, comme il est dit au texte officiel, de juifs à « sauf-conduit » (vergleiteten) était restreint, et, à maintes reprises, des ordonnances royales prescrivaient l'éloignement partiel des juifs en Prusse.

D'autre part, on concédait de nouveaux privilèges quand l'État avait besoin d'argent. Les juifs qui s'engageaient à entretenir de deux à quatre hommes dans un régiment déterminé obtenaient des sauf-conduits. On en accordait aussi contre le versement d'une certaine somme destinée aux recrues. Quand la Prusse besogneuse se trouvait particulièrement gênée, on établissait un « impôt des juifs » qui naturellement atteignait de fortes sommes. C'est ainsi que les juifs payèrent pour Frédéric le Grand un lit de nacre et d'autres meubles d'un grand prix. Ils devaient débourser également d'importantes contributions à l'occasion des mariages princiers, des naissances, et en cent autres circonstances.

Le juif non muni d'une patente de protégé était tout simplement hors la loi. Le sauf-conduit protecteur ne s'obtenait que contre versement d'une somme considérable. Encore fallait-il que le juif en question fût assez riche pour que l'État s'intéressât à lui. Pauvre, il rusait pour séjourner quelque temps en Prusse. Souvent, il se donnait pour le domestique d'un coreligionnaire muni de sauf-conduit. Les juifs étrangers devaient, pour le moindre séjour nécessité par leurs affaires, obtenir une autorisation.

En outre, le Gouvernement intervenait dans les affaires religieuses. Dès 1703 on promulgua après enquête une loi ordonnant que la prière de « l'Alenou », qui, à ce qu'on prétendait, contenait des malédictions contre les chrétiens, fût récitée à haute voix dans la synagogue et en sautant les passages incriminés. Des surveillants chrétiens assistaient aux cérémonies religieuses, pour obliger la communauté juive à respecter ce règlement. Naturellement celle-ci devait les payer. C'est à Königsberg que cette surveillance vexatoire se maintint le plus longtemps, jusqu'en 1778.

Le privilège général de 1750 classait les juifs protégés en deux catégories : protégés ordinaires et protégés extraordinaires. Les premiers jouissaient d'un brevet de protection héréditaire. En outre, et sous certaines réserves, une grande fortune, par exemple, on leur permettait d'établir un enfant, c'est-à-dire d'obtenir pour lui une patente de privilégié. Les protégés extraordinaires ne jouissaient que d'un privilège personnel et à vie.

Quant aux juifs étrangers, ils n'obtenaient le droit de domicile que s'ils apportaient dans le pays une fortune de 10,000 thalers d'Empire (environ 70,000 francs).

Tout protégé ordinaire ou extraordinaire qui désirait marier ou établir son fils ou sa fille devait chercher une bru ou un gendre en possession d'une fortune personnelle. Un étranger ou une étrangère ne pouvait épouser un enfant de juif protégé que s'il faisait état d'une belle fortune et obtenait du Gouvernement la permission de se marier.

On déclarait toute la population juive de la Prusse et du Brandebourg solidaire pour le paiement des taxes, et les paroisses responsables de toutes les fautes commises par des individus juifs, vols, banqueroutes et autres actes jugés frauduleux. On interdisait aux israélites l'accès des carrières soi-disant libérales et même certaines branches du commerce et de l'industrie. Défense de fondre l'or et l'argent, de faire à Berlin le commerce des lainages fabriqués et manufacturés, de trafiquer des peaux de bœuf ou de cheval, du cuir brut et teint, des lainages étrangers, du tabac non manutentionné, etc. Les prêts sur gage et le taux de l'intérêt étaient réglementés par des dispositions précises.

Les juifs étrangers n'arrivant pas par le courrier ou avec leur voiture personnelle ne pouvaient pénétrer dans les villes que par certaines portes ; à Berlin par celle de Halle et celle de Prenzlau. La paroisse juive de Berlin fut même obligée d'ouvrir un asile à l'extérieur de la ville pour recevoir les juifs mendiants du dehors.

Quand le gouvernement prussien eut créé dans sa capitale la Manufacture Royale de porcelaine, il obligea les juifs, dans des cas déterminés, lors de l'obtention d'un privilège, par exemple, à acheter pour 500 thalers de porcelaine. Ceux-ci devaient ensuite la revendre à l'étranger avec perte presque toujours.

Mais le mépris avilissant des gouvernants envers les juifs se manifestait particulièrement dans la façon dont on les obligeait à prêter serment. Lorsqu'un juif avait à ester justice, il devait le faire dans la synagogue, revêtu de la chape et du phylactère, une « tora-rolle » au bras, devant dix juifs au moins et après avoir écouté les exhortations du rabbin. Alors il prononçait la formule du serment qui fourmillait jusqu'à l'écœurement de malédictions. Dans les cas particulièrement importants, on obligeait le juif à revêtir le costume mortuaire et à s'asseoir sur un cercueil avec, en main, la lame nue d'un couteau de boucher.

Telle était la législation prussienne vis-à-vis des israélites à l'époque où Moïse Mendelssohn exerçait une si grande influence sur la vie intellectuelle du pays et où l'on reconnaissait en Marcus Herz et Salomon Meymon les disciples les plus enthousiastes et les plus éminents de Kant.

Peu à peu, des adoucissements furent apportés à cette législation. Mais les guerres continuelles arrêtèrent à plusieurs reprises les tentatives pacifiques. Elles empêchèrent, sous Frédéric-Guillaume II, la revision projetée du privilège général. Cependant, à la fin du XVIIIe siècle, la situation des juifs s'améliora. C'est ainsi que la « garantie solidaire », qui rendait les juifs responsables d'une faute commise par un coreligionnaire, disparut. On supprima aussi l'achat obligatoire de porcelaines ainsi que le tribut de capitation, tout au moins pour les juifs de l'intérieur. Une série de gros négociants israélites de Berlin et de Königsberg reçut des soi-disant *privilèges généraux*. Ils leur donnaient les mêmes droits qu'aux négociants chrétiens, c'est-à-dire la possibilité pour eux et leurs enfants de s'établir partout en Prusse, de commercer librement, d'acquérir des terrains, d'être traités devant les juges sur le même pied que les chrétiens, et, en cas de citation en justice, de s'entendre désigner sous l'appellation de commerçant et non de juif. La famille Itzig, de Berlin, obtint même un brevet de naturalisation. Les privilèges accordés aux juifs dans les nouveaux territoires de Breslau, de la Prusse méridionale et de la Nouvelle Prusse orientale, furent également conçus dans un esprit un peu plus libéral.

Un revirement décisif eut lieu après la débâcle de la Prusse. Le règlement municipal de 1808 donna aux juifs les droits civiques, ceux d'élection et d'éligibilité. Dès 1812, David Friedländer à Berlin et son neveu Samuel Wulff à Königsberg, étaient conseillers municipaux. Le conseiller de police criminelle Brandt, qui avait contribué à l'élaboration du projet municipal, fut le promoteur d'une réforme plus importante, qui entra en vigueur en mars 1812. L'édit publié à cette date accordait aux juifs le titre de citoyens prussiens. Ils cessaient en conséquence d'être des étrangers protégés, ils devaient adopter des noms de famille définitifs et tenir leurs livres en langue et en écriture allemande. Leur admission aux emplois demeurait toujours restreinte, mais ils pouvaient cependant devenir professeurs et occuper une fonction administrative dans les villes.

A l'époque de la Sainte-Alliance, cet édit libéral, sous la pression des idées réactionnaires ne fut plus intégralement appliqué. On refusa aux juifs l'admission à certaines fonctions comme celles de géomètre-arpenteur, pharmacien, bourgmestre, médecin militaire, médecin de la ville ou de l'arrondissement. On leur interdit de choisir pour leurs enfants des prénoms soi-disant chrétiens.

Pour la Posnanie, une loi promulguée le 1er juin 1833 prescrivait la naturalisation des juifs résidant depuis 1815, mais sous certaines réserves. Les israélites susceptibles d'être naturalisés devaient posséder une propriété importante à la campagne, exploitée par eux-mêmes, ou être, dans la ville, à la tête d'un commerce notable. Ou bien il leur fallait occuper une situation scientifique ou artistique, ou encore posséder soit une maison d'une valeur de 2,000 thalers (4,000 francs) non grevée de dettes, soit un capital de 5,000 thalers (35,000 francs environ). Si par une action d'éclat, ils méritaient la reconnaissance de l'État, ils obtenaient exceptionnellement leur naturalisation. Mais en aucune façon ils n'étaient admis comme fonctionnaires d'État, conseillers d'arrondissements, ou membres de la Diète provinciale.

On ne leur permettait d'émigrer dans d'autres provinces qu'avec autorisation ministérielle. A tous les autres juifs résidant en Posnanie, on délivra *des certificats de tolérance ;* leurs droits étaient sensiblement restreints. Exemptés du service militaire, ils devaient payer un impôt des recrues. Pourtant la loi leur permettait l'engagement volontaire contre remise de l'impôt.

Enfin la loi du 23 juillet 1847 donna à tous les juifs pleins droits de citoyens, mais ne les admit qu'aux fonctions indépendantes de tout pouvoir juridique, policier ou exécutif. Une série d'amendements avilissants fut repoussée au cours des débats des Diètes réunies. Cette nouvelle loi adoucissait le règlement de 1833, mais le maintenait dans le fond. Elle fut écartée lors des événements de 1848. La Constitution prussienne fit disparaître toutes les différences entre les droits et les devoirs des citoyens. Une motion tendant à l'annulation de certains articles fut même repoussée par la Chambre réactionnaire de 1856. A cette date, le serment juif fut aboli, le dernier vestige du Moyen Age disparaissait avec lui.

Il a tout de même fallu presque un siècle de plus à l'Allemagne qu'à la France pour libérer complètement les juifs.

***

Quelle est l'importance de l'influence juive en Allemagne?

M. Drumont la dirait tyrannique.

On peut affirmer sans exagération qu'elle est très grande.

Le juif, grand calculateur, amoureux du lucre, doué d'une volonté obstinée et de l'esprit d'abstraction et de généralisation, aborda le commerce et la finance avec ces qualités précieuses. C'est lui, en somme, qui restaura les finances de l'Allemagne en multipliant les banques, et qui assura le développement des affaires, en faisant des grands établissements financiers les associés de l'industrie et du commerce. Par l'influence des juifs de Fürth fut créée la première ligne de chemin de fer allemande, entre Fürth et Nuremberg. Aujourd'hui ils dominent complètement le commerce d'exportation de la Franconie. A Hambourg, ils sont les maîtres incontestés du commerce d'exportation. Un des leurs, M. Ballin, directeur de la colossale Compagnie Hamburg-Amerika, a l'oreille de l'Empereur. A Frankfort, à Berlin, ils contrôlent les grandes banques, et par elles, la majorité des établissements financiers de l'Empire. Et comme, grâce au système de commandite en usage en Allemagne, les industries sont plus ou moins dépendantes des banques, on peut dire que les israélites, en dehors de leur activité personnelle et directe dans les entreprises industrielles et commerciales, participent, pour une large part, à la direction et à l'orientation des affaires économiques du pays. Ils ont donc le droit de s'enorgueillir de la prospérité de l'Allemagne. Si les 900,000 juifs allemands émigraient tout d'un coup du sol germanique, emportant avec leur maîtrise, leur audace commerciale, leurs capitaux, on pourrait craindre pour la fortune de l'Empire.

Au point de vue politique, l'influence des juifs ne se manifeste pas par la quantité de ses forces, mais par sa qualité. Le socialisme marxiste (Karl Marx était juif) est dirigé par les israélites, Singer est président du Comité de la Social-Démocratie, les principaux chefs, Bebel à part, sont juifs : Stadthagen, Heine, Bernstein. Le parti libéral est surtout composé d'israélites. La presse leur appartient en grande partie.

Dans le domaine de la littérature et des arts l'influence juive est également très grande. Elle leur vient de leur sens critique. Ils ont, en effet, plus d'intelligence que de sentiment et de « Gemüt ». Leur esprit plus précis, plus net que celui des Allemands, plus largement compréhensif, leur donne une prédominance qu'ils mettent tout leur amour-propre à conserver. Ils n'évitent pas toujours l'écueil de cette faculté de comprendre : ils se précipitent avec trop de passion peut-être, vers tous les mouvements nouveaux.

Leurs ennemis leur en font grief :

— Le goût des juifs les pousse vers le nouveau avec une incroyable frénésie, me dit un savant psychopiâtre, n'y voyez pas l'instinct de progrès qui serait, en effet, enviable. Ils sont superficiels et impatients, voilà tout. Et leur mauvais goût est un manque de personnalité qui les fait se jeter sans discernement vers le dernier tableau tape-à-l'œil, vers le roman le plus brutal, les femmes vers la forme la plus bizarre et l'étoffe la plus criarde.

Les juifs répondent à cela :

— Il nous arrive peut-être de nous tromper. Mais nous ne nous trompons pas toujours. Si Gérard Hauptmann n'est pas juif, il nous doit sa gloire à nous qui nous passionnâmes pour ses œuvres. Notre promptitude d'esprit n'est-elle pas utile à contrebalancer la lourdeur, le sérieux de l'esprit germanique?

« Et notre amour des couleurs vives, qui correspond chez nous à l'amour du plaisir, finira peut-être par déteindre sur la profondeur grave de l'Allemand, par lui donner plus de goût pour la vie et les multiples jouissances qu'il délaisse au grand détriment de son développement harmonieux.

*
* *

Mommsen disait : « Berlin doit beaucoup aux Français de la Réforme qui émigrèrent dans le Brandebourg, et aux juifs. Je ne sais ce que serait Berlin sans eux. »

Et je pense à ce que me confiait un jour Stanley : « Quand vous ne voudrez plus de vos juifs en France, envoyez-les en Angleterre, ils seront les bienvenus ! »

BIBLIOTHÈQUE NATIONALE R.F. IMPRIMÉS

TABLE DES MATIÈRES

BIBLIOTHÈQUE NATIONALE R.F. IMPRIMÉS

B — 7372 — Libr.-Impr. réunies, 7, rue Saint-Benoît, Paris.

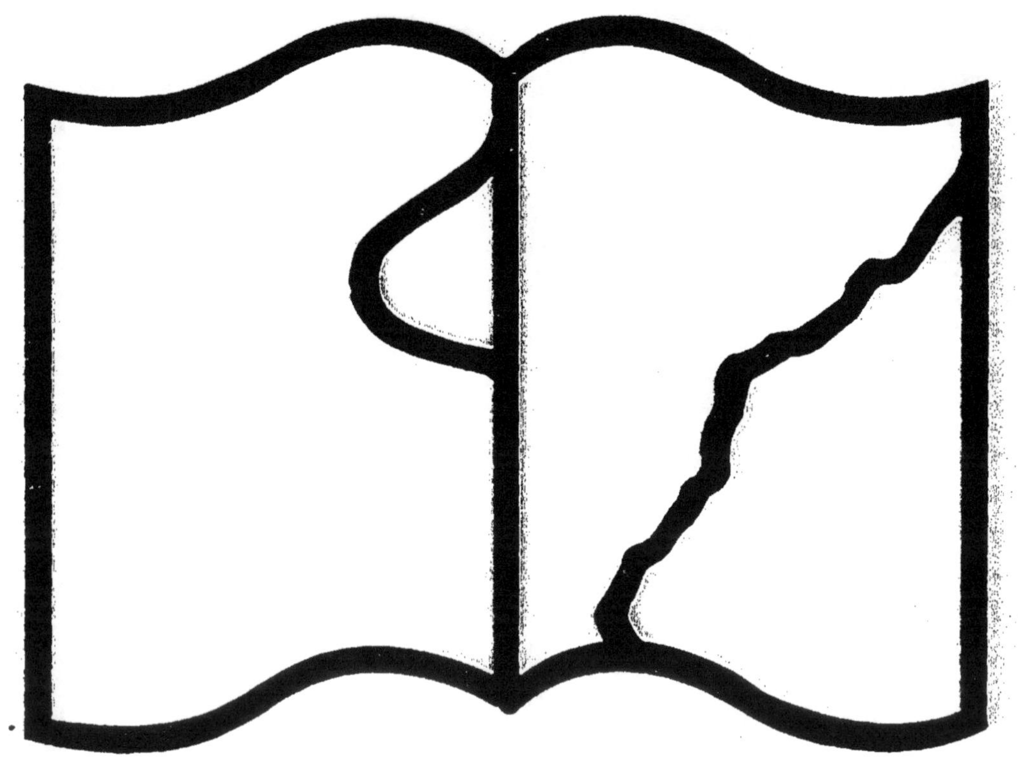

Texte détérioré — reliure défectueuse

NF Z 43-120-11

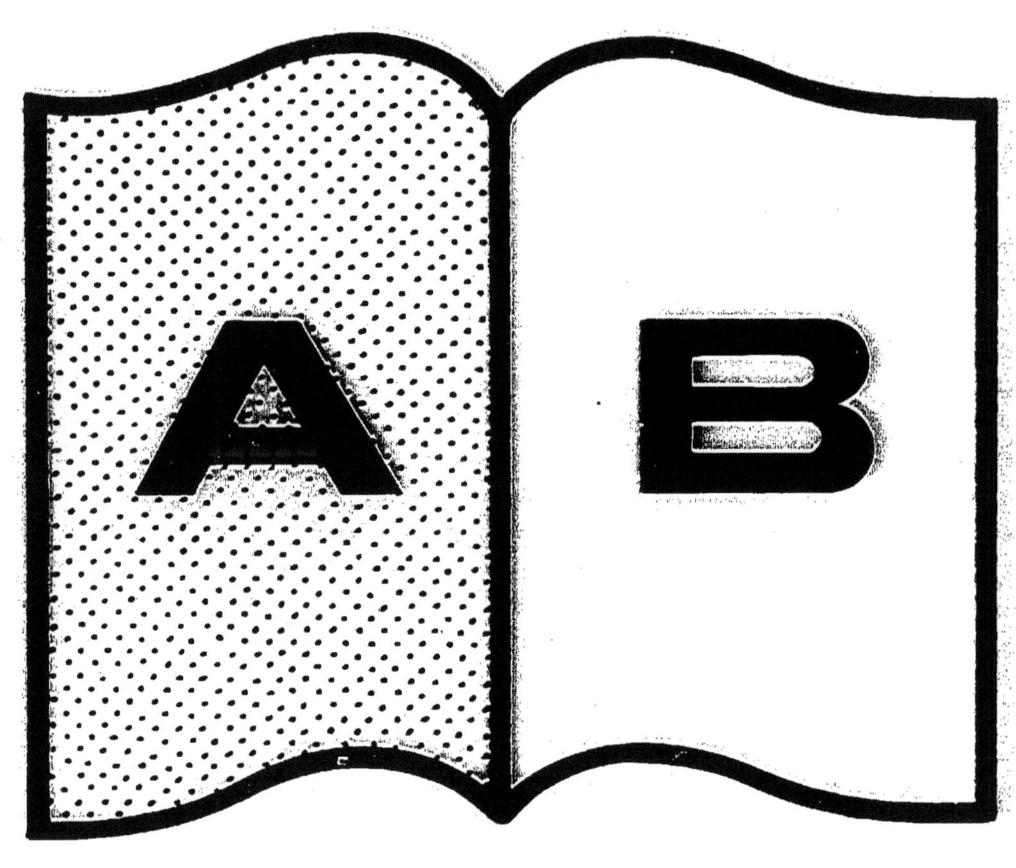

Contraste insuffisant

NF Z 43-120-14

Bibliothèque nationale de France - Paris

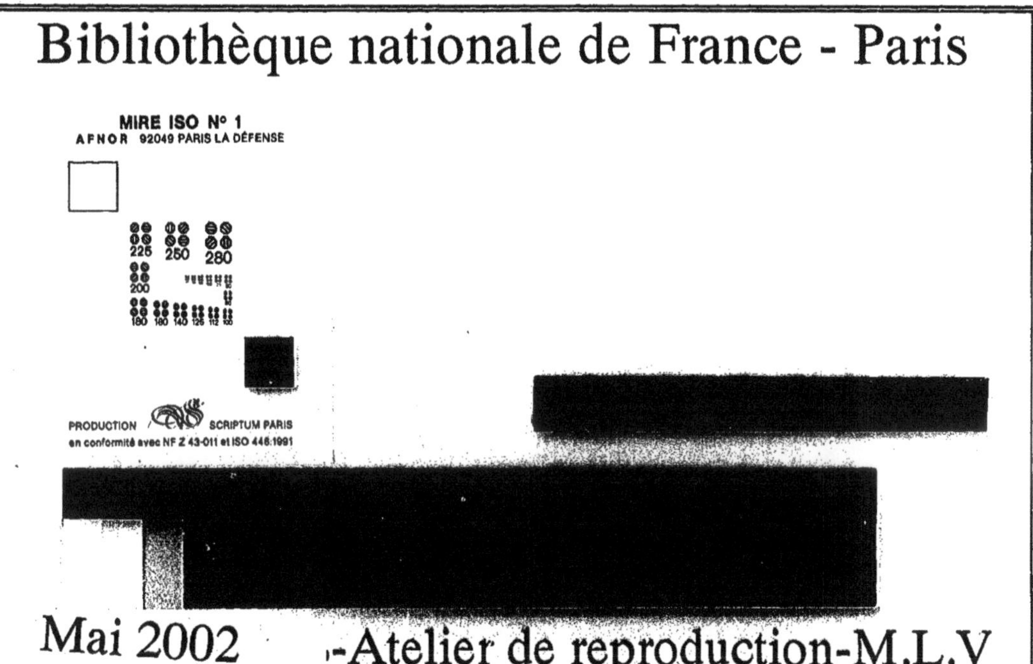

Mai 2002 -Atelier de reproduction-M.L.V

www.ingramcontent.com/pod-product-compliance
Ingram Content Group UK Ltd.
Pitfield, Milton Keynes, MK11 3LW, UK
UKHW020318200726
13857UKWH00001B/205